Terapia Regresiva y Espacio Entre Vidas

(Experiencias de 17 Terapeutas)

www.ediciones-ende.com

Primera edición, marzo de 2025

www.ediciones-ende.com info@ediciones-ende.com
facebook.com/edicionesende twitter.com/edicionesende
Colección: Psicoterapia del Alma

Coordinador y Coeditor: Carlos González Delgado
Coautores: Ángeles Sánchez Estévez, Carlos González Delgado, Carmen Leal Fernández, Claudia Celia Cuervo Espinosa, Diego Mariano Fernández Fernández, Gerson Tíber Amaya Mejía, Jorge Luis Micheli, Leopoldo Ceballos del Castillo, Marcela Alejandra Pazos Pérez, María de Jesús (Mary Chuy) Hernández Ruiz, María del Carmen (May) Pérez Hernández, María Elena Pascual Furió, María Rosa Martínez Fernández, Marion Boon, Marisa Tamarit Coy, Matilde (Maithe) Pardo Vico y Pina Ferreiro Domínguez

Edición, maquetación, cubierta y diseño: © ediciones ende
Diseño de cubierta © ediciones ende
Impreso en España / Printed in Spain
ISBN: 978-84-10337-38-1
Depósito Legal: SE 372-2025

Terapia Regresiva y Espacio Entre Vidas

(Experiencias de 17 Terapeutas)

ediciones ende

Coordinador y Coeditor

Carlos
González Delgado

Coautores

Ángeles
Sánchez Estévez

Carmen
Leal Fernández

Claudia Celia
Cuervo Espinosa

Diego Mariano
Fernández Fernández

Gerson Tíber
Amaya Mejía

Jorge Luis
Micheli

Leopoldo
Ceballos del Castillo

Matilde
Pardo Vico

Marcela Alejandra
Pazos Pérez

María Elena
Pascual Furió

María Rosa
Martínez Fernández

Marion
Boon

Marisa
Tamarit Coy

María de Jesús
Hernández Ruiz

María del Carmen
Pérez Hernández

Pina
Ferreiro Domínguez

Índice

El Bardo o Período Entre Vidas

Por Carlos González Delgado

El Bardo: Una Aproximación Interdisciplinaria desde la Tradición y la Ciencia

El concepto de **bardo**, derivado del tibetano *bar* ("entre") y *do* ("dos"), se refiere a un estado intermedio en la continuidad de la conciencia, especialmente entre la vida y la muerte. Este término, ampliamente explorado en el *Bardo Thodol* o *Libro Tibetano de los Muertos*, ha trascendido su contexto religioso para convertirse en un punto de convergencia entre la espiritualidad y la ciencia moderna, particularmente en las áreas de psicología, neurociencia y terapias transpersonales.

La aplicación del concepto de bardo se ha expandido en la Terapia Regresiva, convirtiéndose en una herramienta valiosa para el tratamiento del trauma, el crecimiento personal y, sobre todo, para el trabajo con el sentido o la misión de vida. Entre otros objetivos, la terapia regresiva busca conectar a los pacientes con sus experiencias del bardo, facilitando la exploración y expansión de la propia conciencia.

El bardo como concepto, nos invita a reflexionar sobre la continuidad de la vida y la conciencia, así como sobre la importancia de nuestras acciones y decisiones. A través de la práctica de la Terapia Regresiva, se pueden brindar herramientas que posibiliten una transformación personal significativa, ayudando al Consultante a llevar una vida más consciente y compasiva.

Origen y Significado del Bardo

En la tradición budista tibetana, el bardo describe una serie de estados transicionales. Estos incluyen el *bardo del morir* (Chikhai Bardo), el *bardo de la existencia post-mortem* (Chonyid Bardo), y el *bardo del renacimiento* (Sidpa Bardo). Cada uno representa momentos de profunda transformación donde la conciencia enfrenta proyecciones mentales y posibilidades de liberación espiritual.

El bardo no solo aborda la experiencia de la muerte, sino también otros estados de transición, como el sueño, la meditación profunda y las crisis existenciales. En este contexto, el bardo simboliza tanto un espacio de evaluación como una oportunidad para la transformación.

Perspectiva Científica: Psicología y Neurociencia

Investigaciones modernas han establecido paralelismos entre el bardo y estados de conciencia transitorios estudiados en psicología y neurociencia. Por ejemplo:

1. **Estudios sobre experiencias cercanas a la muerte (ECM):** Investigaciones realizadas por el Dr. Bruce Greyson

y otros expertos han documentado fenómenos que podrían alinearse con las descripciones del bardo. Las ECM incluyen percepciones extracorporales, revisiones panorámicas de la vida y sensaciones de transición, elementos que reflejan los estados descritos en el *Bardo Thodol*. Estas experiencias se interpretan como manifestaciones de la actividad cerebral durante procesos críticos, pero también sugieren un marco más amplio para entender la conciencia.

2. **Psicología Transpersonal:** El trabajo de Carl Jung y, más tarde, Stanislav Grof, ha explorado estados intermedios de la psique humana. Grof, a través de la respiración holotrópica y la psicología transpersonal, establece una conexión entre los conceptos budistas del bardo y las dinámicas psicológicas en la exploración del inconsciente. Estas técnicas permiten acceder a recuerdos reprimidos y experiencias arquetípicas que promueven la sanación y la autoexploración.

3. **Meditación y Neuroplasticidad:** Estudios sobre la meditación profunda, como los realizados por Richard Davidson, muestran que prácticas meditativas inspiradas en tradiciones budistas pueden inducir estados alterados de conciencia que se asemejan al bardo. Estos estados permiten la observación desapegada de pensamientos y emociones, facilitando un proceso de transformación psicológica y espiritual.

Estudios Orientales y Occidentales en Terapia y Espiritualidad

1. **Terapia Regresiva:** Desde un enfoque terapéutico, el concepto de bardo ha sido adoptado en la terapia regresiva para explorar estados intermedios de la conciencia vinculados a traumas emocionales, patrones de comportamiento y misión de vida. Trabajos como los de **Brian Weiss** destacan

cómo la exploración de vidas pasadas o estados intermedios puede conducir a una integración y sanación profunda.

2. **Filosofía Budista y Ciencia Contemplativa:** En Oriente, estudios sobre el bardo se han mantenido en el ámbito de las prácticas contemplativas, mientras que, en Occidente, la ciencia contemplativa (liderada por figuras como el **Dalái Lama** en colaboración con neurocientíficos) ha investigado cómo las prácticas espirituales pueden influir en la percepción de la muerte y los estados transicionales. En el *Mind and Life Institute*, estas investigaciones integran perspectivas científicas y espirituales para explorar la naturaleza de la conciencia.

3. **Teoría de la Mente Extendida:** La idea del bardo encuentra resonancia en teorías occidentales como la mente extendida, propuesta por Andy **Clark y David Chalmers**. Estas teorías sugieren que la conciencia no está confinada al cerebro, sino que interactúa con el entorno de formas que podrían explicar experiencias intermedias, como las descritas en la tradición tibetana.

4. **Goleman, Daniel & Davidson, Richard J.** (2017). *The Science of Meditation.* En esta obra, los autores abordan la intersección entre la meditación y la experiencia de la conciencia, incluyendo discusiones sobre prácticas budistas. Aunque no trata exclusivamente sobre el bardo, brinda insights sobre cómo el proceso de meditación puede facilitar la comprensión de la muerte y el renacimiento.

5. **Hart, William** (1995). *The Art of Happiness: The Dalai Lama on the Science of Mind.* Este libro proporciona un enfoque psicológico sobre el sufrimiento y la percepción de la muerte, discutiendo cómo el entendimiento del bardo puede influir en la felicidad y el bienestar emocional.

6. **Sogyal Rinpoche** (1992). *The Tibetan Book of Living and Dying.* Este texto es una interpretación contemporánea del "Bardo Thodol," donde se exploran las enseñanzas sobre

la muerte y el proceso del bardo desde un prisma accesible al público occidental. Sogyal Rinpoche combina elementos prácticos con enseñanzas espirituales, destacando la importancia del entendimiento del bardo para enfrentar la muerte con compasión y sabiduría.

7. **Carrington, E.A**. (2016). *Life Between Lives: Hypnotherapy for Spiritual Regression*. Este libro presenta un enfoque terapéutico que explora la vida entre vidas a través de la hipnosis, inclinándose hacia la terapia regresiva, permitiendo a los pacientes acceder a recuerdos del bardo. Carrington detalla cómo estas experiencias pueden llevar a una mayor comprensión de la vida actual de un individuo.

8. **Bailey, Alice A**. (1985). *A Treatise on White Magic*. Aunque esta obra aborda temas esotéricos, toca el concepto del bardo en el contexto de la evolución espiritual y la interpretación de la muerte como un proceso natural. Bailey proporciona un marco que vincula el bardo con la autotransformación y el aprendizaje continuo.

9. **Keen, S.** (2013). "The Psychological Dimensions of the Tibetan Bardo: Towards a Psychological Understanding of Death and Rebirth." En esta investigación publicada en el *Journal of Transpersonal Psychology*, el autor analiza cómo el bardo se puede entender desde una perspectiva psicológica, esbozando sus implicaciones en la psicología de la muerte y la espiritualidad.

10. **Morris, S. R.** (2020). "Healing in the Bardo: A Psychological Perspective on the Tibetan Concept of Intermediary States." Publicado en la *International Journal of Hindu Studies*, este artículo investiga cómo las experiencias del bardo pueden ser utilizadas en contextos terapéuticos, ofreciendo un enfoque psicológico para la sanación y el enfrentamiento de traumas.

11. **Fischer, W.** (2015). "The Role of the Bardo in Buddhist Psychology: Transitions Between Life, Death, and Rebir-

th." En *The Pali Text Society Journal*, se explora el bardo desde la psicología budista, discutiendo la forma en que la comprensión de estos estados intermedios puede influir en la conducta ética y la visión de la vida.

12. **El Lama Yeshe** es un destacado maestro tibetano que ha escrito extensamente sobre el bardo y la muerte. En su obra "Cuentos de la Muerte y el Renacimiento", enfatiza la importancia de preparar la mente para el proceso del bardo mediante la práctica de la meditación y el desarrollo de la compasión.

13. En su obra "Meditación en Acción", **Chögyam Trungpa** describe cómo la comprensión del bardo puede ayudar en la meditación y el desarrollo personal. Destaca que conocer las etapas del bardo permite a los practicantes enfrentar el miedo a la muerte y aceptar la impermanencia de la vida.

14. **Robert Thurman** es un erudito budista y autor de "The Tibetan Book of the Dead: A New Translation and Commentary" en la que nos ofrece una interpretación accesible del bardo y su relevancia en la vida moderna, explicando cómo las enseñanzas sobre el bardo pueden influir en la ética y la toma de decisiones en la vida cotidiana.

15. La conocida investigadora, **Elisabeth Kübler-Ross**, aunque no se centra exclusivamente en el bardo, en su obra "La Rueda de la Vida" revela entendimientos sobre el proceso de la muerte y cómo las experiencias previas a la muerte pueden ser abordadas desde una perspectiva espiritual y emocional, alineándose con la filosofía del bardo.

16. También **Michael Newton**, en su libro "Journey of Souls", explora los estados intermedios entre vidas a través de sesiones de terapia regresiva. Sus hallazgos sobre el bardo ofrecen una visión contemporánea de cómo las almas evolucionan entre encarnaciones, proporcionando un enfoque más psicológico a estos conceptos.

Reflexión Académica: Un Paradigma Holístico

El bardo, reinterpretado desde una perspectiva interdisciplinaria, representa un puente entre las tradiciones espirituales orientales y las investigaciones científicas modernas. Su estudio ofrece una oportunidad para comprender la naturaleza transicional de la conciencia y su continuidad más allá de las limitaciones físicas.

El diálogo entre las enseñanzas del *Bardo Thodol* y los hallazgos científicos actuales en campos como la neurociencia, la psicología transpersonal y las experiencias cercanas a la muerte amplía nuestra comprensión del potencial humano. Este marco holístico resalta la importancia de los estados intermedios no solo como un tránsito hacia la muerte, sino también como una metáfora y realidad de las múltiples transiciones que enfrentamos en la vida.

Beneficios de la Terapia Regresiva

La terapia regresiva a menudo facilita el acceso a recuerdos y experiencias de vidas pasadas o del bardo, cuando el Consultante accede a un estado de Consciencia Expandida, facilitándose lo siguiente:

1. La exploración de experiencias pasadas puede ayudar a los pacientes a descubrir raíces de sus problemas emocionales y patrones repetitivos en sus vidas actuales. El terapeuta puede guiar en el proceso, ayudando a des identificarse de experiencias dolorosas.

2. Permite a los individuos procesar experiencias no resueltas que pueden estar afectando su vida actual.

3. Ayuda a tomar consciencia de patrones de comportamiento y creencias arraigadas en experiencias pasadas.

4. Fomenta una comprensión más profunda de su propósito y lecciones de vida, lo que puede ser transformador y sanador.

5. Permite una revisión profunda de la vida pasada que se experimenta durante la regresión.

6. La comprensión del bardo permite a los individuos conectar con su esencia más profunda o instinto espiritual, cuestionando quiénes son más allá de sus experiencias terrenales.

7. Permite acceder a experiencias místicas que pueden transformar profundamente la vida del Consultante.

8. Ayuda a encajar los asuntos pendientes del Alma dentro de nuestra mente lógica y racional, otorgando un mayor sentido y comprensión a nuestra vida real y a las dificultades por las que pasamos.

9. La terapia puede incluir la preparación para el proceso de la muerte y el enfoque en cómo afrontar esta transición con serenidad y aceptación, a través de la meditación y la reflexión sobre el bardo.

Conclusión

El bardo, lejos de ser una noción exclusivamente religiosa, se presenta como un concepto universal que articula las experiencias humanas más profundas. La integración de investigaciones científicas de Oriente y Occidente no solo valida las enseñanzas tradicionales, sino que también abre nuevas perspectivas sobre el potencial transformador de los estados intermedios en el desarrollo personal y espiritual.

Algunos miembros de AETR han recibido una formación complementaria en un tipo específico de Terapia Regresiva del Período entre Vidas, enfocado en el trabajo de Michael Newton. Algunos conceptos o ideas ya citados en este capítulo pueden volverse a citar, pero he preferido dejar intacto el resumen que tan extraordinariamente ha realizado nuestro compañero **Luciano Fernández de Sannamed Sampedro**, a quien desde estas páginas deseo agradecer en nombre de nuestra Asociación.

El viaje del alma: explorando el espacio entre vidas

Una manera de explorar el Bardo con mayor profundidad es mediante una regresión específica de vida entre vidas, también conocida como regresión espiritual entre vidas. Varias de las regresiones presentadas en este libro siguen este enfoque, que se basa principalmente en las investigaciones del psicólogo e hipnoterapeuta estadounidense Michael Newton sobre el Bardo (denominado "vida entre vidas", en esta modalidad de regresión), y su modelo de exploración de esta dimensión.

Una regresión de entre vidas permite acceder a las memorias del alma entre encarnaciones humanas físicas (o no humanas). En este recorrido, el alma experimenta un período de descanso, aprendizaje y planificación antes de volver a encarnarse. Este proceso brinda la oportunidad de acceder a los recuerdos y experiencias del alma entre encarnaciones, como encuentros con Guías espirituales, revisiones de vidas pasadas, y la comprensión del propósito de los retos que plantea la vida. Además, esta regresión revela cómo el alma elige sus futuras experiencias, las relaciones que establecerá con otras almas y las lecciones que aún debe aprender, proporcionando una visión enriquecedora del viaje espiritual que trasciende la existencia física.

Michael Newton (1931-2016), autor de *El viaje de las almas* y *El destino de las almas*, fue pionero en el desarrollo de este modelo tras más de 30 años de investigación con más de 7000 pacientes. Posteriormente, el psicólogo británico Andy Tomlinson, autor de *Sanando el alma eterna* y *Explorando el alma eterna*, simplificó la metodología de Newton y aportó nuevas perspectivas al estudio del Bardo. También Dolores Cannon (1931-2014), creadora de la técnica QHHT (Quantum Healing Hypnosis Technique), contribuyó significativamente a esta exploración, cuyos frutos se aprecian especialmente en su obra *Entre la muerte y la vida*, y abrió el camino al trabajo con almas no humanas y semillas estelares. Otros pioneros en este campo incluyen a Joel Whitton, Brian Weiss, Edith Fiore y Helen Wambach.

Estos terapeutas se encontraron con este "espacio entre vidas" de forma accidental cuando, en sus sesiones de hipnoterapia o de vidas pasadas, los consultantes se adentraban en esta dimensión, a menudo, como consecuencia de una instrucción malinterpretada por el consultante. Un ejemplo de ello es el caso de una de las consultantes de Michael Newton, muy receptiva a la hipnosis, que se quejaba de soledad y aislamiento en su vida. Estando en su última vida pasada, se fue al espacio entre vidas, donde se encontró con sus amigos a los que echaba de menos en la Tierra.

La validez y fiabilidad de los hallazgos de estos terapeutas se la proporcionan tanto la consistencia de los relatos que ofrecían los sujetos de los pioneros, como el hecho de que estos no tenían contacto entre sí, ni acceso a la información disponible hoy en día a través de Internet. Los sujetos originales de los pioneros procedían de contextos muy variados, tanto religiosos como no religiosos, y muchos de ellos tenían una actitud inicial de total escepticismo con respecto a la reencarnación, y carecían de un conocimiento previo significativo que pudiera haber condicionado sus experiencias.

A diferencia de la regresión terapéutica a vidas pasadas o a la vida actual, la regresión espiritual no tiene como objetivo trabajar y resolver traumas o bloqueos emocionales. La regresión entre vidas proporciona información comprensión y claridad sobre la vida presente, revelando que muchos problemas de relación, salud, profesionales o personales son en realidad parábolas que nos enseñan lecciones espirituales. Aunque no se trata de una sesión terapéutica cuyo fin sea sanar un patrón o problema, la sanación puede ocurrir como consecuencia de las profundas revelaciones obtenidas al comprender el propósito detrás de los eventos y retos de la vida. En este enfoque, el énfasis está en el aprendizaje y la experiencia, más que en la terapia en sí misma.

Conceptos Fundamentales

El trabajo de Newton y los desarrollos posteriores de su modelo presentan ideas clave sobre el viaje del alma tras la muerte que son fundamentales para la visión que subyace al concepto de vida entre vidas:

1. **El propósito del alma:** la principal misión del alma es crecer y evolucionar, no solo de manera intelectual, sino también emocional y espiritualmente. A través de las experiencias, los errores, las relaciones y los desafíos de la vida, el alma aprende y se desarrolla.
2. **Revisión de vida:** uno de los hallazgos más consistentes en las sesiones de vida entre vidas de los clientes fue la importancia de la revisión de la vida. Las almas ven sus vidas como una oportunidad para crecer, aprender y reflexionar. Revisan sus acciones, el impacto en los demás y sus elecciones, con el objetivo de auto comprenderse y sanar emocionalmente.

3. **El papel de los Guías espirituales:** los consultantes en regresión de vida entre vidas a menudo comentan que tienen uno o más Guías espirituales. Estos Guías actúan como mentores, ayudando al alma a superar retos y lecciones. Algunas almas pueden trabajar con el mismo Guía a lo largo de muchas vidas, mientras que otras pueden interactuar con diferentes Guías en función de sus necesidades.

4. **Reencarnación y grupos de almas**: el trabajo de Newton sugiere que las almas tienden a reencarnarse dentro de los mismos grupos. Estos grupos trabajan juntos a lo largo de varias vidas, aprendiendo unos de otros y apoyándose mutuamente en su desarrollo espiritual. Las relaciones de vidas pasadas a menudo se trasladan a la siguiente vida, ya sea a través de dinámicas familiares, amistades o conexiones kármicas.

5. **La naturaleza no física del alma:** el proceso de regresión proporciona pruebas sólidas de la idea de que el alma no es física y existe más allá del mundo material. Las experiencias y recuerdos a los que se accede durante la regresión se describen como vívidamente reales, aunque pertenezcan a dimensiones más allá de la existencia física. Estas percepciones desafían la perspectiva materialista de la conciencia y ofrecen una visión más amplia de la existencia.

6. **La importancia del libre albedrío:** a pesar de la influencia de Guías, Consejos y grupos de almas, el trabajo de Newton también enfatiza la importancia del libre albedrío. El alma tiene una gran autonomía a la hora de tomar decisiones sobre sus experiencias en el mundo físico. Estas decisiones dan forma al viaje del individuo y contribuyen a las lecciones aprendidas a lo largo de múltiples vidas.

7. **Sanación e integración:** muchos individuos que se someten a la regresión de vida entre vidas experimentan una profunda sanación. Esto puede implicar la resolución de traumas pasados, la comprensión de relaciones difíciles y la liberación de miedos profundamente arraigados. La capacidad de

comprender el viaje y el propósito del alma de cada uno ayuda a integrar las lecciones de vidas pasadas, lo que conduce a una mayor paz y claridad en la vida presente.

Los Beneficios Terapéuticos

La regresión a la vida entre vidas puede ofrecer una serie de beneficios terapéuticos para las personas que buscan una mayor comprensión de su vida y de su alma. Estos incluyen:

1. **Claridad espiritual:** los individuos obtienen una comprensión más profunda del propósito de su alma y una perspectiva más amplia del viaje de su vida al conocer el desarrollo y la evolución del alma y sus patrones kármicos.
2. **Sanación de heridas emocionales:** la regresión de vida entre vidas puede ayudar a las personas a resolver conflictos emocionales y traumas, mostrándoles el significado espiritual de retos pasados.
3. **Satisfacción vital:** al comprender las lecciones aprendidas de vidas pasadas y saber que su vida actual tiene un propósito, las personas suelen experimentar una mayor satisfacción y plenitud en sus vidas.
4. **Liberación de miedos y ansiedad:** muchas personas descubren que enfrentarse a su miedo a la muerte y a lo desconocido puede aliviar la ansiedad existencial y proporcionar un enfoque más sereno de la vida.
5. **Conectar con el Ser eterno:** el consultante, durante el recorrido por el mundo espiritual, puede experimentar amor incondicional y sentirse parte de un todo.
6. **Encontrarse con su/s Guía/s espiritual/es:** de los que recibe apoyo y guía profunda sobre cómo expresar su máximo potencial en su vida actual.

7. **Conectar con el grupo de almas:** almas con las que trabaja el cliente y se reencarna, y tener la oportunidad de comunicarse con ellos.

8. **Conectar con seres queridos que han fallecido:** en ciertos casos, comprender su tránsito desde la perspectiva del alma, por ejemplo, en casos de muerte prematura o suicidio.

El Proceso

Uno de los factores clave para el éxito de este tipo de regresión es una preparación adecuada del consultante. Es fundamental explicar el proceso, resolver dudas y corregir ideas erróneas sobre la hipnosis, así como aclarar las expectativas. También se requiere una sesión preparatoria antes de la regresión al espacio entre vidas, con el fin de abordar cualquier bloqueo o asunto pendiente que pueda dificultar el acceso a este plano. Durante esta sesión, se evalúa la inducción y el nivel de trance que el consultante puede alcanzar, y se trabajan aspectos de la vida actual, vidas pasadas o energías densas que podrían obstaculizar el acceso al mundo entre vidas. El proceso comprende las siguientes fases:

Entrevista y charla informativa (1 hora): se realiza una breve entrevista para conocer las motivaciones del consultante, su experiencia previa con la terapia regresiva y la hipnosis, y para informarle de aspectos prácticos. Durante esta charla, se explican detalladamente las fases del proceso. Además, se aclaran las expectativas que el consultante pueda tener respecto a la sesión, y se aborda el tema de la hipnosis, disipando mitos y prejuicios comunes sobre ella. Finalmente, se resuelven todas las dudas que puedan surgir, asegurándose de que el consultante se sienta cómodo y preparado para la regresión.

Sesión preparatoria (2 horas): el objetivo de la sesión preparatoria es garantizar que la persona se encuentre en el estado óptimo para llevar a cabo la regresión, asegurando que el proceso se desarrolle de manera fluida. Durante esta fase, se abordan y resuelven posibles bloqueos personales, emocionales o energéticos que podrían interferir con la sesión de regresión entre vidas. Se realiza y se prueba una inducción hipnótica para alcanzar un trance adecuado y, si es necesario, se trabajan eventos de vidas pasadas, aspectos de la vida actual o energías densas, eliminando cualquier obstáculo que pueda dificultar el acceso a la experiencia espiritual.

Sesión de Regresión Espiritual Entre Vidas (3-4 horas): la sesión de regresión entre vidas se programa idealmente dentro de los 7 días posteriores a la sesión preparatoria. Comienza con una inducción de entre 20 y 40 minutos, seguida por la experiencia en el espacio entre vidas, que suele durar entre 2 y 3 horas. Al finalizar, se lleva a cabo una charla final de aproximadamente 15 minutos, en la que se realiza un proceso de enraizamiento para asegurar que el consultante regrese completamente al presente.

La Sesión de Regresión Espiritual Entre Vidas

Una sesión de regresión de este tipo suele comenzar con una inducción prolongada para llevar al consultante a un estado de trance profundo. A través de una visualización puente, como puede ser atravesar un puente, entrar en una niebla, cruzar una puerta, etc. el sujeto accede a su última vida pasada, la que precede a su vida actual. La exploración de esta vida suele ser breve, ya que el objetivo no es trabajarla en profundidad, sino facilitar una transición natural a la dimensión entre vidas, a través de la muerte en esa vida. A continuación, el alma comienza un recorrido por distintas fases en las que, básicamente, reflexionará sobre su desempeño en la vida o vidas pasadas, evaluará su evolución como alma y planificará su nueva encarnación, entre otros.

Las posibles fases o estaciones principales descritas por Newton que puede atravesar el alma en su recorrido por el espacio entre vidas comprenden las siguientes:

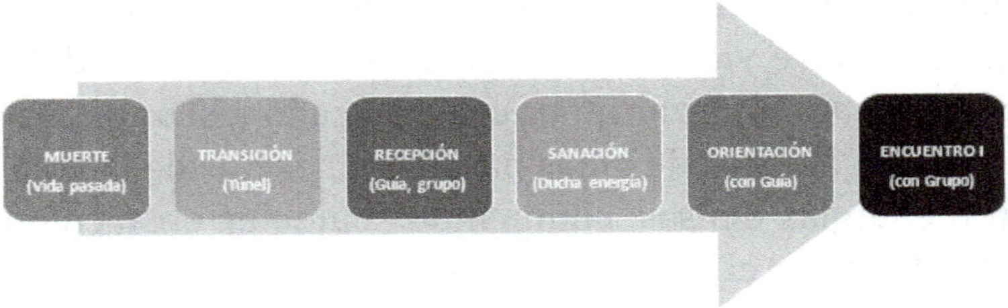

- **La transición:** puede suceder de muchas maneras. La más común es la sensación de atravesar un túnel, experiencia similar a que se relatan en las experiencias cercanas a la muerte.
- **Recepción:** el alma suele ser recibida por los compañeros de su grupo de almas, un familiar o su Guía.
- **Sanación energética:** a veces, el alma pasa por un proceso de sanación energética, en la que se desprende de la negatividad y densidad de la vida física pasada y recibe nueva energía.
- **Orientación con el Guía:** en esta fase, el alma y el Guía revisan la vida pasada recién vivida. El Guía hace reflexionar al alma sobre los sucesos de esa vida y los aprendizajes.
- **Encuentro con el grupo:** se trata de un momento de gran emoción para el alma. Este reencuentro con sus 'amigos', permite explorar las relaciones e interacción de las almas, el propósito de sus vivencias en la vida actual y cómo planificaron determinados eventos. Suele haber un grupo nuclear, íntimo, y grupos secundarios. El grupo nuclear, en el que suelen estar parejas, hermanos o ami-

gos íntimos, se reencarna una y otra vez con distintos roles. A veces, se suceden varios encuentros del grupo a lo largo del recorrido por el espacio entre vidas.

- **Encuentro con el Consejo:** es un momento muy especial para el alma. Este grupo de sabios, suele estar constituida por las energías más elevadas de este espacio. Ante ellos, el alma repasa cuestiones kármicas que engloban varias vidas, asuntos de la vida pasada o cuestiones de la vida actual. Recibe guía y mensajes para encarar los retos de la vida en la Tierra.
- **Selección de la vida:** en esta fase, el alma entra en un espacio en el que selecciona el cuerpo y el tipo de vida para la vida actual. Normalmente, tiene varias opciones y elige la más conveniente para su misión y las lecciones que se plantea aprender.
- **Encarnación:** es la fase en que el alma emprende su vuelta a la dimensión física entrando en el ser que se está gestando en un vientre materno.

Las Almas no Humanas

En el caso de las almas no humanas -almas que tuvieron vidas anteriores no humanas en otros planetas o dimensiones, o que proceden de planos con una frecuencia vibratoria diferente y que están encarnadas en cuerpos humanos en la Tierra-, al no encajar en el paradigma humano, sus experiencias entre vidas serán diferentes. Estas almas no evolucionan en la 'Escuela de la Tierra' de las almas que encarnan una y otra vez en nuestro planeta, sino que, en la regresión espiritual, tras la muerte, se irán a su planeta, su dimensión, o a su mundo mental o energético. El abordaje terapéutico también será distinto.

Para este tipo de almas es muy difícil estar en este planeta y adaptarse a la vibración del cuerpo humano. Sienten que no pertenecen, desean volver a casa, incluso, a veces, piensan en el suicidio. La regresión les da un sentido de ser, de propósito, les ayuda a entender por qué les es difícil encajar. Para ellos es importante saber la razón de estar encarnados. Las almas no humanas vienen al planeta Tierra no para aprender lecciones, sino porque tienen una misión que cumplir.

Si bien existe un protocolo o esquema general construido a raíz de las experiencias comunes a miles de individuos, cada persona tendrá una experiencia única, que puede variar considerablemente entre un individuo y otro. Las fases del protocolo expuesto constituyen más bien un mapa para el terapeuta que le permite acompañar al consultante en su recorrido por el espacio entre vidas, saber dónde se encuentra y entender lo que está aconteciendo en cada momento. Pero no todos los participantes accederán a todas las fases de la regresión ni lo harán con el mismo nivel de detalle. Algunas personas pueden revivir recuerdos vívidos de su existencia entre vidas, mientras que otras pueden experimentar estas fases de manera más sutil o fragmentada. En última instancia, lo que importa no es seguir un camino predefinido, sino la conexión profunda que cada persona establece con su propio viaje espiritual, lo cual aporta las revelaciones necesarias para su crecimiento y realización personal.

Conclusión

El trabajo de los pioneros como Newton, Tomlinson y Cannon ha demostrado que el espacio entre vidas ofrece una rica fuente de aprendizaje y autoconocimiento. Este enfoque permite a las personas integrar las lecciones de sus vidas pasadas y comprender su propósito actual, abriendo la puerta a una mayor paz y satisfacción personal en el viaje del alma.

Retorno a las Estrellas: Experiencias Entre Vidas de una Semilla Estelar

Por Ángeles Sánchez Estévez

Sobre la Terapeuta

Ángeles nació en La Orotava, Islas Canarias. Es licenciada en Medicina y Cirugía, además de estar formada como Hipnoterapeuta Clínica, en Terapia Regresiva y de Vidas Pasadas y Terapia de Regresión al Mundo Espiritual Entre Vidas. También es una amante de las medicinas naturales, con formación en Fitoterapia por la Universidad de Barcelona, Master en Medicina Ayurvédica, Terapia Marma y Terapia con Flores de Bach.

Es miembro activo de la Asociación Española de Terapia Regresiva (AETR).

Sobre Las Almas No Humanas

Las Semillas Estelares, nombre por el que se conoce al grupo de almas cuyo mundo originario es un planeta, universo o dimensión distintos a la Tierra, pueden encarnar en un cuerpo humano durante muchas vidas. Sin embargo, no tienen una experiencia espiritual entre vidas "al uso": no se encuentran con su guía o su grupo de almas, y tampoco recorren los mismos lugares o fases comunes en este tipo de regresión. En la literatura especializada, no es infrecuente encontrarlas reunidas en un Consejo Galáctico cuyo fin es deliberar sobre temas de cómo salvar la Tierra o bien interviniendo en misiones de limpieza energética de la malla terrestre o "simplemente", evitando la destrucción del mundo ante un peligro nuclear, entre otros. Pueden venir a experimentar, pero no vienen a aprender y muchas veces suelen tener asignadas misiones. Por otro lado, pueden ser almas tan evolucionadas que han adquirido capacidades de manejar energías, crear materia e incluso mundos.

Quiero señalar, además, que antes de realizarse la sesión, Alex no disponía de conocimiento previo de esta información, y, de hecho, ni tan siquiera me permitió hablarle sobre el mundo espiritual entre vidas durante la sesión informativa, para así no crearse ideas preconcebidas ni expectativas.

Sobre la Sesión

Muy excepcionalmente se nos cruza un alma antigua y extraordinariamente avanzada cuando realizamos una sesión al mundo espiritual entre vidas. Las almas no humanas, recorren y experimentan un mundo álmico diferente que no siguen los patrones habituales, pero que comparten similitudes con otras igualmente muy evolucionadas. Éstas son las vivencias recorridas por una de ellas. Un alma que dice ser llama.

Transcripción de la Sesión

Alex, me enviaría una larga nota a las pocas horas de ocurrida la sesión, donde enriquecía con detalles sus vivencias. Algunas de ellas, bien por su belleza, singularidad o relevancia, las he agregado en la transcripción de la sesión como un "Más tarde escribiría".

Terapeuta (T): Ve a un lugar donde te sientas totalmente seguro y protegido, en paz... donde nada te pueda perturbar. Tómate unos minutos para visualizar ese lugar ideal y descríbemelo.

Consultante (C): Estoy sentado en la oscuridad, en una estancia completamente a oscuras. El suelo, el asiento sobre el que estoy, las paredes, el techo... todo es de un color negro muy profundo, cuadrados perfectos, pero a la vez suaves, ondulados, como de energía.

T: ¿Tienes alguna idea de donde estás?

C: ¡Es una nave!

T: ¿Qué estás haciendo en ese lugar?

C: Recalibrándome.

T: ¿Qué sonidos percibes a tu alrededor? ¿Qué sensaciones tienes?

C: Del silencio más absoluto. Hay un cuerpo en el que tengo que habitar. Es un cuerpo vacío en el cual tengo que calibrar mi conciencia, para introducirla en su cerebro, y hacer una unión con él.

Un elemento común en regresiones de semillas estelares es que tras la muerte como humanos son transportados a su mundo donde tienen cuerpo físico ET en suspensión, que reaniman introduciendo su energía y consciencia.

T: ¿Y cómo es ese cuerpo?

C: Tiene aspecto humanoide, es muy grande. De color azul. Tiene unos ojos muy extraños... son grandes, de un color negro.

T: ¿Y qué aspecto tienes tú? ¿Cómo eres? ¿Cómo te sientes?

C: Soy como si fuera mercurio. Plateado, pero a la vez es como si... vibrara... y veo esa ondulación en la superficie.

T: ¿Tienes alguna forma o simplemente fluctúas como energía?

C: ¡No! También tengo forma humanoide.

T: Descríbeme como eres.

C: Soy como una masa de mercurio, pero con brazos y piernas... y también tengo una cabeza. Tengo forma humanoide.

T: ¿Eres una masa de energía o algo más físico?

C: Es una mezcla. Es esa forma de mercurio la que tiene que hacerse uno con ese cuerpo.

T: ¿Estás solo en esa nave o hay alguna otra persona como un superior?

C: No. Estoy solo. En Orión. Me doy cuenta que esa masa de mercurio realmente no soy yo. Es solamente mi energía. Yo no estoy en esa masa de mercurio. Es un recipiente intermedio

T: ¿Y cómo te introduces en el nuevo cuerpo? Descríbeme lo que va ocurriendo.

C: Ese cuerpo en el que tengo que introducirme no es nada más que un robot, pero biológico. Ese cuerpo azul es un robot biológico.

T: ¿Y por qué tienes que introducirte en ese robot?

C: Porque ese robot biológico es quien se va a introducir en una nave.

T: ¿Con qué propósito?

C: Tengo que usar ese cuerpo para realizar un viaje. Voy a Las Pléyades.

T: Así que viajas hacia las Pléyades. Cuéntame qué ocurre cuando llegas.

C: Al llegar, me introduzco en una cápsula, y la cápsula es un vehículo que viaja hacia un enorme salón. Las paredes de esa habitación son enormes... estoy ahí para intervenir en una reunión. Tengo que estar presente en la reunión.

T: ¿Cuál es el motivo de la misma? Explícame un poco quienes más están en la reunión.

C: Hay muchos seres y todos son diferentes. Llevamos ropajes largos. Son como una especie de batas, pero que a la vez son capas. Tienen una serie de ribetes de diferentes colores. Es una vestimenta muy ornamentada. Uno tiene unos dibujos que parecen olas, las ropas son de color verde y esas olas son azules.

T: Y tu ropa, ¿cómo es?

C: Es de color verde también. Con ondulaciones doradas.

T: ¿Para qué se han reunido ahí?

C: Va a finalizar la vida en un planeta y están decidiendo si intervenir o no.

T: ¿Y de qué planeta se trata?

C: El tercer planeta.

T: ¿Dirías que esa reuniones ocurren con frecuencia?

C: No.

T: Háblame sobre otros seres que estén en esa reunión.

C: Hay un ser tipo mantis. También hay un ser tipo Draco. (Más tarde escribiría: "... reconozco a esa mantis").

T: ¿Cómo percibes la vibración de esos otros seres?

C: No están cómodos, ¡ninguno!, el uno con el otro me refiero. Es una reunión forzada.

T: ¿Y cuál es tu papel en esa reunión?

C: Soy uno más del consejo.

T: ¿Representas alguna raza, algún estado de materia?

C: Soy un representante.

T: ¿De algún planeta?, ¿de alguna forma de vida?

C: De una facción.

T: ¿De qué facción se trata?

C: Provida.

T: ¿Y hay alguna otra cosa relevante de esa reunión que quieras comentar?

C: El salón tiene como forma de semilla. Alrededor se puede ver perfectamente el espacio. Hay una mesa también muy grande que está suspendida, de color crema.

T: ¿Dirías que esa forma que tienes ahí, en un tiempo lineal humano, es de hace mucho tiempo o es relativamente reciente?

C: De hace mucho tiempo.

Más tarde escribiría: "... en la gigantesca mesa ovalada de color beige, suspendida, hay alrededor una veintena de seres ET, algunos con formas humanoides, otros no. Todos llevan vestimentas muy elaboradas; largas levitas en diferentes colores y con decoraciones. Este Consejo de Razas tiene una única temática a tratar: el destino del Tercer Planeta, refiriéndose a la Vía Láctea y al Planeta Tierra. Esa reunión tuvo lugar hace cientos o miles de años, no sabría encuadrarla en nuestro tiempo lineal o incluso realidad actual, pero sobre lo que se hablaba es sobre el futuro inmediato del planeta, en la fase final del ciclo de La Tierra, en la que nos encontramos también actualmente. La temática es si deberíamos intervenir en el curso de la aniquilación de toda vida en la Tierra, si violar el acuerdo de no intervención o si mediar para la preservación de su existencia.

T: Ahora ve al momento en el que tu alma decidió encarnarse en forma humana.

C: Hay mucha agua. Estoy buceando. Soy hombre. Estoy saliendo del agua pisando la arena de una playa. Voy a una cabaña hecha con troncos.

T: ¿Es esa tu primera encarnación humana?

C: No. Ha habido otras.

T: Mira tu reflejo en el agua. ¿Cómo eres?

C: Oriental. Tengo rasgos orientales.

Alex en esta vida se ve pidiendo la mano de una mujer hermosa, asiática y de tez oscura. No pasa mucho tiempo cuando siendo aún joven, es herido gravemente por una lanza en pecho y estómago, siendo llevado a una tienda donde agoniza en medio de un gran revuelo a su alrededor.

T: Estás en esa tienda en el último momento de tu vida y te fijas en los latidos de tu corazón, en cómo van deteniéndose.

C: Tengo mis ojos abiertos. Estoy viendo mi cuerpo y cómo me separo de él.

T: Sé consciente de cómo tu alma se separa de tu cuerpo.

C: Ya estoy fuera.

T: ¿Y dónde te encuentras en relación a tu cuerpo? Encima, debajo, a un lado...

C: Estoy rodeado de estrellas.

Cuando un alma ha recorrido ese camino de vuelta muchas veces durante sus numerosas encarnaciones, suele hacerlo de forma directa, casi apresurada o inmediata, sin túneles, ni luz, ni familiares, conocidos u otros seres que los acompañen o reciban. Vuelve en solitario, sin necesidad de apoyo, porque ya saben de alguna forma que *vuelven a casa*.

T: ¿Qué hay a tu alrededor?

C: Estoy en un sitio enorme, dorado, hay reflejos de color oro por todas partes, por todos sitios. Hay muchísima luz. Una luz cegadora. El suelo es como de cristal.

T: Ve acomodándote a esa luz. Poco a poco. Concédete el tiempo que necesites.

C: Hay construcciones a mi alrededor. Son desproporcionadamente enormes. Hay torres afiladísimas, muy delgadas y afiladísimas. Son enormes... casi no llego a ver la cúspide de esas torres. Estoy en una sala infinitamente larga, con el techo como... parece como de una catedral, pero es de una escala impresionantemente grande.

T: ¿Qué ocurre en esa especie de catedral gigantesca?

C: *Ésta es mi casa original.* Vengo de allí. (La rotunda respuesta llevaba consigo una carga de intensa emoción contenida, una fuerza impregnada del sentido más hondo de pertenencia).

T: ¿Ves algunas luces?, ¿estás sólo?, ¿alguna luz se aproxima a ti?

C: ¡Nooo! Todo es luz. Todo es impresionantemente brillante. Es como si el suelo, las paredes, el techo también fueran de cristal. Y reflejan muchísima luz. Es cegadora.

T: ¿Qué estás haciendo ahí?

C: Estoy caminando. Llevo una levita de color dorado. Totalmente dorada. Las mangas muy largas... no puedo verme las manos. Llevo una capucha también toda de ese color.

Más tarde escribiría: "Mi propia vestimenta es un hábito totalmente dorado. Las mangas se ensanchan de forma que no veo ni mis manos ni mis pies. Llevo también una capucha que sobrepasa los límites de mi cara. Me pongo un momento como delante de mí, pero no consigo distinguir mi rostro". Me lleva hacia arriba, muy muy rápido. Me siento muy bien.

(...)

C: Ando hacia una llama de luz inmensa y entro dentro de ella. Desaparezco en esa llama. Me lleva hacia arriba, muy muy rápido. Me siento muy bien.

T: Tómate tu tiempo. Avísame cuando termines y dime hacia dónde te diriges.

C: Acabo de nacer. Estoy viendo a mi madre, estoy en sus brazos. Miro hacia arriba y veo su cara.

Le indico que vuelva a los momentos en que planificó venir a encarnar como la persona que es hoy.

C: Hay una música muy agradable que me embarga.
T: ¿Hay otros seres o estás sólo?
C: Estoy solo. Estoy metido como en una especie de cápsula. Dentro de una cápsula. Soy un Urmah.
T: ¿Es esa la verdadera naturaleza de tu alma?
C: No. Mi alma es más antigua.
T: Ahora vas a ir a conocer la verdadera naturaleza de tu alma. Estás ahí.
C: No puedo saberla.
T: ¿A qué se debe que no puedas conocerla?
C: No debo saberla.
T: ¿Quién te dice eso?
C: Me dicen que *no debo saberla.* (Responde poniendo un intenso énfasis de orden, o de indignación). Es una voz. No sé. Es una voz que está a mi alrededor. Me rodea por todos sitios.
T: ¿Dónde te encuentras cuando escuchas esa voz?
C: Es como si mirara una pared de piedra. Hay una luz muy fuerte en el fondo de ese sitio y está rodeado de una pared de piedra. Y yo puedo ver como al otro lado, de esa especie de... almendra. Al otro lado hay una fuente de luz inmensa que casi atraviesa la solidez de la pared de piedra.
T: ¿Qué dirías que es eso?
C: La Fuente. (Se intercala un silencio muy pronunciado antes de continuar). Vuelvo a escuchar la voz: "No debes saberlo".
T: Bien, entonces ve hacia dónde se te permita conocer o experimentar en ese mundo espiritual.
C: Soy el humo blanco que sale del chamán viejo para entrar en el chamán nuevo. Salgo del chamán viejo para entrar en el chamán nuevo.
T: ¿Has vuelto a esa encarnación?
C: Sí.

Alex, descubrió durante una Terapia Regresiva de vidas pasadas que fue un chamán de gran poder. Como tal, su espíritu podía volar en forma de águila o caminar como un lobo blanco. Pero antes de tener esos dones, vivencia un ritual de sucesión donde "hereda" el alma de otro chamán viejo que está a punto de morir. Durante ese ritual, su propia alma es encerrada en una vasija de barro, antes de que el alma con "los conocimientos" se traslade a su cuerpo, en forma de ese "humo blanco".

T: ¿Cuál es la misión de esos chamanes? (Le formulo esta pregunta con la intención de saber si había habido algún cambio en su propósito como chamán ahora que conoce que en realidad él es "ese alma que viaja entre ellos").
C: Cuidar a la comunidad. Cuidar del mundo. Cuidar a la naturaleza.

Durante esa vida, en tiempos muy muy antiguos, su misión más importante era "Traer el Cielo a La Tierra", en un complejo ritual ancestral, que lamentablemente fracasa, lo que le produce un pesar inmenso del que no podía recuperarse al no haber logrado acometer su deber.

T: ¿Fue esa tu primera encarnación como humano?
C: No.
T: Entonces... ¿por qué se te muestra que eras un alma que trasmutabas de chamán a chamán?
C: *Legado.*

Más tarde escribiría: "el espíritu blanco se enriqueció con la existencia del viejo chamán, al igual que su anterior, y el anterior de su anterior, traspasando la amalgama de sus universos personales en permanente renovación y aportación sin límites al nuevo eslabón de una cadena que no recuerda ya su inicio".

T: Regresa al mundo espiritual antes de encarnarte como el chamán.

C: Vuelvo a estar en la ciudad de cristal.

T: Avanza hacia la siguiente situación o escena importante en ese mundo.

C: Me están dando instrucciones. Estoy recibiendo instrucciones.

T: ¿De quién recibes instrucciones?

C: De todo a mi alrededor... lo siento dentro de mí como si... si... supiera en ese momento lo que tengo que hacer.

T: ¿Qué instrucciones recibes?

C: Volver a la Tierra.

T: ¿Quién te da esas instrucciones?

C: Todo lo que me rodea. Todo lo que me rodea se mete dentro de mí y sé qué hacer.

T: ¿Qué tienes que hacer?

C: Volver a La Tierra.

T: ¿Tienes alguna instrucción especial?

C: Se me mostrará cuando tenga que ser.

T: Ve al momento y al lugar en el que eliges el cuerpo en el que te vas a encarnar.

C: Hay mucho hielo. Hace mucho frío. Todo es un desierto de nieve, todo está congelado.

T: ¿Continúas en el mundo espiritual?

C: No. Ya estoy en La Tierra. Sólo hay nieve y hielo a mi alrededor.

En este momento, como Terapeuta soy consciente de que se había vuelto a escurrir del mundo espiritual.

T: ¿Cómo eres físicamente?

C: Soy bajito. Soy un hombre y he construido un hueco bajo la nieve. Tengo mi cuerpo forrado de piel de animal. Estoy solo. Llevo un hueso de animal gigante y lo tengo afilado al final como si fuera una lanza, pero esa lanza es de un hueso de animal enooormemente largo. Me hace daño a los ojos... la luz que se refleja sobre la nieve. Tengo los ojos muy cerrados, porque me molesta mucho. Está por todos sitios, la luz... fue hace mucho, mucho tiempo.

T: Ve a un momento importante de esa vida.

C: Estoy en una cueva, luchando con un animal enormemente grande. Va a cuatro patas y tiene un pelaje muy grueso. Quiero matarlo... necesito su piel. Es igual a la piel que llevo atada alrededor de mi cuerpo.

Ahora estoy despellejando al animal. El cuchillo que uso es de hueso también... y muy afilado.

T: ¿Cómo fue tu muerte en esa vida?

C: Estoy tirado en el hielo, tengo muchísimo frío. Estoy sepultado por la nieve y me siento muy cansado. Me ha caído nieve encima. Ya no puedo escarbar más, estoy, muy muy cansado.

T: Ve justo al momento de tu muerte.

C: ¡Que silencio tan impresionante! Sólo hay nieve a mi alrededor. No veo mi cuerpo. Hay una luz que me absorbe... me dejo llevar por ella.

T: ¿A dónde te lleva?

C: Yo ya he estado aquí. Es una habitación sin forma, blanca totalmente. Estoy solo.

Es de notar, la constante facilidad con la que el alma cambia de un mundo a otro; los tránsitos son casi abruptos, sin necesidad de preparación, lo que suele indicar un alma muy experimentada, sabia.

T: ¿Cuáles son tus sensaciones?, ¿cómo te sientes?

C: Soy energía.

T: Observa y mira a ver si distingues el color de la energía que eres.

C: Igual que la habitación. Blanca. La habitación está totalmente redondeada tanto por abajo como por arriba. No llega a ser una esfera, es algo alargado. No hay ninguna arista, no hay ningún lado, sólo estoy rodeado. Como una especie de vaina.

T: ¿Y qué está ocurriendo en esa habitación?

C: Nada. Sólo estoy ahí depositado.

T: ¿Y cuál es la función de esa habitación?

C: Estoy esperando. No sé si tengo que volver a encarnar.

T: ¿Quién decide si tienes que volver a encarnar?

C: No lo sé... no lo sé

T: ¿Sabes si tienes algún superior o alguna autoridad por encima de ti?

C: Sí. A la gente hay que decirle si tiene que encarnar o no.

T: Y esa autoridad, ¿quiénes son?, ¿almas más avanzadas, más sabias, más experimentadas, seres de luz?

C: La Fuente

T: ¿Y es entonces la Fuente quien indica directamente si tienes que volver a encarnar?

C: ¡Sí!, ¡Así ha sido siempre!

T: Quiero que vuelvas a percibirte como esa energía que eres y me digas si tienes algún tipo de forma.

C: No. Es como si fuera un huevo sin forma definida. De forma redondeada y alargada.

T: Ve hacia otro sitio de interés en tu mundo espiritual. ¿Dónde estás?

C: Estoy siendo creado.

T: ¿Y cómo ocurre eso?

C: De pronto sale una llama y soy yo.

T: Como esa llama inicial, ¿cómo te sientes?, ¿qué carácter dirías que tienes?

C: ¡Soy todo! !Lo sé todo!

T: ¿Hacia dónde te diriges formado como esa llama de energía? ¿Hay otras llamas que se forman al mismo tiempo que tú?

C: Sí. Hay más llamas donde yo estoy.
T: ¿Compartes con otras llamas algunas características diferenciales?
C: No. Somos todas iguales.
T: ¿Y hacia dónde vais una vez que habéis sido creadas?
C: A diferentes tiempos... a diferentes mundos... a diferentes realidades... a diferentes existencias.
T: ¿Y hacia dónde te diriges tú tras esa creación?
C: Sólo permanezco. Sólo permanezco donde están todas...
T: ¿Las almas?
C: ¡Las llamas! (Responde con firmeza y con tono de severa indignación).
T: ¿Cuánto tiempo permaneces ahí?
C: No hay tiempo.

Más tarde escribiría: "... estoy en presencia de la Fuente misma como una enorme llama blanca, y estamos siendo creados a partir de ella. Tenemos su misma forma, aunque más reducida y menos brillante... la Fuente está en la parte central, no existen paredes ni nada alrededor, sólo el plano físico o superficie donde está suspendida la Fuente y todas sus llamas alrededor en varios anillos... estoy dónde no hay tiempo, ni planos, ni realidades, ni dimensiones o existencias".

T: ¿Hay otras almas que tengan más sabiduría?, ¿hay otras almas que les enseñen?
C: No. Ya saben todo lo que tienen que saber.
T: Ahora, y desde el punto de vista del tiempo terrestre, vas a ir al momento en el que esa llama sale de ese estado de espera, y ocurre algo.
C: Estoy creando una superficie. Estoy creando todo lo que está a mi alrededor.
T: ¿Esa es la habilidad que tienes? ¿Eres un creador?
C: Construir.

T: ¿Qué construyes? ¿Qué creas?
C: ¡Realidades!
T: ¿Esa habilidad la has adquirido por evolución o ya la tenías desde el nacimiento de tu alma?
C: De nacimiento.
T: ¿Contigo hay otras almas que sean creadoras de realidades?
C: Sí.
T: ¿Distingues otras características en las otras almas?
C: Somos todas iguales. Llamas blancas.
T: ¿Hay otras realidades que estén creando?
C: Líneas de tiempo.
T: ¿Hay alguna otra habilidad que tengas como alma?
C: Crear amor.
T: Ve hacia otra situación o lugar que quiera tu alma mostrarte dentro de este mundo espiritual.
C: Hay como una enorme bola de fuego como un sol que da vueltas. Está muy inestable y va a estallar. Esa bola de fuego la ha creado otra llama. (Tras un relativo largo silencio). No ha funcionado el ensayo. No importa, se creará otra. Estaba mal realizada.

Más tarde escribiría: "yo observaba como otra llama estaba creando soles, eran soles. Veo la gigantesca bola de fuego con todos esos gases quemándose a su alrededor, y como va aumentando la presión hasta que se desestabiliza e implosiona para después expandirse y explotar. Me sorprendía no tener emociones de ningún tipo mientras presenciaba lo que ocurría, con una total indiferencia".

T: ¿Podrías decir que está aprendiendo a manejar las energías de creación?
C: Sí.
T: Ve hacia el siguiente lugar o momento que te quiera mostrar tu alma.

C: Estoy otra vez con La Llama en ese lugar. De nuevo donde estaba inicialmente. Rodeado de llamas.
T: ¿Hay algo nuevo que te quieran mostrar?
C: No.
T: Ve hacia el siguiente lugar significativo
C: Sigo estando en el mismo sitio.
T: Quizás no quieran enseñarte nada más.
C: Eso es.
T: Pregunta si puedes ir hacia el lugar desde dónde encarnaste para ser Alex en este cuerpo humano.
C: Estoy otra vez en esa especie de vaina blanca. Estoy esperando para encarnar. Esperando al momento adecuado.

Más tarde escribiría: "... he vuelto varias veces a este recinto blanco y alargado en forma como de semilla, donde me encuentro en estado de energía y espero hasta el momento de volver a encarnar. A la finalización de cada vida acabo convertido en un rayo de luz que termina dentro de esa vaina blanca esperando mi próxima bajada".

T: Avanza justo a ese momento cuando vas a encarnar.
C: Aparezco como energía dentro del cuerpo de mi madre.
T: Ha ocurrido ya la concepción.
C: Sí.
T: ¿Hay ya un bebé?
C: ¡No! Se está formando, pero yo ya estoy dentro. Se empieza a formar.
T: ¿Y estás sólo o durante este trayecto te ha acompañado alguien?
C: No. Solo.

En muchas ocasiones el alma es acompañada durante su trayecto al encarnar, además de verse deslizándose por un tobogán o algún elemento parecido como medio de cambiar de mundo.

T: Dime entonces cuándo es el momento en el que te integras en el bebé.

C: Desde el principio. Cuando todavía no hay cuerpo. Mi energía está dentro de ella, y es la que crea el cuerpo. Soy yo lo que está creando el cuerpo dentro de ella. Desde el inicio.

T: Descríbeme cómo creas el cuerpo y cómo ocurre esa creación

C: En el momento en el que estoy dentro de su vientre, empieza a generarse el cuerpo. De la nada.

T: Deja que se vaya desarrollando esa experiencia. ¿Cómo te hace sentir?

C: Sólo estoy creando. Aún no hay emociones. Aún no hay sentimientos. Sólo hay propósito de crear, de creación.

T: ¿Cuándo cambia eso? ¿En qué momento cambia?

C: Cuando empieza a latir el corazón de ese cuerpo. Se siente diferente.

T: ¿Se siente diferente el cuerpo?, ¿se siente diferente el alma?, ¿qué se siente diferente?

C: El cuerpo y el alma. Hay una unificación en ese momento.

Más tarde escribiría: "... soy consciente de mi estado de pura energía, soy consciente del espacio que ocupo en el vientre materno, de iniciar todo... y especialmente de fusionarme completamente con mi cuerpo cuando se forma el órgano del corazón y da su primer latido de vida autónomo".

T: ¿Hay más cambios significativos?, ¿cómo son las memorias de tu alma en ese momento?

C: Sólo es otra creación más.

T: ¿Y qué crees que es lo que te ha querido mostrar?

C: Que viene de muy antiguo.

T: Eres un alma muy antigua, con muchas experiencias.

C: Sí. He estado aquí ya muchas vidas.

T: ¿Y cuál es el propósito de esta encarnación?

C: Cree en tu propósito. Tienes aún que descubrirlo. (Le dicen).

Las almas que fueron chamanes en otras vidas suelen tener experiencias muy energéticas y han desarrollado la capacidad de crear realidades o de modificar la realidad. Además, otros autores (como anteriormente he reseñado) también nos hablan de almas especializadas en el manejo de energías y que pueden crear incluso mundos (en este caso soles). Son almas extremadamente antiguas.

Testimonio del Terapeuta

Las regresiones de Alex están llenas de silencios profundos, en donde como terapeuta tomas consciencia de la magnitud de lo que el cliente está viviendo y procesando. Su primer silencio impactante fue entrando en su, creo recordar, tercera regresión, cuando me dirige como primeras palabras "No podía contestar... es que estaba volando... era un águila". Pero lo más importante de esos grandes silencios es comprobar como experiencia tras experiencia, la sanación, el entendimiento y el crecimiento personal se agigantan.

Ésta no fue una más porque supuso un reto como terapeuta, ya que no seguía "el guion" y nada era lo posiblemente esperado. Pero fue también, un regalo. Como así mismo espero que lo sea para los lectores: un alma que encarna desde otros mundos, y que se mueve por otras dimensiones. Gracias Alex, por ser, y por existir, vengas de donde vengas y seas quien seas.

Testimonio del Consultante

El descubrimiento de la ventana hacia las vidas pasadas, supone una ruptura con la irrealidad del relato oficial que niega la inmortalidad de nuestras almas, y supone un antes y después en nuestras vidas, ya que una vez que derribas el miedo ancestral a la muerte, todo el esquema grabado a fuego sobre la efemérides y el sentido de nuestras cortas existencias se desmorona. Supone un salto de precipicio a una realidad alternativa que descubres, y se vuelve más real, a la que jamás podríamos habernos asomado si no fuera por la terapia regresiva, aunque me gusta más llamarla "renacimiento del alma"; es una forma de conectarnos con una dimensión superior de consciencia, de sanarnos desde dentro cambiando para siempre nuestra realidad externa y, por ende, nuestra relación con todas las personas que nos rodean.

Hago mención especial a mi terapeuta Ángeles, porque no solamente me ha acompañado a traspasar las fronteras de mi realidad, si no que su agudeza y sensibilidad me ha permitido exprimir al máximo el alcance de mis incursiones al continuo infinito de mi alma.

Contacto
Ángeles Sánchez Estévez
Teléfono y WhatsApp: + 34 615 997 151
regressionate@gmail.com

Una Experiencia Sublime

Por Carlos González Delgado

Sobre el Autor

Licenciado en Psicología por la Universidad de Málaga, Colegiado AO-11251, Usui Shiki Ryoho Master (The Reiki Alliance), Logoterapeuta y Analista Existencial (Asociación Española de Logoterapia en colaboración con la Fundación Viktor E. Frankl de Buenos Aires, Argentina), Master en Contabilidad y Análisis Económico-Financiero (Escuela Superior de Investigación y Técnicas Empresariales), Graduado Social (Escuela Social de Granada), Funcionario en excedencia de la Diputación Provincial de Málaga, Fundador y Director del Centro Atma de Cártama, Málaga (sede física de AETR), Director de los programas de radio "Aula Abierta" y "Aula Nocturna" (Onda Libre Málaga) y del programa "Serendipia" (Radio Mijas Costa del Sol, Málaga), Colaborador de Mindalia tv, Terapeuta en Vidas Pasadas (formado por el Dr. José Luis Cabouli).

Organizador y Profesor del I y del II Curso Internacional de Entrenamiento Avanzado en Terapia Regresiva (2023 y 2024),

Autor de la obra "Terapia Regresiva Básica" (2021), Coordinador y Coautor de las obras de AETR "El Alma sin Velo" (2022), "Terapia Regresiva y Almas Perdidas" (2023) y "Terapia Regresiva y Consciencias no Humanas" (2023), "Terapia Regresiva y Espacio Entre Vidas" (2025), "Terapia Regresiva, Gestación y Nacimiento" (2025) y "Terapia Regresiva Infantil" (2025). En estos años, Carlos se ha convertido en un gran divulgador de la Terapia Regresiva y, junto al resto de miembros y colaboradores de la Junta Directiva, ha conseguido que AETR sea todo un referente internacional en Terapia Regresiva.

Presidente de la Asociación Española de Terapia Regresiva desde su fundación en el año 2019. Pionero en fusionar los métodos de trabajo de la escuela hispano americana, basada en las enseñanzas del Dr. José Luis Cabouli, con los de la escuela europea, basados en las enseñanzas del Psicólogo holandés Hans Ten Dam. Formador de Terapeutas en Psicoterapia Regresiva desde el año 2014. A día de hoy, su Escuela de Formación "Centro Atma" es una de las nueve escuelas reconocidas por AETR en Argentina y España.

Sobre la Consultante

Marisol es una mujer joven, casada y madre de familia que está formándose en Psicoterapia Regresiva en el momento de realizar esta sesión. La sesión surge dentro de las regresiones prácticas que como profesor realizo delante de todo el alumnado.

Transcripción de la Sesión

Cártama, 11 de septiembre de 2024.

Terapeuta (T): Marisol, ¿qué te gustaría poder trabajar hoy?
Consultante (C): Tengo tres conflictos. El primero es un patrón que se repite con mi madre y hermanas y creo que viene de vidas pasadas.

T: ¿En qué consiste ese patrón?
C: Una de mis hermanas desde pequeña ha manipulado a otra hermana y también a mi madre. De adultas, el problema se ha agrandado y eso me hace alejarme de ellas. Mi madre nunca fue cariñosa y dice cosas que me hacen mucho daño y no sé si me excluyen o soy yo la que se siente excluida. Creo que detrás existe envidia, celos y rivalidad, ya que soy una persona diferente a ellos y me gusta estudiar, indagar y llevar mi propio estilo de vida. Esto se repite en parte también con mi marido, quien se siente inferior.

Uso de Varillas Radiestésicas

Utilizo las varillas de radiestesia para medir energías y reacciones del inconsciente del Consultante. En mi libro "Terapia Regresiva Básica" ofrezco algunos de los principios en los que se basa esta parte de mi trabajo. Esta medición energética se realiza a distancia, ya que la Consultante se encuentra en una localidad lejana a Cártama. Téngase en cuenta el contexto formativo en el que se desarrolla esta sesión.

La consultante me da su permiso para trasladar su presencia energéticamente hasta la sala y así poder medirle su energía. Sorprendentemente tiene 235 cm y eso es mucho. Téngase presente que la mayoría de las personan tienen entre 50 y 150 cm. No se puede explicar aquí la medición con las varillas por motivos de espacio. Las varillas no son un medio cien por cien fiable, pero indican la dirección de lo que es real para el Alma. Tienen una fiabilidad de un 90-95 % y un margen de error del 5-10%. Se testan y se comprueban, en relación a este motivo de consulta, las siguientes circunstancias:

a) Existe ese patrón familiar del que habla la Consultante.

b) Hay manipulación en el clan familiar y se la está excluyendo.

c) Detrás de los celos, la envidia y la rivalidad, lo que hay es miedo no reconocido.

d) Desde la óptica del alma, la Consultante va en una dirección correcta.

e) Se la hace ver a la Consultante la diferencia entre lo que desea su mente lógica y lo que necesita su Alma.

f) Se detecta una dinámica en la comunicación familiar estilo "embrollo" y poco sana.

g) Existe presencia de exigencias absolutistas de la mente racional de la Consultante sobre la realidad.

Continuidad de la Sesión

T: ¿Cuál es tu segundo motivo de consulta?

C: Mi despertar desde hace unos 10 años para acá. Fue tras salir de la UCI en la que estuve 20 días en coma. Recuerdo perfectamente estar en la puerta de un túnel del que me sacó Jesús, quien me cogió en las manos, me levantó como de una camilla y me sacó de allí.

T: Esto, ¿lo has trabajado en alguna práctica con algún compañero?

C: No. (necesito comprobar esta circunstancia para establecer mi estrategia de trabajo)

T: Exprésate.

C: Pues a raíz de ahí, hay una energía que noto dentro de mí, como un hormigueo por todo el cuerpo, pero en la cara y en los ojos lo siento de un modo exagerado. Al mover los ojos, noto *"yun, yun, yun"*.

T: ¿Cómo es para ti *"yun, yun, yun"*?

C: Es como si cuando yo miro hacia acá, la energía que mueven mis ojos hiciera *"yun"*, con el ruido inclusive. Y cuando miro hacia la derecha es igual. Es como si fuera energía, *"yun, yun, yun"*.

T: ¿Algo más que me quieras decir de esto?

C: No, yo quisiera saber si es una energía que me está influyendo. ¿Porque no hay manera de quitármelo? No sé lo que es.

T: ¿Y esto te está perjudicando de alguna manera?

C: Los días que estoy así me encuentro mal, como que no siento.

T: ¿Y crees que tiene relación con ese despertar espiritual, con esa percepción?

C: Sí. Estos días he estado indagando en mi introspección y me di cuenta que viene de ahí, desde que salí de la UCI. Tuve una meningoencefalitis y me dieron 24 horas de vida. Le dijeron a mi marido que mi cerebro había estallado y que cuando despertara iba a tener graves secuelas y que iba a quedar como un vegetal. Ahora, aquí estoy, viva y sana gracias a Dios, pero me parece que algo quedó dentro de mí desde ese momento.

T: Esto me recuerda la historia del neurocirujano norteamericano Eben Alexander, a quien conocí en Madrid hace unos 10 años en un Congreso Internacional y que estuvo invitado en el IV Simposio Internacional de Terapia Regresiva organizado por AETR. Su cerebro prácticamente estaba destruido, como le ocurrió al tuyo, y sus compañeros médicos le dijeron a su familia que de ahí no iba a salir, que si salía iba a quedar con secuelas para el resto de su vida. En su experiencia, se le apareció un Ser de Luz y logró salir totalmente sano, como tú. Tenemos grabado en vídeo su testimonio donde cuenta toda su experiencia.

C: Gracias, no lo sabía. En mi caso, entre tantos recuerdos hay muchas cosas del tiempo que estuve en coma. Cuando me desperté fue Jesús el hombre que me levantó de la camilla y tomándome en sus brazos claramente me dijo: *"vente conmigo, que ahora no es tu momento"*.

(Ahora vuelvo a utilizar las varillas y se confirma que, desde el punto de vista médico, su situación era irrecuperable y que fue la intervención divina la que la sanó. La Consultante queda satisfecha).

T: Sigamos, ¿cuál es tu tercer motivo de consulta?
C: Me gustaría saber si esa energía está en mí y qué tengo que hacer con ella y si debo o no deshacerme de ella.

(Realizo el trabajo haciendo con las varillas haciendo varias preguntas a la Consciencia Superior de la Consultante. Se concluye lo siguiente: esa energía está en ella. Parece ser un Alma potencialmente elevada que está incorporada en su campo energético y se descarta que pueda ser un alma perdida. No le está causando ningún daño. Según las varillas, la Consultante está capacitada para integrar sanamente esa presencia energética y que puede hacerlo poco a poco sin la necesidad de sentir rechazo alguno. Se consulta si es sano para la Consultante realizar en la clase de hoy una terapia regresiva sobre esta experiencia y el resultado es afirmativo. Conjuntamente, el Terapeuta y la Consultante deciden llevarla a cabo en presencia del resto de los compañeros de formación).

Continuidad de la Sesión:

T: Muy bien, quédate ahí tranquila y cierra tus ojos. Marisol, necesitas una introducción larga, mediana o breve o no la necesitas?
C: Mediana.

(En esta fase de la sesión, el Terapeuta realiza a la Consultante una serie de preguntas de tipo legal que siempre es aconsejable realizar antes de la realización de cualquier regresión y que reflejan el compromiso legal y formal que existe entre las partes a la hora de acordar el trabajo. Entre estos factores, hay uno esencial: la Consultante da su permiso para grabar en audio y en video la sesión con ciertos límites legales. Además, le ofrece una serie de instrucciones que hacen tomar consciencia a la Consultante del trabajo que va a realizar. No se incluye en este apartado por los motivos ya aludidos anteriormente).

T: Recuerda que lo más importante en la sesión de esta tarde es permitir la experiencia y que serás guiada durante toda la sesión por tu propia conciencia superior. Y ahora sí, a la cuenta de tres, vas a retroceder en el infinito tiempo de tu alma e irás justo a ese momento donde estás sintiendo que algo importante está pasando en tu vida y estás viviendo tu propio despertar espiritual y me dirás lo primero que acuda a conciencia, 1, 2, 3..., eso es, ponles palabras a tus sensaciones...

C: Siento miedo y el pecho encogido. Me veo conduciendo hasta casa y veo que me molestan mucho las luces de los de los coches. Llego a casa con dolor de cabeza, me tomo una pastilla y voy a coger una servilleta y no lo consigo.

T: ¿A qué se debe que no puedas cogerla?

C: Ya no hay coherencia, es como que mi mente quiere hacer una cosa y mi cuerpo no puede hacerla.

T: Sigue, ¿qué más ocurre?

C: Me acuesto y a partir de ahí ya no recuerdo nada.

T: Muy bien, a partir de este momento vas a seguir viviendo esta experiencia real de tu alma desde los ojos del alma, ya a partir de este momento tu cuerpo ya no responde y dejas de ser consciente de lo que estás viviendo. A la cuenta de tres vas a seguir avanzando y desde esa mirada vas a seguir conectada con tu alma y vas a decirme las sensaciones que empiezan a llegarte, 1, 2, 3...

La Consultante, al ser alumna de formación en nuestra disciplina, sabe perfectamente cómo hacer este giro y vivir su experiencia desde la mirada del Alma.

C: Siento un poco de congojo en el pecho, como si me faltara la respiración. No soy consciente de lo que me pasa y me siento muy cansada físicamente.

T: ¿Qué más sientes en este momento?

C: Que quiero salir del cuerpo.

T: Fíjate, toma conciencia, ahora que quieres salir del cuerpo, ¿qué sientes?

C: Siento que estoy atrapada aquí, sintiendo la congoja en mi pecho, pero me encuentro bien, como flotando.

T: ¿Qué más sientes?

C: Me veo desde arriba llena de tubos por el cuello, la boca, la cabeza y el pecho. Estoy como muerta y me da pena de ese cuerpo, de mí.

T: ¿Qué más están haciendo ahí con tu cuerpo?

C: Hay médicos y enfermeras y me están poniendo inyecciones y dicen: "de ésta no sale" y siento que me da igual.

T: ¿A qué se debe que te da igual?

C: Me he rendido, eso es y ya me voy para arriba, que es donde yo estaba muy bien.

T: ¿Cómo te vas para arriba?

C: Yo creía que eran sueños, pero me salgo del cuerpo y me voy.

T: A la cuenta de tres vas a retroceder justo a los instantes previos en que vas a salir de tu cuerpo, 1, 2, 3...

C: Sale algo de mi pecho. Es como una alfombra de luz que me da mucha paz y mucha calma. Estoy en ella y siento que yo soy esa alfombra de luz. Me encuentro balanceándome y muy bien. Salen del cuerpo colores morados y corinto

T: ¿Cómo sales?

C: Estoy muy feliz dando vueltas. No me estoy concretando, no estoy viendo nada. Ahora mismo simplemente salgo y doy vueltas como en esa alfombra, hacia arriba, hacia abajo y me siento libre, simplemente volando. Me encanta.

T: ¿Está muy mal tu cuerpo?

C: Sí, lo tienen entubado, lo están manteniendo vivo como pueden.

T: Y fíjate, tú estás arriba dando vueltas, volando, sin ataduras, sintiendo la libertad y, sin embargo, de algún modo, todavía estás vinculada a ese cuerpo, ¿cómo puedes tú seguir de alguna manera conectada a ese cuerpo y cómo logras saber lo que le está pasando a ese cuerpo?

C: Por el pecho, siento la congoja del pecho. Eso es lo que me une a ese cuerpo y cada vez que lo miro siento la congoja.

T: Muy bien, pues mira, permítete penetrar en el cuerpo por esa congoja que sientes en el pecho y avanza hasta tu cerebro. Y con la mirada del alma dime qué está pasándole a tu cerebro cuando sufres todo esto.

C: El cerebro dice que no quiero estar.

T: Muy bien, fíjate, ¿qué está ocurriendo en tu cerebro ahora mismo cuando él dice que no quieres estar?

C: Noto como si fueran calambres y hay muchas luces, como si estuvieran estallando cortocircuitos por todo mi cerebro. Es como una explosión con mucho dolor. Como si todo estuviera estallando.

T: Siéntelo y fíjate, ¿qué ocurre con tus neuronas, con tus células y con la zona esponjosa de tu cerebro cuando todo está estallando? Lo veo todo quemado. Eso es. Repite eso.

C: Lo veo todo quemado y algo me están haciendo en el pecho, como si me lo estuvieran oprimiendo. No puedo respirar y están activando el corazón haciéndome un masaje cardíaco.

T: Muy bien, fíjate, ¿a qué se debe que los médicos te están haciendo un masaje cardíaco? ¿qué creen ellos que está pasando?

C: Dicen que me estoy yendo, pero yo estoy bien, pero hay una pequeña lucha por querer seguir aquí. Me sorprende cuando dicen: *"se va, se va, se va"*, en ese momento noto dolor en la garganta por la presencia de un tubo. Una parte de mí está ahí fuera volando y otra aquí dentro en el cuerpo sintiendo estas sensaciones. Sigo con dolor en la garganta y la presión en el pecho. Me siguen masajeando.

T: Muy bien, fíjate, dime si logras ver con los ojos del alma el monitor donde te están monitoreando el corazón.

C: Sí, se va poniendo plano, solo hay un pico hacia arriba y lo demás es plano. No me voy del todo. Estoy más allá que acá.

T: ¿Qué más ocurre ahora?

C: Parece que me quieren sacar la sonda de la garganta y me ahogo y empiezo a toser y a ahogarme. Quieren que respire por mí misma. Noto como mi garganta se desinflama y empiezo a tirar de la sonda porque no quiero que me la quiten. Yo quiero seguir así, no quiero despertar.

T: Repite eso.

C: "*Yo quiero seguir así. Yo no quiero despertar*" (se lo hice repetir varias veces).

T: Cuando tu alma vive esto de "*Yo quiero seguir así. Yo no quiero despertar*", fíjate, ¿en ese momento preferirías que tu cuerpo se muriese?

C: En ese momento, sí. Al menos no quiero despertar aún. Afortunadamente, vuelven a meterme el tubo y ya me siento tranquila otra vez y no me duele nada.

T: Muy bien, siente tu cerebro de nuevo, contémplalo con los ojos del alma y dime, ¿cómo está ahora?

C: Está todo quemado y hecho cenizas, como si fuera una guerra. Todo está destruido y negro, como lleno de carbón, pero ahora hay una luz en mi cabeza. No llego a ver el color, pero veo que está reparando todo.

T: ¿Desde qué lugar de tu cerebro esa luz empieza a repararlo todo?

C: Desde dentro, desde la coronilla.

T: Muy bien, fíjate, a la cuenta de tres vas a retroceder con los ojos del alma a los instantes previos en que sientes por primera vez esa luz reparadora y dime qué pasa, 1, 2, 3...

C: Una vez que dejo de sentir el dolor en la garganta y en el pecho, cuando me entra esa tranquilidad, empiezo a ver una luz de color rosa que ya no me deja ver el cerebro tan negro. Voy viendo como hay pequeñas lucecitas. Son como si fueran duendes con alas, como campanillas muy pequeñitas. Están todas volando y cada una tiene una función en diferentes zonas de mi cerebro.

T: ¿cuáles son las funciones de estas campanillas en tu cerebro?

C: Están poniendo puntillitas, como soldando. Están volando y veo como están reparando las neuronas y van cogiendo unas con otras y las van soldando. Veo que a otras las están pegando, por eso te digo como puntillitas y las pegan en las paredes del cerebro. Oh, qué bueno, siento que puedo respirar mucho mejor. Todas están cantando y volando dentro de mi cerebro y se están abrazando entre ellas. Creo que ya lo han reparado del todo y por eso están felices.

T: Oye, fíjate ahora si puedes ver la monitorización de tu corazón en la pantalla.

C: Sí, ahora va bien.

T: ¿Puedes oír los comentarios de los médicos o de las personas que están ahí?

C: Escucho a mi marido decir *"aunque ustedes no se lo crean, mi mujer sale de ahí".* Él está seguro porque han pasado muchas cosas y siempre he salido de todas. Los médicos están sorprendidos. No pueden creer lo que están viendo y dicen que tienen que ver las pruebas del cerebro y que me van a quedar secuelas muy graves; sin embargo, yo estoy tranquila.

T: Y fíjate, esa luz rosa y las campanillas, duendes, ¿han terminado su trabajo?

C: Sí.

T: Muy bien, a la cuenta de tres, retrocederás al momento en que están reparando tu cerebro y fíjate, ¿cuál es la función de la luz rosa?

C: Los mantiene a todos en armonía y coordina todo el trabajo.

T: Avanza un poco más en esta experiencia. ¿Dónde estás tú cuando se está reparando tu cerebro?

C: Yo estoy en la puerta de un túnel. Veo a mi abuela.

T: ¿Qué aspecto tiene tu abuela?

C: Igual que cuando estaba aquí en la Tierra y todos están sentados como si fueran pasajeros en un avión partido por la mitad, que es el túnel. A mi abuelo no llegué a conocerlo aquí en la Tierra, pero ahora sí sé que es él y está junto a mi abuela.

T: ¿Hay alguien más de tu familia ahí, aparte de tus abuelos?

C: Veo gente conocida que ya no está aquí. Estoy en una camilla tumbada y ya no tengo fuerza ni para abrir los ojos cuando viene un hombre con una túnica blanca, una perilla y el pelo corto de color marrón y ojos verdes. Me coge en brazos y me alza desde la camilla. No entiendo lo que pasa. Veo que nos alejamos del túnel y él está caminando conmigo en brazos. Yo estaba ahí en el túnel, esperando a que sucediera lo que tuviera que pasar. Me dejaba ir, me dejaba ir.

T: Avanza y dime, ¿qué más ocurre?

C: Me siento muy reconfortada, amada y segura. Me pone la mano en la frente y eso me llena de vida. Pegada a su cuerpo siento su abrazo y su rostro junto al mío. Me siento llena de amor infinito hasta que desaparecemos los dos.

T: ¿Cómo sientes la energía de este hombre?

C: Como si me pinchara un poco de forma muy agradable y me resulta muy familiar, ya que la he sentido después de esta experiencia en algunas ocasiones.

T: ¿Esta energía es totalmente sana para ti?

C: Sí, así la siento, totalmente sana, como una energía de amor infinito que me llena de vida.

T: Muy bien, avanza lentamente y toma conciencia de cómo es ese traslado cuando él te sostiene entre sus brazos hasta que desaparecéis del túnel.

C: Me agarro y me abrazo fuertemente a él y nos fundimos en uno. Nos fundimos los dos y nos hacemos una gran bola blanca de energía y yo siento su conexión y su energía. Poco a poco van desapareciendo esos pinchazos que sentía como espinitas.

T: Avanza un poco más y dime, ¿qué otra cosa está sucediendo a tu alrededor que no me hayas dicho ya?

C: Fuera de esa energía hay más luces blancas muy bonitas que parecen ángeles y tienen alas. Revolotean alrededor de la luz grande. Ahora vuelto a sentir los picotazos, pero solo en el

ojo.
T: ¿Te resulta familiar esa energía?
C: Sí, es la energía de Dios y mi propia energía cuando estoy en ese estado.
T: Entonces, ¿esa energía no te hace ningún mal y, además, te llena de vida y amor infinitos y también tú misma eres esa energía?
C: Sí, así es.
T: Avanza lentamente en esta experiencia de tu alma y toma consciencia de cómo desapareces totalmente del túnel y apareces en otro lugar.
C: Vuelvo a la cama del hospital (sigo indagando para averiguar cómo sucede este proceso).
T: ¿Cómo dejas de estar en el otro lado y vuelves a la cama del hospital?
C: Yo estoy tan bien que no quiero volver, tengo mucha paz. Estoy con Dios. Lo noto. No hay ningún tipo de emoción, pero hay paz y felicidad. Creo que es lo más que puede sentir un ser humano y por eso no quiero volver aquí.
T: ¿Qué ocurre para que finalmente vuelvas a tu cuerpo?
C: Él se está separando de mí y mientras lo hace me transmite mucha paz y seguridad y me dice que todo va a cambiar y que confíe en él, que está conmigo.
T: Oye, si está contigo, ¿significa que su luz también está contigo?
C: Sí. Yo lo miro a los ojos y le confirmo con la cabeza que me tengo que marchar, que es cierto. Pero vuelvo a abrazarlo y a darle un beso. Ahora veo cómo esa luz va descendiendo y entrando de nuevo a mi pecho.
T: ¿Te traes parte de esa luz contigo?
C: Sí, sé que me traigo algo conmigo en el pecho, pero no sé lo que es porque estoy confundida.
T: Si supieras, ¿qué es lo que te traes de ese ser?
C: Algo que sé que me ayuda a brillar.

T: ¿En qué lugar de tu cuerpo depositas ese algo que te traes?
C: Lo noto en todo el pecho.
T: Una vez que vuelves a tu cuerpo, ¿cómo está tu cerebro?
C: Vuelvo a un cuerpo con un cerebro totalmente sano. Lo han hecho la luz y las campanillas. Yo no estaba ahí.
T: Oye, y, sin embargo, tú sí te has traído un trocito de esa luz.
C: Sí, lo traigo en mi pecho.
T: O sea, ¿que lo que tú tienes en tu pecho es luz?
C: Sí, es energía.
T: Y fíjate, ¿de alguna manera sientes que tú puedes mover esa energía?
C: Sí, entra en mi chacra corona y la puedo hacer brillar y proyectarla desde el centro de mi pecho hacia el exterior, ¡madre mía!
T: ¿De qué otra cosa vas siendo consciente en este momento?
C: No era consciente de todo lo que puedo hacer con esa luz. Ahora sé que puedo convertirlo todo en luz y amor.
T: ¿Eres consciente de algo más?
C: Sí, cuando volví de esta experiencia traía algo conmigo que me cambio la vida y mi forma de pensar. Ahora soy más consciente de ello que en aquel momento y puedo verme envuelta en la luz de Jesús y en su amor. Es extraño, pero siento que el me dice que soy luz y que Él y yo somos uno, que siempre está conmigo dentro de mi y que puedo llegar a ser lo más grande y confiar.
T: ¿Qué sientes ahora?
C: Me ha reconfortado mucho todo esto y que ya no me pincha esa energía que sentía. Todo se ha integrado dentro de mí y siento paz y tranquilidad. Soy plenamente consciente de cómo se reparó mi cerebro. Ha sido algo impresionante verlo y sentirlo. Todas esas lucecitas cantando, soldando y disfrutando de aquello que estaban haciendo. Mientras yo estaba en otro plano, sacaron mi alma para poder reparar mi cerebro.
T: ¿Algo más?

C: Haber visto a los ángeles rodeando la luz, la luz donde estábamos solamente Dios y yo, me ha hecho sentir una paz increíble y que estoy acompañada, que no estoy sola. Me siento más fuerte y muy tranquila.

T: ¿Qué sientes ahora?

C: Ya se ha pasado el malestar de mi pecho y siento que está todo integrado y ese miedo que tenía al principio de entrar en esta regresión, el no saber qué ocurrió en aquellos momentos y el poder volver a ver la cara de este hombre de nuevo y poderle dar las gracias, que era algo que me quedó pendiente, ha desaparecido y ha provocado en mí un cambio instantáneo.

T: Fíjate si tu alma se siente en total y profunda paz. Habla con ella, siéntela, Pregúntale: ¿es suficiente para ella con esta experiencia o si necesita sanar algo más?

C: No, todo está bien.

T: Pues visualiza el color que más sientas en este momento.

C: Violeta.

Armonización Final

En esta parte de la sesión, realizo un trabajo de armonización final que por su extensión no puede ser reproducido aquí. Se trabaja con la energía del color violeta y se la asocia a todo lo que la Consultante ha trabajado durante la sesión para afianzarla en todo lo experimentado y para proyectarla en su futuro inmediato de modo que integre las enseñanzas que ha mostrado su Alma de un modo práctico en su vida.

Testimonio de la Consultante

Esta experiencia ha sido muy profunda porque he llegado a ver y sentir cosas que en aquellos momentos me pasaron des-

apercibidas. Es alucinante ver y sentir cómo Jesús me toma y me envuelve en una luz y en ese momento solo somos luz. Ver como han reparado mi cerebro me ha dejado impactada. Yo había oído hablar de las cirugías astrales y demás, pero nunca había visto ni sentido algo igual.

Cuando Jesús me toma de la camilla me sentía morir y quería abandonar mi cuerpo. Yo solo recordaba hasta ese momento. La sesión me ha dado la oportunidad de vivir todo lo demás. He visto cómo me llevaba *hacia un lugar diferente, que es como si fuera el universo, pero ahí nos transformamos los dos en luz, en un abrazo. Y el revolotear de los ángeles alrededor ha sido una experiencia bastante impactante para mí, porque yo no había tenido nunca experiencias de ese tipo.*

Ver y sentir tan claramente a los ángeles, a esos seres de luz es algo que jamás podré olvidar. Ahora me doy cuenta que es cierto lo que yo decía, que para mí fue el despertar espiritual, porque a raíz de ahí vinieron muchos cambios en mí.

Los médicos dijeron que tardaría al menos un año en recuperarme de la inflamación del cerebro, pero al despertar yo estaba perfectamente bien. A la médica que me llevaba desde el primer día se le cayó la carpeta de sus manos y tuvo que sentarse en la cama al no poder creer lo que estaba viendo. Empezó a hacerme preguntas, yo le dije que yo lo recordaba todo, que a mí qué me había pasado, que yo estaba completamente bien, que yo lo que quería era andar e irme a mi casa y ella decía que no tenía palabras.

Hubo muchas cosas que no le conté a la médico, pero sí luego a mi marido. Fui a un psiquiatra u también a un psicólogo. Dijeron que era algo bueno y posiblemente efecto de la medicación. Ellos no ven la realidad que yo vi y ahora me doy cuenta, gracias a esta sesión, de que todo lo que viví en aquel momento fue totalmente cierto y real. Decían que eran alucinaciones provocadas por la medicación.

Me he sentido igual que cuando lo viví en aquel momento. Ha sido realmente increíble, Carlos, pero ha sido verdad. He vuelto a sentir esa paz y tranquilidad, esa seguridad de que todo está bien. He hecho consciente lo inconsciente y he sido capaz de verlo y sentirlo de un modo real y coherente.

He conectado aspectos que estaban inconexos antes de esta sesión. Ahora soy capaz de hacer de todo esto una reflexión completa y puedo encajar piezas que antes estaban sin comprender. Comprendo que algunas personas mentales puedan sentir que todo esto es una locura, pero esa inmensa luz que he podido sentir en mi pecho es totalmente real para mí y, además, la podía proyectar. Esta experiencia me ha dado la seguridad y la fortaleza de saber que pudo proyectar mi energía para gestionar mejor mi vida y proyectarme hacia el exterior.

Recientemente, he organizado en encuentro de mujeres donde 15 personas me decían, tras su finalización, que se había movido mucho amor y que habían descubierto cosas de ellas mismas que no podían imaginar. Me reconfortó mucho toda esa experiencia grupal y lo que sentí en mi pecho es lo mismo que he podido sentir en esta sesión. Cuando medito o pongo la intención en algo lo siento en mi pecho, siento cómo sale y no le podía poner palabras; ahora sí puedo.

Cuando al final de la sesión elegí el color violeta y tú le adjudicaste la energía de la sabiduría me cuadraron algunas cosas de mi vida en relación a la abundancia en general, que para mí es sabiduría también. Me sentí plenamente conectada con este color. Sabiduría es lo único que necesito para poder afrontar esta etapa de mi vida desde el amor.

Contacto
Carlos González Delgado
www.terapiaregresiva.net

Unida a Todo

Por Carmen Leal Fernández

Sobre la Autora

Desde muy pequeña, con apenas 5 años, allá por los años 80, Carmen sentía un profundo miedo a la muerte. No entendía lo que le habían dicho sobre el tipo de cielo al que íbamos e incluso, uno más osado, llegó a decirle "después no hay nada". Sentía extrañeza cada vez que se despertaba cayendo vertiginosamente en sueños. Al despertar, infructuosamente intentaba sentir la nada... con esa edad se dio cuenta de que la nada no podía existir, porque era imposible sentir la nada, ya fue consciente de que había algo imperdurable dentro de nosotros. Fue a raíz de su año maldito / bendito en 2013 que empezó su autodescubrimiento de la mano del Reiki, para continuar con diversas materias entre las que destacan Naturopatía, Maestría en Registros Akáshicos, Flores de Bach y su gran pasión, los Aceites Esenciales. De entre sus diversos cursos, asistió a uno sobre la muerte con una pupila del Dr. José

Luis Caboulli, mostrándole y poniéndole palabras a su sentir. Posteriormente y fruto de su trabajo constante, vivió una experiencia de vida pasada con esta terapeuta, mostrándole y liberándose de algunas de sus muchas capas.

Al cabo de pocos años, sintiendo la llamada de esta terapia, se forma en el centro ATMA con Carlos González Delgado, presidente de la Asociación Española de Terapia Regresiva (AETER), como Terapeuta Regresiva, integrándose en dicha Asociación como socia hasta la fecha.

Posteriormente, finaliza la Formación en Regresión al Mundo Espiritual Entre Vidas, con Luciano Fernández de Sanmamed, Terapeuta formado en diferentes escuelas nacionales e internacionales, destacando su formación en la escuela de Andy Tomlinson.

Actualmente, colabora con una Asociación sin ánimo de lucro –*ESKEBEM (el sol que brilla en mí)*– ayudando a socios y colaboradores en diferentes materias con charlas y sesiones de terapias regresivas, tanto de vidas pasadas como del mundo espiritual entre vidas.

Sobre la Consultante

Mónica trabaja en una empresa como directora, aunque se formó como Maestra y Pedagoga, con una trayectoria de 20 años en su camino de evolución (Reiki, Registros Akáshicos, Astrología...).

Realizó con otra terapeuta dos terapias regresivas para trabajar sus molestias durante las relaciones sexuales, con una mejora significativa.

Hace un año realiza regresión de vida pasada con Carmen para trabajar el poner límites y afrontar situaciones de conflictos, consiguiendo la recuperación transmutada de esa energía, esa parte de ella, que se había quedado anclada en la falta de libertad de esa vida pasada.

En esta sesión quiere trabajar el vivir en primera persona el espacio entre vidas, sintiendo la experiencia necesaria para continuar con su camino evolutivo.

La consultante, a pesar de conocer la terapia regresiva de vidas pasadas por sus anteriores sesiones, desconoce las paradas o estaciones clásicas de las fases del recorrido del alma por el espacio entre vidas, que pueden reflejar autores eminentes como Dolores Cannon, Michael Newton o Andy Tomlinson.

Transcripción de la Sesión
Sesión preparatoria
Sevilla, 14 de diciembre de 2024.

La *sesión preparatoria*, anterior a la sesión de regresión, se lleva a cabo tras conseguir un nivel de profundidad de trance adecuado, establecer respuestas ideomotoras y anclar la profundidad, se le pregunta a la Mente Superior de Mónica que determine, con los dedos fijados previamente para el Sí o No, los posibles obstáculos que puedan impedir la entrada o acceso al mundo espiritual entre vidas.

Las respuestas positivas nos indican bloqueos en un evento concreto de esta vida, una vida pasada y la existencia de energías extrañas que necesitan limpiarse. Tras limpiar las energías extrañas fácilmente, se lleva a la consultante a revivir el evento de bloqueo de esta vida (con 8 años se encuentra triste y enfadada porque sus tíos la ignoran y menosprecian en comparación con un chico, su hermano) y a la vida pasada con bloqueo (una mujer inteligente, casada con cinco hijos, vivía en una prisión de oro, su marido no convivía con ella y sintiendo la vida desaprovechada). Se realizan trabajos usuales de terapia regresiva, eliminando bloqueos y recogiendo energías para empoderar a la consultante. Cabe destacar que ambas experiencias tratan la falta de reconocimiento.

Se ancla el lugar seguro, se invitan a los Guías espirituales, colocación de escudo protector y armonización, para finalmente emerger.

Sesión Principal
Sevilla, 17 de diciembre de 2024

Se realiza la *sesión principal*, volviendo al estado de profundidad adquirida y asegurada en la sesión preparatoria, protegiendo, reforzando y retrocediendo a un recuerdo concreto de la infancia, feliz o neutro. Para el acceso al mundo espiritual se solicita esto, no ha de trabajarse ningún trauma.

Revive la experiencia de estar enferma con cinco años, en brazos de su abuelo con su madre y su tata. A pesar de encontrarse malita, se siente bien porque se siente cuidada, querida e importante.

Se le dan instrucciones para que se lleve esas sensaciones y retroceda a un momento anterior, visualizándose con unos meses en un carrito, alrededor sus padres y sus abuelos riéndose, pendientes de ella y haciéndole gracias. Se siente feliz y muy atendida.

Tras ello, se dirige al vientre materno, donde se siente bien, no tiene necesidad de nada y su madre se encuentra tranquila y contenta.

Posteriormente, se le guía a una vida pasada, a la última o a la que su Alma necesite, yéndose a una vida donde era un pastor de ovejas, maltratado por su padre y querido por su abuelo (resulta ser su abuelo paterno de esta vida), quien le enseña conocimientos sobre las plantas. Se siente conectado y amado por sus ovejas, tranquilo y feliz. Cuida a un chico como a un hijo (resulta ser su hija de esta vida), transmitiéndole todo su conocimiento. Cuando revive su último momento en esa vida, se siente bien y tranquilo con su vida sencilla, ha ayudado a mucha gente, pero no le ha importado lo que dijeran de él.

Se dan instrucciones para que vaya al momento en el que abandona el cuerpo de su última vida, anterior a esta vida actual (se refuerza esto porque puede ser que la vida pasada vivida no fuese la última vida anterior a Mónica, empieza a hablar en femenino, por lo que parece otra vida distinta a la del pastor).

Terapeuta (T): ¿Cómo estás?
Consultante (C): Estoy desorientada.
T: Ve al momento en el que estás preparada para alejarte del cuerpo.
C: Estoy mirando al cuerpo.
T: Ahora que comprendes, ¿de qué eres consciente?
C: Soy libre.
T: ¿Te alejas por tu cuenta o algo o alguien tira de ti?
C: Hay una luz grande lejos, una puerta o un agujero de luz. Empiezo a tener las ganas y necesidad de ir allí, aquí ya no hago nada. Voy yo. (Fase de transición).
T: ¿Hay alguien contigo en ese momento?
C: Siento que sí.
T: Describe los colores o apariencia mientras te acercas a la luz.
C: Me voy acercando, esa luz tiene iridiscencia de distintos colores. Estoy acompañada, pero no sé quién es.
T: Conforme te acercas a la luz, ¿qué sientes?
C: Voy entrando, simplemente me siento yo Luz. Me siento súper bien, súper plena. Es como una vibración, paz, expansión. Ahora mismo no veo nada, sólo luz, como si estuviera haciéndome luz.
C: Ya lo he pasado, ahora mismo es todo blanco, con un poco de dorado. Me siento muy bien. (Entrada al mundo espiritual).
T: Ve hacia un momento en que ocurre algo distinto.
C: Me empiezo a sentir rodeado de otras almas. Como si me llevaran a algún sitio, con la sensación de que quisieran hacerme sentir en casa. (Encuentro con el grupo de almas).
T: ¿Tienen algún color especial esas almas?

C: No.
T: ¿Te son familiares?
C: Algunas sí y otras no. (Refuerzo de la profundidad y claridad).
C: Cuando se ha aclarado, he visto como si ya hubieran cogido cuerpo y tienen como vestidos sueltos. No conozco sus caras, pero sí me resultan conocidos. No me importan sus caras, los conozco. Algunos me abrazan, otros me han cogido de las manos y me las aprietan dándome la bienvenida. Y cada vez me empiezo a sentir más integrada.
T: ¿Tienen algún color?
C: Todos son colores claros: blanco, un poco dorado, celeste clarito. Un ambiente de mucha paz. Como si los que estuvieran allí tuvieran mucha paz, tranquilidad, una alegría serena.
T: Fíjate si hay alguien cerca de ti, que tenga otro color totalmente distinto.
C: No es tanto el color, como que es un hombre rudo para el lugar.
T: ¿Quién es?
C: Lo veo como un hombre mayor, me produce respeto.
T: Pregúntale.
C: Me ha dicho: soy un antepasado tuyo. Pero no conozco su cara.
T: ¿Cómo se llama?
C: Antonio.
T: ¿Te dice algo Antonio?
C: Me ha dicho que es el abuelo de mi abuela. Te estaba esperando, he estado contigo siempre.
T: Ya que ha estado contigo siempre, pregúntale si ha visto esta última vida pasada tuya.
C: Sí.
T: Pregúntale si conoce el propósito de esa vida.
C: Que no me importe lo que me digan los demás, la sociedad no puede acabar conmigo. Soy más que lo que digan de mí, que no me sienta culpable por ser yo misma. Tenía que aprender a pensar por mí misma, no lo que me dijeran.
T: ¿Alcanzaste ese propósito?

C: No.
T: ¿Qué problemas tuviste?
C: Todo el mundo me dijo que era culpa mía, que estaba sucia. Y permanecí sola toda mi vida, no tuve el valor la primera vez de desobedecer las normas y después nunca más me atreví a hacer nada. Me quedé prisionera allí en esa casa grande, intentando fingir ser todo lo que los demás quisieran, para que me perdonaran y admitieran. Pero nunca dejaron de cuchichear. (Se ratifica que la vida del pastor no fue su última vida).
T: Ya que Antonio ha estado contigo siempre, ¿te pudo ayudar de alguna forma en esa vida?
C: Estuvo ahí en tantas y tantas horas de soledad. Cuando no me sentía sola, era por él.
T: ¿Y todas esas emociones las sigues teniendo o se han limpiado de alguna forma cuando has llegado a esa luz blanca? (Le pregunto por si de alguna forma le han hecho la limpieza que normalmente suelen revivir al llegar al mundo espiritual).
C: No, aquí me siento bien. Es una liberación.
T: ¿Cuándo sientes esa liberación?
C: Al entrar en la luz, poco a poco, he sentido esa liberación, como si no fuera ya esa persona.

Le pido que vaya a otro momento.

C: Es como si hubiera pasado mucho tiempo, pero a la vez no mucho. Estoy en un sitio en el que estoy viendo a la vez todas las vidas que he tenido. (Fase de visualización de vidas).
T: ¿Cómo y dónde lo ves?
C: Como si entrara en un recinto en que se proyectan en las paredes.
T: ¿Cuántas vidas estás viendo proyectadas en las paredes?
C: Muchísimas, todas muy rápidas. ¿Mil? No sé, me veo hasta con pieles, en tribu.

T: ¿Qué sientes cuando ves esas imágenes en las paredes?

C: Es como si no fuera yo, lo veo desde la paz y tranquilidad de una proyección, pero sabiendo que soy yo. No me agobia, es como si supiera que todo está bien, que todo era necesario. Son imágenes muy rápidas, pero es como si estuviera viendo también otros sitios que no fueran La Tierra. Es un popurrí impresionante.

T: De entre todas esas imágenes, busca una vida que fuese más significativa y positiva.

C: En el bosque, soy mujer. En otra también cuidando enfermos, ahí también me he sentido muy bien.

T: ¿Con qué género te encarnas más frecuentemente, hombre o mujer?

C: Muchas más veces mujer. (Le pido que vaya a otro momento distinto).

C: Con todo el conocimiento de todo eso, estoy hablando con alguien.

T: ¿Quién es ese alguien?

C: Mi Guía, alguien encargado de ayudarme. (Lo describe joven, con el pelo largo, delgado, enérgico). Estamos conversando sobre todas esas vidas, los aprendizajes, las enseñanzas. (Orientación con el Guía).

C: Me dice que he aprendido mucho de todas esas vidas, que valió la pena. Me felicita y anima a seguir. Es muy positivo. Me pregunta y yo le respondo. Siento que me comprende y que todo está bien. Tengo que elegir algo.

T: ¿Qué es lo que tienes que elegir?

C: Tengo que darme cuenta de qué he aprendido y qué tengo que aprender ahora.

T: ¿Quizás para tu nueva vida?

C: Sí, pero me respeta. Es para que vaya tomando conciencia de qué voy a hacer en esta vida nueva.

T: ¿Te habla tu Guía del propósito de tu vida?

C: Enseñar y dar consuelo. Eso es lo que estamos eligiendo, el propósito en esta vida.

T: ¿Te da opciones?

C: Siempre elijo yo.

T: ¿Cuántos cuerpos tienes para elegir?

C: No siento que tenga distintos cuerpos. El cuerpo lo vamos diseñando, creándolo. Él me dice y vamos diseñando, buscando lo más adecuado.

T: ¿De qué forma buscas lo más adecuado?

C: Lo siento en el corazón. Él me hace preguntas y yo voy sintiendo lo que necesito. Me dice que no tengo prisa para elegir, para poner cosas en el cuerpo y en la vida. Pero parece como si mi alma tuviera prisa.

T: ¿Por qué tiene prisa tu alma?

C: Siento que queda poco tiempo para dar un salto a otra dimensión y necesito aprender esas cosas antes, para dar el salto.

T: ¿Estás impaciente por dar ese salto?

C: Sí, estoy impaciente. Quiero arriesgarme y dar el salto, porque ya he trabajado mucho. Tengo la sensación de que, si hago un esfuerzo, aunque sea costoso, voy a aprovechar todo lo que he aprendido y lo que falta. Es como si existiera un portal, es un momento decisivo. Si estás preparado, puedes dar el salto y quiero estar preparada.

T: ¿Sientes que es tu última vida para dar ese salto?

C: Sí, para seguir después evolucionando, pero con otras posibilidades o formas.

T: Y para ello diseñas el cuerpo, pero ¿puedes elegir familia o circunstancias vitales?

C: Sí, lo elijo todo. La familia. Mi hermano. Mi pareja y mis hijos, llevan ya conmigo mucho tiempo, han vivido otras vidas conmigo, quieren vivir la experiencia conmigo.

T: ¿Cómo si fuerais un grupo?

C: Sí.

T: ¿Quién hay más en ese grupo?

C: Mis abuelas, mis padres, está mi perro (sorprendida), Herminia y Macarena (ambas amigas), una prima, hay animales también, algunas caras que ahora mismo no reconozco. (Grupo primario).

T: ¿Hay algún grupo más lejano que también haya trabajado contigo?

C: Sí, son gente que entran del grupo pequeño y salen, pero no puedo verles las caras. Hay gente que siento que hay veces que me han amado y otras, hecho daño. (Grupo secundario).

T: ¿Cómo te va a ayudar el cuerpo que has diseñado a alcanzar tu propósito de vida?

C: Es el adecuado, será una mujer querida, agradable, guapa, con facilidad para hablar y lo más importante, que ha aprendido a amar. Eso será importante para enseñar.

T: ¿Habláis del porcentaje de energía álmica que llevarás contigo?

C: 70 %.

T: Muy bien, ve a un lugar donde ocurre algo distinto. ¿Qué ocurre?

C: Estoy nerviosa e ilusionada. Preparada para dar el salto y volver. Tengo la sensación de que ha pasado mucho tiempo. Estoy descansada y preparada para volver a encarnar y tener otra vez el cuerpo que hemos estado diseñando.

T: Describe el lugar donde te preparas para la encarnación a tu vida presente.

C: No es un lugar especial, es un sitio sobrio. Me dan luz otras almas, como si me limpiaran y preparasen, dando su amor, con respeto, sin palabras. Como si percibiera la energía de sus manos. (Sanación energética en el lugar de partida, es inusual, normalmente se hace en el comienzo del mundo espiritual).

T: ¿Qué te limpian?

C: Es una sensación de que me están dejando puro para empezar otra nueva encarnación, me quitan cualquier resto.

T: ¿Cualquier resto de qué?

C: Los recuerdos que pueden hacer daño, los fallos que he tenido, los remordimientos.

T: ¿Está contigo tu Guía?

C: Sí.

T: ¿Dónde está respecto a ti?

C: Yo estoy en una especie de pasillo y él está mirando, siempre presente.

T: ¿Te vas a llevar alguna emoción o memoria física de vidas pasadas o te las están limpiando todas?

C: Me voy a llevar algo en los pulmones y el pelo negro que tuve en otra vida.

T: ¿Por qué motivo te vas a llevar algo en los pulmones?

C: Es como un recordatorio de que no me amé lo suficiente para luchar por mí, aunque sí me llevo toda la capacidad de amar que he tenido, porque va a ser una herramienta muy importante. Eso me va a ayudar también con los pulmones.

T: ¿Y por qué razón te vas a llevar el pelo negro?

C: Es como el recordatorio de alguien del que debería tener recuerdos, para seguir adelante en la vida. Es que son muchas cosas y realmente, no tengo capacidad para ver todo, son un millón de detalles.

T: Muy bien, tu Alma está trabajando muy bien. ¿Cómo vas a recordar a las personas importantes con las que te encontrarás en esta nueva vida?

C: Lo voy a saber porque voy a volver a sentir de forma inmediata ese cariño.

T: Ve al momento en el que tu energía de Alma se funde con ese cuerpo de bebé. ¿Cuánto tiempo ha pasado desde la concepción?

C: Dos meses.

T: ¿Tiene alguna importancia el hecho de unirse al bebé en ese momento?

C: El feto ya está implantado, no hay peligro. Además, mi madre toma conciencia en ese momento que está embarazada, justo en ese momento entro en ese bebé.

La dirijo al lugar donde siente presencias poderosas que la están llamando y le puedan ser contestadas las preguntas que previamente traía preparadas.

C: Me veo sentada y rodeada, en un círculo, como de Ángeles muy grandes. Yo me siento muy pequeña.
T: ¿Cuántos Ángeles hay?
C: Siete.
T: ¿Está tu Guía contigo?
C: Sí, junto a mí.
T: ¿Cómo te sientes allí?
C: Me siento pequeña y, por otra parte, especial porque me están prestando atención, para ellos soy importante.
T: ¿Hay alguno de ellos que te llame poderosamente la atención?
C: Hay uno que no tiene tanta luz como los demás. Es como que necesitara que me otorgaran también mi parte más oscura, porque si no la tuviera, no podría llevar a cabo todo lo que tengo que hacer. Es como que cada uno me va a dar un don y él me da mi parte oscura, porque la necesito para estar aquí y comprender. Y me lo da como un acto de amor, igual que sus hermanos.
T: ¿Por qué nombre los llamas?
C: No les nombro, no hablamos, es como si conectáramos con las miradas. (Está en plena consciencia expandida, contesta literalmente a la pregunta).
T: Fíjate de entre todos ellos si hay alguno que lleve algún emblema o accesorio que tú percibas.
C: Hay uno que será el arcángel Miguel, porque tiene iridiscencia azul y espada, lo miro y me siento protegida. Hay otro que tiene una copa.
T: ¿Cómo es la copa?
C: Dorada con algo verde, luz verde.
T: ¿Qué significado tiene eso para ti?
C: Sanación y esperanza.

T: ¿Qué se te dice o transmite?
C: Es todo con las miradas y con la energía, con admiración. Que soy importante, que soy parte de ellos, que ahora voy a tener una experiencia más en la Tierra pero que eso no me quita esa parte divina o angelical. Que me agradecen el irme a la Tierra.
T: ¿Te dan información relevante?
C: Se van acercando, me besan y me dicen algo al oído.
T: ¿Qué te dicen?
C: Me dicen palabras sueltas como si me estuvieran regalando algo: Esperanza; Alegría; Creatividad; Pérdida, Abandono; Compasión; Inseguridad, como falta de confianza en mí misma; y se acerca uno, como si fuera el central, que es todo blanco, me levanta, me coge las dos manos, siento en medio de la frente como un frío, como si estuviera entrando algo por ahí y me dice Amor. Y cuando lo dice, lo siento. Siento una unidad con Todo. Me siento muy agradecida. Me siento muy unida a ellos y a todos. Y tengo fuerzas y ganas.
T: Muy bien. Ahora con todo mi respeto, querría dirigirme a ellos y hacerles unas preguntas, Mónica quiere saber (repito esto siempre al principio de todas las preguntas), ¿cuál es su propósito de alma? ¿Está alineada con él?
Consejo de Ancianos (CA): (Todas las respuestas las expresa la Consultante, literalmente tal y como le transmiten en el Consejo de Ancianos / Ángeles). Es poner alegría y ternura donde esté su entorno. Está alineada, pero aún tiene que dar un salto y expandirlo. La alegría es un don, no es una consecuencia. Es importante darlo a los demás. Ella puede hacerlo con ternura y amor. Enseñar eso es su propósito. Está en el camino, pero aún le queda mucho para expandir todo el potencial.
T: ¿Cuáles son sus aprendizajes para esta encarnación? ¿Ha aprendido alguno? ¿Qué le queda por aprender?
CA: Aprender a creer en ella misma y a brillar. A sentir que nadie la puede abandonar porque está unida a Todos. A sentir

que ya tiene el poder dentro de ella y que nunca estará sola porque está unida a Todo. Eso sí lo está aprendiendo, le van quitando capas y capas. Todo se está dando para que aprenda, para que demuestre lo aprendido. Aprender a valorar que sus dones son tan importantes como los de los demás.

Lleva varias vidas tratando de aprender que no es importante la opinión de los demás respecto a ella. Porque lo que es, es. Y es hermoso.

T: ¿Cuáles son los dones con los que ha venido? ¿Cómo puede desarrollarlos al máximo?

CA: Vibrar con la vida. Sentirse unida a Todo. Sanar desde el corazón. Hacer sentir a los demás que son importantes y queridos. Comunicar la vida. Comunicar.

T: ¿Cómo desarrollar al máximo su intuición?

CA: No dudando. Lo que es, es. Amándose lo suficiente para no dudar, está relacionado con su aprendizaje. Cuanto más se ame y confíe en ella misma, más comprenderá que lo que siente, es. Tiene poder y además lo sabe, pero tiene miedo. El miedo es contrario al Amor. Eliminando el miedo le llegará el potencial.

T: ¿Cuáles son las mayores heridas que ha venido a sanar? ¿Si lo ha hecho o lo está haciendo? Y si no, ¿cómo puede hacerlo?

CA: Lo está haciendo. Con amor. Con conciencia. Lo está haciendo. Pero el trabajo es largo y duro. La herida del abandono es la más importante. Esa es la que abre todas las demás: el miedo a la pérdida, la falta de confianza. Cada vez que avanza, se sana la primera, se sanan las otras, se van cerrando las otras.

CA: Con confianza y con amor hacia sí misma. Esa es la respuesta, amor absoluto a su parte divina.

Es imposible abandonarse a sí mismo. Por eso nadie puede abandonarte porque estás unida a todas las personas, a todas las cosas, a todos los seres, a todos los planetas, a nosotros mismos.

T: ¿Hay algún ser querido que la protege y la acompaña?

CA: Sí, ella lo sabe. Sus abuelos; su abuela; también antepasados que ella no conoce o recuerda pero que están esperando, tienen sus almas ahí, unidas, dando amor; y ahora su padre. No existe ni el espacio ni el tiempo. Así que no hay prisa. Igual que ella ha estado ayudando y esperando a otros, ahora la ayudan y la esperan a ella, es la Ley, es la Ley del Amor.

T: ¿Quién o quiénes son sus Guías?

CA: El Arcángel Miguel está siempre contigo, Uriel y tu abuelo, están siempre.

T: Mónica quiere un consejo para su momento actual.

CA: Desapégate de tu yo mental. Vive con el corazón estos acontecimientos. Ya los conoces. Ama, ama todo el tiempo. Recurre al amor siempre. Recurre al corazón, a tu cuarto chakra, ahí está todo. Ahí sabes, cuando tengas miedo, cuando tengas dudas, sonríe, sonríe, se te ha dado el don de la sonrisa, sonríe y ama, sonríe y ama con amor. Con Amor. Todo lo que has aprendido sirve para este momento. Todas esas encarnaciones te traen a este momento. Ya sabes cómo hacerlo. Ahora es el momento de mostrarlo.

T: Antes de salir del encuentro con los Ángeles del Consejo, dime Mónica, si hay algo más que desees preguntar.

C: No sé si voy a poder con todo. No sé si voy a tener conocimientos suficientes para poder con todo. (Repito la frase de la consultante para que le conteste el Consejo de Ancianos).

CA: No se te da lo que no puedes realizar, no se te da lo que no sabes solucionar. Claro que puedes con todo. No estás sola. Venías para sacar tu potencial, sácalo todo y te sobrará. Estás llena de amor y felicidad. Ese es tu poder, esa es tu sabiduría. Y no hay nada que pase fuera que pueda eclipsar eso dentro. Cuando tengas oscuridad, ilumínate con el amor, con la alegría. No se te daría si no pudieras. Te amamos demasiado.

T: Muy bien, agradecemos toda la ayuda y sabiduría a esos Ángeles, esas entidades superiores. Le damos las gracias con todo el respeto y amor posible. Agradecemos por su presencia y por todo lo que te han revelado. Y poco a poco dejando atrás este lugar, te diriges a tu lugar seguro...

La llevo a su lugar seguro, afianzo los aprendizajes y voy sacándola del trance profundo en el que se encuentra.

Testimonio de la Terapeuta

Acompañar a Mónica en su sesión ha sido muy fácil y fluido. Ella estaba cansada y agotada anímicamente cuando llegó a hacer la sesión principal, malas noticias la noche previa, trasladándome sus miedos que no pudiera salir bien. Aun cuando no es recomendable hacer una regresión al mundo espiritual en ese estado, sentí que debíamos intentarlo, tranquilizándola y diciéndole que saldría lo que su Alma necesitara, aunque comencé la sesión reforzando el que no se quedara dormida. No obstante, tengo la certeza que ese cansancio ayudó a bajar el nivel de su mente racional y se hizo aún más fácil conectar con ese espacio entre vidas, más que dirigir, fue un acompañamiento, visualizándose en muchas de las etapas descritas por diferentes autores. Su Alma sí estaba totalmente despierta y deseosa de apoyarla en esos momentos.

Fue un placer para mí acompañarla para que recordara su fuerza, empuje y unidad con los demás. Gracias Mónica, por ser ejemplo para todos, por no caer en el desánimo ni en tus noches más oscuras del alma.

A nivel personal, tuve un regalo en esta sesión. Yo me apoyo, a lo largo de muchos momentos de la sesión, de un péndulo. El péndulo me indicó algunos desajustes cuando entraba su ego o mente pequeña, posibilitando el refuerzo de su Ser

Superior que, sin problemas, acudía a la llamada. El péndulo me indicó que 'No' en la última respuesta de las preguntas que traía para el Consejo de Ancianos (Ángeles)... cosa que me extrañó, porque la respuesta era algo que no distorsionaba con la sesión, hasta que escuché una palabra: sonrisa. En cuanto la escuché, supe que esas palabras también estaban dirigidas a mí, porque precisamente la sonrisa fue lo que llevó a encarnarme en la persona que hoy soy. No obstante, no se dieron las circunstancias para escuchar la respuesta en los días posteriores y es cuando estoy realizando este capítulo, cuando he vuelto a escucharlo y cobra poderosamente sentido, en el momento vital en el que me encuentro.

A pesar de mi convicción de que no hay nada casual, no deja de maravillarme cómo nos guían sin que a veces seamos conscientes, incluso justo en el instante en que necesitamos oír las palabras. Las respuestas están ahí, siempre están ahí, sólo hay que saber escucharlas.

Testimonio de la Consultante

Con estas palabras quiero expresarte lo agradecida que estoy por haberme dado la oportunidad de tener esta experiencia entre vidas. Nada pasa por casualidad y el momento en que ha llegado a mi vida ha sido "el momento", el instante justo en que mi alma necesitaba recordar su hogar para salir de la tristeza, recobrar el impulso y seguir su camino, su propósito en esta encarnación como Mónica.

Durante el transcurso de este año, he tenido que despedirme, nada más y nada menos, de cuatro seres muy queridos. Afrontar esa situación requerirá de mí un gran trabajo de desapego, poniendo en práctica el amor hacia mí misma, que llevo trabajando desde que comencé mi camino consciente, hace ya tanto tiempo. Esta experiencia me ha ayudado a recordar el hogar al que volvemos a descansar tras cada viaje de experi-

mentación, confirmándome que por muy dura que sea a veces la experiencia, siempre tiene una finalidad, un sentido... y nos volveremos a reunir con nuestros seres queridos en una comprensión más alta, en un Amor pleno.

El recuerdo del hogar, me acompañará ya durante toda esta encarnación dándome ánimo en tiempos de desánimo, fuerza cuando me sienta sin aliento, esperanza en la desesperanza, sentido a mis aprendizajes y unas ganas enormes de disfrutar cada segundo de esta experiencia humana creada especialmente para mí.

Sobre todo, ha contribuido a reanudar la ilusión por la vida, a confirmar que la vivo con un propósito y que lo que deseaba hacer desde pequeña no era más que un recuerdo de mi alma, el recuerdo de un propósito de Amor que nadie como un niño puede llevar a la consciencia.

Gracias Carmen, por tu paciencia y tu Amor al guiarme por este hermosísimo viaje de regreso a casa.

Contacto
Carmen Leal Fernández
regresioncleal@gmail.com
www.eskebem.com

Un Retrouvaille

Por Claudia Celia Cuervo Espinosa

Desde pequeña quería "sanar a las personas", era un sentimiento que venía con ella. Su abuela materna y alguna que otra tía abuela sabían muchas cosas de chamanismo que utilizaban para curar o para aliviar algunos pesares corporales o" del alma" como ellas decían. Uno de los eventos que marcó profundamente su vida fue un accidente automovilístico, cuando tenía tres años en donde su madre quedó inconsciente varios minutos (realmente murió unos minutos).

Un día, pasados ya muchos años de este evento, en una conversación, su madre le mencionó todo lo que vio y sintió esa vez y todo lo que mencionaba era una experiencia que hoy en día se conoce como Experiencia Cercana a la Muerte (ECM). A partir de esto, la curiosidad por aquello que no podemos ver o sentir se hizo muy presente en la vida de esa niña curiosa que confirmó muchas cosas que su alma ya sabía.

Nació en México (aunque se siente gallega de corazón) y, lo que ya estaba escrito en su alma, la llevó a emigrar a diferentes países hasta llegar a España dónde empezó a llevar a cabo su despertar en el mundo de la energía y el alma. Buscando esa forma de "ayudar" a las personas estudió en la Universidad Nacional Autónoma de México (UNAM) y se licenció como Química Farmacéutica Bióloga especializándose como Bioquímica Clínica. En ese momento pensaba que trabajar en el área de investigación de enfermedades respiratorias (asma, cáncer de pulmón, tuberculosis y otras inmunodeficiencias respiratorias) podría darle "eso" que anhelaba, sin embargo, decidió emigrar a Canadá donde se especializó en los temas de adicciones y enfermedades físicas discapacitantes y ahí se dio cuenta de que las personas solo pueden sanarse cuando toman responsabilidad de ellas mismas y para ello necesitan equilibrar su cuerpo, mente y espíritu. Cuando llegó a España, es donde verdaderamente empezó a andar el camino y no precisamente el de Santiago.

Buscando esta triada (cuerpo, mente y espíritu) empezó a estudiar Terapias Energéticas de Sanación Activa. Akáshica y Cuántica, Maestría de Registros Akáshicos, Constelaciones Familiares, Terapia Sistémica, Mediumnidad, se formó como Máster Practitioner en PNL e Hipnosis Ericksoniana, se certificó en Descodificación Biológica Original, es estudiante de las Leyes Biológicas del Dr. Hamer, hizo un Máster en Hipnosis Clínica y Psicosomática y fue, en el módulo de regresiones, cuando escuchó por primera vez el nombre Cabouli, y "algo" le dijo que ese era el camino que tanto había buscado, así que se formó como Terapeuta de Vidas Pasadas con él.

Forma parte activa de la Asociación Española de Terapia Regresiva (AETR) y desde hace un año es la Coordinadora del Grupo de Traductores e Intérpretes que, de forma voluntaria, prestan un inestimable servicio a la comunidad.

En coautoría con otros colegas de AETR ha participado en los libros "Terapia Regresiva y Consciencias no Humanas" y "Terapia Regresiva y Gestación".

En esta vida, según su apreciación, se trata de hacer consciente todo aquello que nos mueve sin saber cómo, todo aquello que hacemos sin saber por qué o peor aún, para qué. Lo sutil y lo energético ha estado siempre presente en su vida y la terapia de vidas pasadas le ha permitido comprobar y corroborar que muchos de los sufrimientos que aquejan a las personas tienen, muchas veces, una mano extraña que mueve los hilos sin que seamos conscientes de ello. La terapia de vidas pasadas, junto con otras técnicas de sanación, abre las puertas de lo no consciente y traen conciencia, luz, amor, paz y descanso al alma.

Sobre la Consultante

La consultante es una mujer de 51 años a la que llamaremos Delia, es una mujer muy culta, políglota, con una gran sensibilidad espiritual, una vida cómoda, casada con un hombre con el que lleva una muy buena relación, sin hijos, y desarrolla con mucho gusto un trabajo que le encanta ya que está en contacto con la gente y la naturaleza, vive en una pequeña ciudad del norte de América desde hace unos 20 años. Es la mayor de cuatro hermanos y estudió dos carreras universitarias con la finalidad, según lo expresó, de que su padre se sintiera orgulloso de ella (ya en terapias anteriores trabajamos esa desvalorización que sentía por el hecho de saber que su padre y su madre deseaban que su primer hijo fuera un niño).

Sin embargo, a pesar de todo eso que dice hacerla feliz, se siente estancada, como si no mereciera todo lo bueno que le está pasando en la vida, siente una tristeza y un vacío que no puede entender. Menciona que, desde pequeña sentía que algo le hacía falta y tenía la certeza de que ella no pertenecía a este mundo (sentimiento que la acompañaba hasta la actualidad). Cita que, por lo general, compra cosas dobles, es decir, si compra ropa y elige un vestido, debe comprar otro igual, de diferente color, pero igual, lo mismo pasa con los zapatos e incluso con los libros, muchas veces se da cuenta que tiene dos ejemplares de la misma obra y no entiende por qué hace esto.

Indica, como caso curioso, incluso asombroso, que estando en una librería, se le acerca la encargada y sin más le dice, "lo echas de menos", Delia no entiende lo que la mujer habla y le pide que le aclare lo que ha dicho a lo que la mujer menciona, sí, a tu hermano, el que no nació. Esto deja a Delia con una sensación en el cuerpo que le dice "busca", es así como ella recuerda una anécdota que su madre le contó de pequeña. Le dijo que, por algún motivo, sabía que venían dos bebés, una intuición de madre, sin embargo, al momento del parto, sólo nació ella.

En una sesión de Constelaciones Familiares descubre que tiene un "gemelo evanescente" o "gemelo perdido". Eso le hace sentido en lo que respecta a comprar cosas dobles. Hace un ejercicio de reconocimiento, lo honra y le dice que es el momento de irse en paz. Sin embargo, ese sentimiento de tristeza profunda y de vacío no desaparecen. Delia empieza a sentirse aún más estancada, más triste y confusa.

Acude a mí nuevamente porque, esta vez, quiere saber cuál es el origen de todos esos sentimientos y sensaciones que tiene ya que, aunado a todas las emociones que ya ha expresado, dice estar sintiendo una especie de rabia descontrolada que le está causando conflictos en su relación de pareja y en aquello que venía haciendo con tanto gusto.

Transcripción de la Sesión

Sesión a distancia. Julio 2024.

Esta sesión es muy interesante e intensa. Empieza con Delia, en el vientre de su madre, donde pudo visualizar y sentir a ese hermano mellizo que se supone venía con ella y que un poco después del tercer mes de gestación se desvaneció.

Fue en esta experiencia de vida intrauterina que manifestó sentirse traicionada porque su hermano se fue y la dejó sola sin ninguna explicación razonable. Una vez trabajado todo lo que fue presentándose en su experiencia intrauterina, se hizo el reequilibrio energético donde tuvo la oportunidad de hablar con sus seres queridos y con su gemelo perdido. Su alma la lleva a otra experiencia de vida y es aquí de dónde obtenemos esta maravillosa transcripción.

Terapeuta (T): Toma consciencia de que al cortar el cordón cortaste con la fuente de donde proveían todas esas sensaciones que ya no te pertenecen. Al cortar el cordón te convertiste en un ser libre e independiente. (Delia respira profundamente) ... y fíjate, ¿cuál es tu principal propósito para esta encarnación como Delia?

Consultante (C): Despertar consciencias, retomar mi valía y reconocer que puedo hacer todo por mí misma.

T: ¿Hay algo más que tu alma necesita hacer?

C: Sí

T: Cuento hasta tres e irás a la siguiente experiencia que tu alma necesite trabajar. No importa lo que sea o dónde sea... 1, 2, 3..., ¿qué está pasando?

C: No lo entiendo. No tiene ningún sentido.

T: ¿Qué es lo que no tiene ningún sentido?

C: Esto que estoy viendo.

T: Tan solo permítelo, sin juicios, da igual si piensas que es absurdo o ilógico. ¿Qué estás viendo? ¿Qué estás sintiendo?

C: Es un lugar que no tiene límites, como el cielo, pero no lo es porque no es azul claro ni tiene nubes. Parece un paisaje desértico, con rocas, pero las rocas son de color azul oscuro y no es un desierto, es una ilusión... o una ambigüedad y yo no tengo cuerpo. Soy algo así como una energía de color azul. Un azul muy bonito, por cierto.

T: ¿Y qué sientes?

C: Mucha ligereza. Nada me pesa ni me limita. Estoy aquí, allí, en todos lados. Puedo ir y venir sin ataduras ni pesadez.
T: ¿Tienes alguna forma?
C: No es una forma como tal, parezco una llama de color azul. Soy alargada y fina. Como un cuerpo muy delgado y estético. El azul tiene unos matices de color lavanda. Son tan brillantes y profundos. Me muevo muy rápido. Eso me gusta. Soy tan ligera.
T: ¿Cómo es ese lugar?
C: Todo es muy sutil. Como si todo fuera imperceptible. Sin embargo, es real. Al menos para mí.
T: ¿Lo sientes real?
C: Sí, más real de lo que te puedas imaginar. Lo siento como el lugar al que pertenezco, de donde soy. Un retrouvaille (Delia utiliza esta palabra en francés que significa reencuentro, generalmente es con amigos o seres queridos después de mucho tiempo de no verse.)
T: ¿Puedes describirlo?
C: Todo lo que está aquí se ve y no se ve. El concepto para describirlo no tiene símil en el mundo terrenal. Es todo tan bello, tan sempiterno. Es decir, si te describiera estructuras que posiblemente conoces, son parecidas a celdas octogonales luminosas (con características parecidas a las celdas solares) con algo que asemeja unas cúpulas cristalinas. Obvio, no es cristal. Tan etéreo. Todo se ve tan pulcro y transparente. Es muy minimalista. Hay una celda mucho más grande y que brilla con más fuerza. Parece un resort o un gran hospital. Veo cúmulos de energía que, para que me entiendas, serían lo más parecido a las personas. Cuando están aquí, todavía conservan la forma del cuerpo que habitaron. De esta manera se van readaptando nuevamente hasta que vuelven a ser cúmulos de energía. Me parece muy familiar. Conozco muy bien este sitio y, ahí es donde yo hago mi trabajo junto con otras energías que son como yo.

T: Estas personas de las que hablas, ¿son almas?
C: Sí y no. Sí, para que lo entiendas y no porque es completa y totalmente energía.
T: ¿Qué trabajo realizas ahí?
C: Ahí llegan todas las energías que han estado en la tierra y en otras galaxias. Les ayudamos a recuperarse del viaje de vuelta. Aquí pasan un período de tiempo hasta que pueden reincorporarse a las actividades que tenían antes de emigrar a otros destinos.
T: ¿Eres algo así como un médico?
C: Para que lo entiendas te diré que sí. No hacemos lo que llaman medicina porque no existen las enfermedades ni las condiciones limitantes con las que conviven los seres humanos. Hacemos un reajuste vibracional. Los ponemos a tono. (Delia hace una mueca, como si sonriera. El terapeuta debe estar atento al lenguaje no verbal que el Consultante muestra en ciertos momentos durante la sesión). En este sitio, las energías (las almas) van limpiándose de todas las vibraciones que trajeron al desencarnar.
T: ¿Les lleva mucho tiempo recuperarse?
C: Todo depende de las experiencias que tuvieron al encarnarse. (En este caso habla sólo de las energías que decidieron experimentar la vida en el planeta tierra).
T: ¿Puedes darme algunos ejemplos?
C: Los que estuvieron por períodos breves, vienen con reminiscencias de la vida; así que sólo necesitan unas horas para limpiar y recuperar su energía.
T: ¿Quiénes serían estos, por ejemplo?
C: Los que no nacieron y sólo experimentaron unos momentos el vientre materno, o los que al nacer murieron, o los que nacieron y vivieron lo que en la tierra se conoce como niñez. Mientras que los que pasaron por procesos muy traumáticos y complejos requieren de mayor tiempo.
T: Y una vez que salen de este hospital, ¿qué es lo que hacen?

C: No quiero que te quedes con la idea de que me estoy refiriendo a un hospital. Te he dicho esto para que tengas un referente. Son como estaciones de recuperación donde nos reorganizamos energéticamente. Somos energía vibrante y llegamos con experiencias del mundo denso que debemos procesar para continuar con nuestra evolución energética. Una vez fuera de aquí, seguimos asistiendo a escuelas donde continuamos aprendiendo.

T: ¿Puedes describirme cómo son estas escuelas?

C: Sí. Son como aulas muy amplias y abiertas, hechas con cristales transparentes, con pantallas de cristal y donde podemos estar desde 5 a 15 de nosotros. Cuando estamos ahí, cambiamos de color. Pasamos de azul a blanco. (Delia me responde antes de preguntarle el por qué del cambio de color). Nos facilita conectarnos entre todos.

T: ¿Hablan entre todos?

C: No es precisamente hablar. Es una comunicación con ondas que producimos. Es una vibración. Es como cantar.

T: ¿Qué es lo que aprenden en esas escuelas?

C: Seguimos evolucionando y ahí decidimos, junto con los más avanzados, si debemos regresar a vivir otra experiencia y terminar aquello que no hemos podido zanjar, ya sea porque nos dejamos llevar por emociones tan fuertes que nos hicieron olvidar nuestro propósito original o decidimos no continuar y volver antes del tiempo acordado o seguimos aprendiendo temas energéticos y universales.

T: ¿A qué le llamas volver antes del tiempo acordado?

C: Cuando se nos hace muy pesada la experiencia, muy pesado el denso cuerpo que habitamos y decidimos dejarlo para volver. Es decir, nos arrepentimos de encarnar y buscamos formas de volver a nuestro hogar.

T: ¿Tienen algún tipo de castigo o reprimenda cuando hacen esto?

C: No, eso no funciona así aquí. Lo que hacen es, dejar más tiempo en las estaciones de recuperación, a quienes no han podido completar su experiencia y después, los llevan a aulas especiales donde les muestran todas las posibilidades que tenían antes de optar por volver. Las opciones están ahí. Y la experiencia debe llevarse a cabo, antes o después.

T: ¿Y el libre albedrío?

C: Pueden tomarse el tiempo que deseen, pero la experiencia debe hacerse. Todos acordamos aquello que necesitamos para seguir expandiéndonos.

T: ¿Viven en comunidades?

C: No lo llamaría comunidades. Somos energía. Todos tenemos cosas que hacer. Cooperamos entre todos. Algunos somos más afines y nos mantenemos más unidos. Nos apoyamos cuando algunos de nosotros decidimos volver a otra lección en un cuerpo denso. Sabemos que no tardaremos en vernos. El tiempo aquí tiene otra connotación.

T: ¿Tienes familia?

C: (Delia hace un gesto con la boca y murmura algo que no puedo entender). Ya te mencioné que algunos somos más afines. No son familias como tal. Son grupos de energías con las que hemos estado más tiempo o con las que colaboramos. En mi grupo algunos han sido mis padres, mis hijos, mis hermanos, mis parejas, mis amigos o enemigos a lo largo de las experiencias terrenales que he tenido. Estoy muy unida a una energía con la que he aprendido mucho. Por lo general, estamos juntos. Es una energía muy avanzada y primordialmente sabia.

T: ¿Es tu maestro?

C: Sí y no. Hay un lazo muy cercano entre nosotros. Yo lo llamo mi energía afín. Nos apoyamos. Es un ser con un elevadísimo sentido del amor. Ya te dije, ese amor que no se conoce en el mundo denso. No podría ni explicártelo. Sería ofensivo que yo intentara ponerte ejemplos para decirte lo que es esto que llaman amor.

T: Ya veo, dime, ¿tienen a alguien que haga la función de un líder?

C: No son líderes. Son energías melifluas, iridiscentes, inmarcesibles, poseedores de una gran sabiduría y portadoras de grandes conocimientos. Estas energías han llegado a un punto en el que no necesitan volver a habitar la densidad. Es complicado explicarte con palabras lo que hacen para continuar con su expansión. Son energías muy puras con una profunda bonhomía. No interfieren en el proceso de los que estamos en este plano ni en los que están encarnados. Son muy respetuosas con la libre elección que cada ser ha preferido (energía, alma, persona, animal, objeto). Confían en la esencia de cada una de las energías que prueban la densidad de un cuerpo y mantienen un lazo constante de amor que nunca se pierde, aunque parezca que sí.

T: Esto último no me quedó muy claro. ¿Puedes explicarlo?

C: Cuando las energías entran en un cuerpo denso, se produce una compresión (de comprimir) inmensa, se siente algo que no es característico de una energía libre y expandida. Hay sensaciones físicas como dolor, entumecimiento, calor, frío, entre muchas otras y también, se siente miedo, dolor, rechazo, alegría, etc. Se siente la humanidad. Y al sentir la humanidad se deja de sentir ese amor inmencionable, incomparable que sigue en nosotros como energía, pero que se adormece al estar tan comprimido. (Qué explicación tan hermosa que me ha dado, me ha emocionado).

T: Tú me has dicho que trabajas en estas estaciones de recuperación y que eres algo así como un médico. ¿Eres una energía superior?

C: Esa terminología de superior, inferior es muy de la tierra (Delia muestra nuevamente una sonrisa). No lo soy. Y ya te dije que no existe tal cosa como la medicina. He experimentado desde las más bajas pasiones y emociones hasta aquellas que se confunden con el amor. Todo aquello a lo que los humanos llaman amor no tiene ni comparación con lo que es en realidad. He habitado cuerpos masculinos y femeninos, de animales y plantas. He dado la vida y la he quitado. Cada vez me era más complicado encontrar algo nuevo que intentar sentir o comprender. Cuando volvía a casa, seguía mi proceso de aprendizaje y expansión. No soy superior, algo avanzada sí que voy, ya he tenido muchas experiencias en la tierra.

T: ¿Eres un alma vieja?

C: Si lo quieres ver así, eso soy. Aunque prefiero que me llames energía.

T: Perfecto. ¿Se te ha olvidado el proceso de reencarnación?

C: Eso no se olvida. Es un proceso fastidioso y necesario a la vez, y depende de lo que no has podido completar y de la disposición que tengas para hacerlo, sabiendo todo lo que hay que pasar para volver a lo denso que es la vida.

T: ¿Qué quieres decir?

C: Hay un proceso muy elaborado antes de reencarnarse. No se trata de sólo decidirlo y ya está. Todos lo hacemos con un objetivo y un plan de vida bien trazado (que después, no se lleva a cabo al 100%). Sabiendo que algunas veces tendremos que vivir situaciones muy complicadas que nos harán desconectarnos con nuestra energía original.

T: ¿Cómo deciden todo este proceso elaborado del que hablas?

C: Las energías puras nos asisten. Junto con ellas, se decide el lugar donde vamos a nacer, la familia, el cuerpo que vamos a habitar, las experiencias que vamos a vivir, con la única finalidad de seguir evolucionando. Las energías más nuevas, vamos a llamarlas novatas, sin que sea peyorativo, que no han reencarnado tantas veces, saben que para poder avanzar en su evolución energética es necesario haber experimentado muchas de las vivencias que sólo se adquieren al encarnarse. El sentir lo que la densidad ofrece para así seguir al siguiente nivel de conciencia. Como energías novatas, están colmadas de un altruismo inconmensurable y también de una gran curiosidad. Incluso, podría decirte que tienen una autoconfianza inquebrantable. Todo esto mientras planean su viaje. Las energías (almas) que ya han reencarnado más veces, son más específicas, son conscientes de los errores que cometieron, así que buscan la forma y el modo de corregir todas estas equivocaciones que, por diversos motivos, las desequilibraron. Están también las energías voluntarias, que deciden reencarnarse con una finalidad específica, generalmente algún aporte que sea benéfico para la humanidad.

T: ¿Saben todo lo que van a vivir?

C: Al momento de planearlo sí. Una vez que vamos encarnándonos, gradualmente nos volvemos amnésicos y la densidad nos engulle. Es como caer en un profundo coma donde debes reaprender todo nuevamente. (Me sorprende la asociación que hace el alma de Delia sobre el proceso de reencarnar porque yo jamás lo había visto así).

T: Entonces, ¿por qué has decidido volver? y ¿por qué en el cuerpo de Delia?

C: No ha sido del todo una decisión mía. Las energías puras consideran que puedo aportar algo bueno si reencarno y, a la vez, seguir adquiriendo conocimientos. Es algo así como una petición voluntaria. Mi energía afín está ahí cuando me lo dicen y doy por hecho que vendrá conmigo nuevamente. Me dicen que voy a ser mujer y que tendré una vida sin grandes contrariedades. Que mi aportación será crear conciencia y despertar energías que se han quedado adormecidas, es por esto por lo que hablaré varios idiomas y tendré acceso a una muy buena educación. Al venir como voluntaria, no tendré descendencia, esas memorias de la maternidad ya las he experimentado. Me muestran a los que serán mis padres y mis hermanos. Tendré algunos momentos álgidos con mi padre que me ayudarán a sentir el rechazo, la desvalorización, el perfeccionismo y, sobre todo, el entender que tengo todo lo necesario para hacerlo sola y salir adelante. Y lo más importante, me muestran que mi energía afín, que en esta vida sería mi hermano, sólo me acompañará unos momentos en el vientre de mi madre. Esta vez no estaremos juntos. En este momento lo entiendo.

T: ¡Vaya! Tienes muy claro todo lo que vas a hacer al encarnar como Delia. Cuéntame, ¿cómo es tu proceso de reencarnación?

C: Me despido de mi grupo. Ya sabemos que es por un momento, volveremos a encontrarnos aquí o encarnados. Viene con nosotros una de las energías puras que nos acompaña para apoyarnos.

T: ¿Has dicho "Viene con nosotros"? ¿Cuántos son?

C: Mi energía afín y yo.

T: Entiendo. Vas a encarnar junto con tu energía afín. ¿Es así?

C: Sí. En esta ocasión será mi hermano por unos breves momentos. Y vamos a encarnar al mismo tiempo y él tendrá que volver a nuestro hogar.

T: Muy bien. Descríbeme cómo va sucediendo todo.

C: Somos de color azul con matices lilas y al acercarnos a la densidad nos colocamos una protección, como una armadura de color azul cobalto. Nos ayuda a ir recordando lo apretada que es la densidad. Cada vez que nos vamos acercando a donde están nuestros padres, se hace más y más pesado. Como si atravesaras membranas pegajosas que no dejan libertad de movimiento. En este punto yo no quiero hacerlo. Le digo a la energía sabia que prefiero no hacerlo.

T: ¿Qué pasa? ¿Por qué has cambiado de opinión?

C: Porque no me gusta esa sensación de estar estrujada.

T: ¿Qué es lo que te dice esa energía sabia?

C: Me dice que será sólo un momento y que puedo hacerlo porque tengo lo que en ese momento se necesita de mí. Mi energía afín está cerca y entiendo que estará conmigo y empiezo a entrar. Ya sé que me va a acompañar un momento para que no me sienta tan sola ahí adentro así que empiezo a entrar en el embrión que ya se ha formado en la que será mi madre.

T: ¿Cuántos meses tiene ese embrión?

C: Más o menos tres meses. Es pequeño y a la vez fuerte.

T: Entonces ya es un feto. ¿Por dónde entras?

C: Estoy penetrando por la cabeza, pero está muy apretado. No puedo entrar del todo. Constriñe. Tengo que hacerlo poco a poco. Es una sensación de entumecimiento.

T: ¿Sientes el cuerpo entumecido?

C: No es el cuerpo, no es el feto. Estoy en dos mundos.

T: ¿Cómo es eso?

C: No puedo entrar totalmente en el feto, mucha de mi energía está contenida en esa armadura azul cobalto. Así no me distraigo de lo que tengo que hacer. Veo a la energía pura y a mi energía afín que será mi hermano.

T: ¿Está entrando también?

C: Sí, pero no lo está haciendo como yo.

T: Explícate, por favor.

C: El bebé que será Delia va creciendo y yo me voy acomodando un poco más en su cuerpo y mi hermano es tan solo del tamaño de una alubia, no tiene el mismo tamaño y no tiene la misma energía. Eso no me gusta. (Aquí Delia se agita y empieza a sollozar).

T: ¿Puedes ver lo que está pasando?

C: Sí, mi hermano y la energía sabia se están yendo. Yo sabía que no iba a estar conmigo. Él me dijo que sólo me acompañaría un momento. (Esto que ha dicho es muy importante para que Delia lo haga consciente y lo integre en su vida).

T: Entonces, ¿a qué se debe esa rabia, esa tristeza y ese vacío que Delia está sintiendo después de descubrir que venía con un hermano mellizo?

C: A Delia se le olvidó lo que planeó para esta encarnación. Se siente culpable de ser ella la que vive y no su hermano y por eso mismo, no se siente merecedora de todo lo bueno que le está pasando en la vida. Piensa que le ha quitado la oportunidad a su hermano e incluso piensa que su hermano la abandonó.

Aprovechando que Delia se encuentra en este estado expandido de conciencia, para que pueda entender lo que le está pasando y, sobre todo, para que lo pueda sentir. Le pido que hable con su hermano (energía afín) y le diga todo lo que siente y lo que piensa. Este es el momento de aclarar malentendidos, si es que los ha habido, y seguir evolucionando. Cuando lo hace y aparece la rabia, le recomiendo que utilice un cojín para golpearlo hasta que toda esa emoción desaparezca. Una vez hecho esto, escucha (con los oídos del alma) lo que le dice su hermano (energía afín). Él le dice que no se lo tome a mal, que sólo la acompañó un momento para que ella pudiera acomodarse en el cuerpo de su madre. Le recuerda que no estaba planeado que él naciera porque esta vez les tocaba separarse y, que eso es también un aprendizaje, que les vendrá muy bien a ambos. Le dice que está muy pendiente de ella, aunque él debe seguir haciendo su labor en las estaciones de recuperación y en las aulas de aprendizaje, que la espera con todo ese amor que ella sabe que existe y que no recuerda. Delia llora intensamente. (Es imposible no emocionarse ante todo esto).

Es muy sanador cuando recordamos que no somos víctimas del dolor o de todas esas experiencias que nos limitan en este mundo denso. Todo es una elección que nos sirve para que nuestras vidas tengan un sentido.

Después de que Delia lloró a mares, hicimos un ejercicio de reconexión con su energía y una armonización con colores para rellenar todo ese vacío que la rodeo cuando estaba en el vientre de su madre y toda esa energía de la rabia que le trababa la mandíbula.

Testimonio de la Consultante

Podría redactar una miríada de palabras y éstas no expresarían ni lo más mínimo de mi sentir. Ni por asomo imaginé que un viaje al vientre de mi madre (como me gusta llamarlo desde ahora) sería tan gratificante y alentador. Mucho menos, pensé que tendría la oportunidad de sentir ese espacio donde se encuentran las almas o energías antes de encarnarse. Donde sólo hay paz, amor y una comprensión de todo tan impactante. Sé que necesito asimilar todo lo que sentí. Aun así, entiendo que era una cita ineludible que concerté con mi alma ahí, en ese lugar donde planeamos todo aquello que tenemos que olvidar.

Estoy muy agradecida. Infinito amor hermano.

Testimonio de la Terapeuta

Puede parecer que se trató de una sesión agotadora. Fueron muchas horas y Delia hizo un trabajo fascinante y muy emotivo. Todo parece indicar que el alma de Delia tenía prisa para que se solucionara ese malentendido con su gemelo perdido.

Me llamó la atención que, durante la expansión de conciencia, en el espacio entre vidas o bardo, Delia no utilizara la palabra alma. Quiero pensar que se debe a que considera el término alma como algo limitado por las religiones (esto fue expresado por ella en nuestra primera entrevista). Delia prefiere llamarle energía y no alma.

Delia sentía un gran vacío y una tristeza que no entendía y tuvo la oportunidad de reconocer el origen de ello a través del profundo amor que siente hacia su hermano. Lo llevaba latente en su alma. La sabiduría de su energía, le permitió recordar que nadie la abandonó ni la traicionó. Fue un malentendido en el momento en el que el alma empieza a perder su memoria. Todo este proceso terapéutico es como un viaje, así como lo expresa Delia, cada persona que toma la decisión de aligerar sus cargas en esta vida, lo hace por voluntad propia y de manera responsable.

Personalmente, considero a la terapia regresiva como una herramienta muy poderosa que permite, a los que la hemos experimentado, volver a nuestro ser, recuperar esos fragmentos del alma que se han ido quedando perdidos, dormidos, atrapados o esparcidos en nuestras múltiples encarnaciones. La terapia regresiva nos cambia de muchas y muy variadas maneras. Lo hemos visto con Delia y con miles de personas que han decidido hacerse responsables de su proceso evolutivo, acabando con todo aquello que nos impide avanzar. Delia no volverá a ser la misma persona, ni tú después de leer este maravilloso regalo que seguramente ya habíamos planeado antes de venir a la densidad. Buena vida. Gracias

Contacto
Claudia Celia Cuervo Espinosa
Teléfono y WhatsApp: + 34 608 59 44 96
c.c.cuervo@gmail.com

Un Reencuentro Inesperado y Muchas Risas

Por Diego Mariano Fernández Fernández

Sobre el Autor

Diego Mariano nació en Granada, España, y los primeros años de su vida los pasó en la localidad de Cogollos de Guadix (Granada) con su abuela materna, población que, a día de hoy, sigue visitando por los lazos afectivos y familiares que le unen a ella.

Piloto de helicópteros, con licencia de vuelo visual (V.F.R.) e instrumental (I.F.R.). Formado en Hipnoterapia Clínica, Terapia Regresiva de Vidas Pasadas y Regresión al Mundo Espiritual Entre Vidas, entre otros. Miembro de la Asociación Española de Terapia Regresiva (AETR).

Sobre la Sesión

En una sesión de terapia regresiva casi nunca ocurre lo esperado. La entrada al Mundo Entre Vidas requiere una preparación más profunda, siendo muy raro que se produzca el acceso y el recorrido por el mismo desde una sesión de terapia regresiva convencional. En esta última, a veces el alma se va al espacio entre vidas sin ser dirigida y recorre algunas de las fases conocidas espontáneamente, como en este caso: encuentro con el Consejo, con el grupo y con un familiar. No se trata de una revisión detallada de este espacio, para lo cual se necesita una preparación más profunda. Otro dato que sorprende es la manera en cómo accede, ya que no emplea una de las dos formas habituales, que son: a través de la gestación en el vientre materno, o bien, mediante la muerte en una vida pasada.

Además de estos motivos, el hecho de que haya elegido publicar esta sesión es: por un lado, la evidencia de que no siempre el motivo consciente del Consultante coincide con el propósito de sanación que elige su alma y por el otro, el hecho de poder mostrar al lector la belleza de un encuentro entre almas, donde una de ellas ha sufrido una pérdida profunda por la partida de un ser querido, cuya ausencia le pesaba profundamente. En este caso, su padre.

Transcripción de la Sesión

Sesión online, 07 de mayo de 2023.

Terapeuta (T): ¿Cuál es tu motivo de consulta?

Consultante (C): Quiero saber qué hay detrás de mi relación con el tabaco.

T: ¿Actualmente fumas?

C: Sí.

T: ¿Qué síntomas físicos te produce?

C: Para mí fumar es un momento de placer. Además, lo asocio a un tiempo para estar conmigo misma; estoy ahí, inhalando y exhalando. Es como que me acompaña en ese momento de placer.

T: ¿En qué áreas de tu vida te afecta?

C: A ver, es de cajón que fumar no es bueno para la salud y quiero dejarlo. No hoy, pero mi intención es dejarlo en algún momento, porque sé que afecta a la respiración y a la voz, y para mí la voz es muy importante. No quiero dejar el placer en manos de nada ni de nadie, sólo de mi misma (lo enfatiza de una forma muy segura, convincente y empoderada).

T: ¿El fumar te hace sentir aislada en momentos determinados, como en comidas o en eventos sociales?

C: No, no me siento aislada, al contrario, busco mi momento y me escapo. También es una manera de salir de donde estoy. Mira lo que acabo de decir. ¡Jajajajaja!. Es una manera de... como una excusa, ¿no? ... estoy con gente, pero salgo un instante a fumarme un cigarro. Es mi momento y me permito salir.

T: Vale, muy bien. Ahora cierra los ojos. ¿Qué crees que hay detrás de todo esto? Dime lo primero que te venga.

C: Lo primero que me ha venido, el primer flash, ha sido evasión. Evadirme.

T: Bueno, pues ahora con los ojos cerrados te voy a hacer una pequeña inducción antes de empezar con la terapia en sí.

Una vez realizado el intercambio de información entre terapeuta y cliente se inicia la regresión. Empezamos realizando una inducción corta, ya que la Consultante se había realizado otras sesiones de terapia regresiva con anterioridad.

T: Y ahora, a la cuenta de tres, me vas a decir lo primero que te venga a tu conciencia, es decir, una palabra, un sentimiento, una emoción o lo que sea que te haya estado viniendo durante estos minutos previos, aunque te parezca un disparate. Uno, dos... y tres.

C: De momento no me viene nada, veo todo más o menos oscuro. Estoy relajada.

T: Está bien, continúa hasta que tengas una emoción, una sensación o algo que quieras verbalizar... avanza un poquito más en esa experiencia.

C: Ahora mismo estoy notando, sintiendo como... algo que se está expandiendo dentro de mí muy suavemente. Como una energía que se está relajando y a la vez se está expandiendo, como que se está abriendo dentro de mi cuerpo. Está encontrando su lugar que es... su lugar es un no lugar, se está expandiendo. Lo estoy notando por toda la parte del tronco, del abdomen, del plexo solar y está empezando a extenderse por las piernas, por los brazos, es como una sensación de algo que está dentro de mí, como una energía que se va abriendo y expandiendo.

T: ¿Esa energía recorre todo tu cuerpo?

C: Sí, es una sensación de expansión y de apertura, de que no hay límites, no hay nada que lo esté limitando. Esa energía no está contenida dentro de nada, se está abriendo desde el interior hacia afuera, es como lo estoy sintiendo.

T: ¿De qué color es o sientes que es esa energía?

C: Es como de un color muy neutro. Si tuviera que decirte, te diría que como algo así... blanco, como un punto brillante, pero tiene mucho que ver con el blanco. Casi no se ve, ¡eh! Es como casi transparente y si tuviera que darle un color sería un matiz de blanco.

T: Permite la experiencia de lo que está ocurriendo.

C: Es una sensación muy agradable. Sigue extendiéndose.

T: ¿Hasta dónde llega a extenderse ahora?

C: Por todo el cuerpo y extremidades. Me falta la cabeza.

T: Nota como se sigue expandiendo esa energía. Siente y experimenta cómo lo hace.

C: Me estoy abriendo... como de dentro para fuera.

T: ¿Cómo te hace sentir?

C: Muy bien. Es una sensación muy agradable de que todo está bien, y no para de expandirse, de expandirse y de expandirse... aquí todo está bien.

T: ¿Qué siente tu alma que es esa energía?, ¿qué te quiere mostrar?

C: Siento que estoy en el espacio desde donde venimos y a donde vamos. Estoy ahí expandiéndome y... siendo sólo esa energía. No hay cuerpo. No deja de expandirse cada vez más y más. Siento que estoy en un lugar de paz, y ese lugar es como sentirse en casa. Ahí todo está bien.
Y parece que, en principio, las sensaciones que tengo donde estoy ahora mismo son, como si estuviera sola, pero yo sé que no estoy sola; hay más energías expandidas como yo por aquí. Y es como que tengo la sensación de que hay dos energías así, parecidas a la mía, que están esperando a que me expanda del todo. Están cerquita de mí. Yo no las veo, pero puedo intuir que están ahí. Dos, son dos energías, como si fueran dos fantasmitas, pero no son fantasmitas. Se están riendo. Están esperando a que yo acabe de expandirme.
Las siento por aquí, por detrás de mi cabeza (la Consultante, que se encuentra tumbada en la cama, señala con su mano derecha la parte superior de su cabeza). No las veo, pero las intuyo. Están esperando, riéndose. Al final me van a hacer reír a mí (ahora es la Consultante la que comienza a reírse). ¡Jajajajajajajajajaja! Que me troncho y no sé por qué. Me estoy riendo y ellas también se están riendo. ¡Jajajajajajajaja!

A partir de este momento la Consultante empieza a reírse a carcajadas. ¡Jajajajajajajajajajajajajajajajajajajaja! No para de reír. Hay momentos en que se lleva las manos a la cara y en otras ocasiones al plexo solar, de forma instintiva, para intentar aguantarse la risa. No consigue contenerse.

T: Bueno, está muy bien, permite la experiencia.

Se lo digo sonriendo yo también, contagiado por su ataque de risa, teniendo que esforzarme para no ser arrastrado por su risa sana, profunda y verdadera. Esa risa que sale del alma... la risa clara que tienen los niños en su inocencia. Alegría pura.

C: ¡Jajajajajajaja! ¡Qué bueno! ¡Jajajajaja! No sé, es como... ¡jajajajajajajaja!... estaban esperando a que volviera y nos estamos tronchando. Me están diciendo: ¡ves, ya estás aquí! ¡Si lo habíamos hablado! ¡Jajajajajajajaja!... pues no sé, nos estamos riendo. Yo no los veo, ¡eh!, pero sé que están ahí y se están descojonando conmigo... ¡jajajajajajajajaja!... No sé qué es esto...jajajajajajajajajaj!. No sé qué está pasando.

Continúa riéndose a carcajadas. En esta ocasión incluso se incorpora levemente de la cama e inclina su cabeza hacia atrás, que está apoyada en un cojín.

T: Permítelo. Disfruta el momento y ríete con ellas. ¿Sabrías decir quiénes son?
C: ¡No! Sé que son conocidos o conocidas. No lo sé. Sé que son energías que están ahí y tengo la sensación de que habíamos quedado, que nos encontraríamos así cuando yo volviera y que nos reiríamos de todo esto. Y así es, pero además descojonándonos, ¡eh! Me están diciendo: "¿ves? Ya te dijimos qué sería así". Y sí. Sí, sí. (Afirmación que acompaña con un movimiento leve de cabeza).
T: ¿Qué más te dicen?
C: Nada, ahora nos estamos calmando. Están ahí. Sigo sin verlas, pero sintiéndolas.
T: ¿Les puedes hablar? ¿Podrías comunicarte con ellas de alguna forma?
C: Sí, nos comunicamos sin hablar, sí, sí. ¿Nos comunicamos sin hablar o sintiendo? Sintiendo no. Cada una sabe lo que piensa la otra. Yo sé que están ahí y sé qué piensan. Ahora me están diciendo: "¿lo ves?, ¿ves cómo tenías que pasar por ahí para entenderlo todo? Y que nos acabaríamos riendo. Solo era necesario confiar. ¿Ves cómo ahora todo tiene

sentido?" Me están diciendo que... me relaje y que cuando esté lista nos iremos donde nos tenemos que ir juntas. Las tres. Son dos y yo tres.

(...)

C: Me están diciendo que no hay prisa, que me esperan, que me tome mi tiempo porque acabo de llegar.
T: ¿Y tú sabes dónde es? ¿Sabes cuál es ese sitio al que os vais a desplazar?
C: No, no, no. Yo sé qué nos iremos juntas, pero aún no sé dónde.
T: ¿Les podrías preguntar quiénes son?
C: Me están haciendo así con el dedo. (Levanta su mano derecha y con su dedo índice hace un gesto de negación durante toda la expresión). No, no, esa pregunta no va.
T: ¿Qué está ocurriendo ahora?
C: Estamos a punto de irnos para donde nos tenemos que ir. Empezamos a irnos y es como que me cogen de la mano, pero no me cogen porque no tienen manos. Ellas van delante guiando; es como si fuéramos volando, pero no volamos, ¡ahí no tenemos alas!, sencillamente nos movemos. Nos movemos.
Nos vamos moviendo, yo voy la última, la tercera, ellas van delante de mí... y por este lugar, por el que estamos yendo, pues... hay muchas energías, así como nosotras. No nos interferimos unas con otras, pero veo que hay grupitos. Es todo... es un espacio sin fin, no hay fin ahí. Igual que nosotras estamos deambulando por ahí, como si... voláramos o nos moviéramos, pues por ahí está todo lleno de grupitos y de cositas, así como nosotras que están haciendo lo mismo.
T: Cuando te dijeron que tenías que pasar por ahí para entenderlo todo, ¿a qué se referían?
C: A lo que ocurre abajo. Tengo trabajo.
T: ¿En tu vida terrenal?

C: Sí. Como que habíamos hecho una apuesta, habíamos apostado y... yo no confiaba y tenían toda la razón. Tienen toda la razón. Y tenía que pasar por todo eso para darme cuenta de que tenían razón y que después nos reiríamos de todo. Y así lo hemos hecho.

T: ¿Te refieres a pasar por un hecho en particular o es algo general?

C: No lo sé... lo que ha ocurrido abajo.

T: ¡Vale! Y cuando estáis volando las tres, ¿cuáles son tus sensaciones?

C: Es como un volar, sin volar. Te mueves, te desplazas, pero la sensación es como que no estás quieta; tampoco es que vas como un cohete, es como que, bueno, que estás deambulando por ahí, flotando y a la vez moviéndote, porque es como una energía que es difícil de explicaaaaar. No paras quieta. Pero tampoco es ahí, no sé, es algo que... que fluye en el espacio, en el lugar en el que estás, es un fluir continuo, eso es, un fluir continuo.

Según va explicando las impresiones y las vivencias de la situación, se hace consciente de lo asombrosa y maravillosa que es la sensación de volar.

T: Avanza justo hasta ese momento o lugar donde se supone que os estáis dirigiendo.

C: No hemos llegado aún.

T: Continúa y cuando hayáis llegado me lo haces saber.

C: Creo que ya hemos llegado. Me dejan ahí delante de... es como si hubiese una sala, pero no hay sala; delante de una puerta, pero no hay puerta; y me dicen, venga, ahora te toca a ti. Es tu turno. ¡Hala reeepasito!

En la puerta me está esperando como... es como nosotras, pero es alguien de más, de más... es un... es así como nosotras, pero se nota que es alguien superior, alguien sabio, alguien como un maestro, y me está esperando. Lleva unas carpetas o unas hojas en la mano, pero que no las lleva, pero es como si las llevara; me invita a pasar a esa sala que no es una sala, me invita a pasar y vamos a repasar.

T: ¿Qué más ocurre?

C: Entro en esa sala. Hay tres energías más que me están esperando, como si fuera un...

T: ¿Como si fuera qué?

C: Están situadas como si fuera un tribunal de una universidad que están ahí sentados, ¿no? Y también son tres maestros más.

T: Tres, más el que te ha invitado a entrar.

C: Ése es el de la puerta, que es el que me acompaña, va al lado mío, lleva como esa carpeta o esas hojas y me pone ahí delante. ¡Eso!... es un tribunal, como un tribunal, y son tres. Y, evidentemente, son maestros. Me felicitan. Me dan la bienvenida.

T: ¿Qué más ocurre?

C: Una de esas tres energías me es muy familiar. Conecto mucho con esa energía. (Muestra una cara de felicidad extrema, emoción y sorpresa).

T: ¡Tu alma sabe quién es!

C: Es la energía de mi padre. Siempre ha estado ahí (se emociona visiblemente cuando le reconoce). Lo que me viene ahora es lo que pactamos... que me acompañaría siempre abajo en la Tierra hasta el momento en que ya no me hiciera falta. Entonces él ya se puede subir y a partir de este momento sabré que no estaré sola porque él siempre estuvo conmigo. Él ya no está en el plano físico... pues así lo acordamos.

Durante todo este tiempo está visiblemente emocionada y conmovida por la presencia de su padre y por lo que él le transmite. En varias ocasiones seca las lágrimas de sus ojos por el profundo sentimiento de alegría al volver a estar con él. Le es difícil trasmitir con palabras la información y los sentimientos que le están llegando, ya que se da cuenta que nunca hubo un abandono de su padre por haberse ido de este plano físico.

T: ¿Qué más te dice?
C: Lo has hecho muy bien. Sólo era cuestión de confiar.
T: ¿Qué le dices tú?
C: No puedo hablar de esto. Hablar de él.
T: Muy bien, pues déjalo.
C: Será cuestión de confiar... confía. Tienes el eslabón de la confianza. Esa confianza forma parte de ti y tú formas parte de ella. Está integrada en ti.
T: ¿Cómo te sientes?
C: Agradecida. Plena... y siento mucho respeto ante estos seres que tengo delante.
Me dice (refiriéndose a su padre): "Te di las alas y volaste... ahora es a ti a quien le toca repartir alas... confianza es lo que necesitabas para hacerlo".

Al finalizar la sesión, me cuenta que, al poco tiempo de la muerte de su padre, en su primera sesión de Terapia Regresiva, tiene un encuentro con él donde le hace entrega de un pequeño cofre como regalo. Al abrirlo, observa que tiene unas alas. Es en esta sesión cuando ha integrado el profundo significado que tenían esas alas.

T: ¿Qué más ocurre?
C: Estoy tan en paz... aquí todo es paz, es tan armonioso, tan... todo es como tiene que ser, y todo, absolutamente todo, está bien.

Sus gestos y su voz reflejan calma y alivio porque está entendiendo que todo tiene un propósito y todo ocurre por algo. Sólo es cuestión de confianza. Las respuestas a tu propósito pueden llegar en cualquier momento... así... sin esperarlo.

T: ¡Así es! ¿Sigues ahí, delante de esas tres energías? ¿Delante de tu padre?

C: Me tengo que ir ya. Ese maestro que estaba en la puerta con la carpeta en la mano, me espera y me acompaña.

T: ¿Sabes dónde vais?

C: No. Me acompaña.

T: ¿Qué ocurre ahora?

C: Llegamos a un lugar, a otra sala, es como una sala, pero no es sala. Otra vez me acompaña a la puerta y me espera ahí, en la puerta, y yo entro. Entro, pero no entro porque no hay nada. Es como un lugar para... para reponerte, para recargar. Es como... como un spa. Es como si recibiera un baño energético de lucecitas reparadoras que a la vez limpian. Es el *recomponedor*.

T: ¿Estás recibiendo ese baño?

C: Sí.

T: Disfruta de esa energía reparadora. Permítete sentirla y experimentarla. ¿Qué más percibe tu alma?

C: Me voy de ahí, me voy a otra sala donde hay otros tres maestros. Hay tres maestros, justo delante, pero luego al fondo hay muchas almas... energías que son almas. Están las tres delante, pero esa sala está llena, llena. Es como que vamos a hablar y...

T: ¿Te dicen algo?

C: No. Están esperando a que los maestros dirijan y digan lo que vamos a elaborar en el nuevo plan de vida. Mi nuevo plan de vida. Todas esas almas están ahí porque van a formar parte, en cierto modo, del mismo plan. Hay que acabar de concretar.

T: ¿Sabes en qué consiste ese nuevo plan de vida?

C: Estoy esperando a que los tres maestros me hagan la propuesta.

T: Y mientras tanto ¿qué está ocurriendo?

C: Me estoy expandiendo. Me estoy expandiendo mucho. Como si esta expansión fuera una manera de conectar con todas estas almas que están aquí reunidas, para así, redactar el plan de vida. Me estoy expandiendo para conectar con todas esas energías, es una expansión muy... muy... muy amplia, muy...

T: Mucho más profunda, ¿verdad?

C: Sí. Es mucho más amplia, como que ocupa todo ese espacio.

T: Continúa... continúa con esa expansión de energía.

C: Se está frenando un poco, porque el maestro más importante me está diciendo que es momento de elegir. De elegir qué es lo que voy a trabajar en la próxima vida.

T: ¿Qué más ocurre?

C: En esta próxima vida voy a ser... voy a ser maestra como ellos. Para ello tengo que vivir todo lo que me va a tocar experimentar en esta vida.

T: ¿Y qué más?

C: Esta vida que estamos planeando, es mi vida actual. En esa sala están todas las almas que han formado parte de mi vida. Y ahora, las reconozco ¡a todas!, las conocidas y las que están por llegar. O sea, que en esa sala estamos elaborando el plan de mi alma como Isabel. ¡En esta vida voy a ser maestra!

T: ¿Qué más te dicen?, ¿qué más se está planificando?

C: Va a ser una vida fácil aparentemente por fuera, pero compleja por dentro, pero eso es necesario porque tengo que desaprenderlo todo; dejar de creer completamente, no creer en nada, para volver a creer en todo. De ahí esa confianza necesaria para transitar esta vida que se está planeando ahora.

T: ¿Te dan algunos puntos clave o metas que tengas que trabajar en esta vida actual?

C: No. Hablamos de lo que tengo que hacer en esta próxima vida, pero... (no verbaliza nada más, se lo guarda para ella).

T: ¿Qué más te dicen? ¿Qué ocurre?

C: Que no tengo que saber más.

T: ¿Está todo bien?

C: Sí. Ya no tengo que saber más, ya es suficiente. (Permanece en un silencio largo y en ocasiones frunce el entrecejo).

T: ¿Cómo te sientes?

C: Ya no puedo hablar más.

T: ¿No puedes hablar más porque te lo dicen?

C: No puedo hablar más. No puedo hablar más (mientras habla hace un gesto negando con la cabeza, a la vez que acentúa de una forma más categórica y enérgica el "No puedo hablar más).

T: Bien, pues ahora, recordando que querías conocer qué hay detrás de tu relación con el tabaco, ¿sabes ya lo que se esconde?

C: Lo que hay detrás del tabaco es falta de confianza.

T: ¿En qué ámbito de tu vida la sientes?

C: Ya se está disipando esa falta de confianza, por eso me han mostrado que ya la tenía. Ya no tiene sentido desconfiar más.

T: ¿Sientes que ya no necesitas fumar para tener confianza en ti?

C: Siento que ya confío en mí. Me estoy contrayendo. La energía se está contrayendo toda. Se está recogiendo (guarda un largo silencio).

T: ¿Se ha terminado de contraer?

C: Sí.

T: Muy bien, pues cuando quieras, y así lo sientas, vuelve al momento actual de manera tranquila y calma, tomando conciencia de tu cuerpo y recordando toda esta preciosa y extraordinaria experiencia. ¡Gracias!

Testimonio del Terapeuta

Como terapeuta ésta es una de las regresiones más hermosas que he realizado, por lo conmovedora que fue. La emoción, los sentimientos y la alegría experimentadas por la Consultante son indescriptibles y difícilmente plasmables por escrito. Esta regresión nos muestra que, aunque no vemos a estas almas físicamente, porque les ha tocado trascender de un plano a otro, éstas son eternas.

En esta regresión también le han hecho conocer su propósito y sentir qué tipo de maestra tiene que ser en esta vida... ahora sólo debe definir y concretar cómo lo tiene que llevar a cabo. En ello está desde ese día... formándose, creciendo y progresando... debería estar orgullosa de lo que está logrando y en quién se está convirtiendo Isabel... yo lo estoy, y me alegro por ella... y su padre, no me cabe duda, de que también lo está.

Muy agradecido por permitirme acompañarla y ser testigo de esta maravillosa experiencia.

Testimonio de la Consultante

La Terapia Regresiva llegó a mi vida de forma casual, aunque hoy tengo claro que no existe casualidad sino causalidad.

Acudí a Diego para trabajar mi relación con el tabaco: pensaba que descubriendo el origen de por qué fumaba, entendería qué había detrás de esa dependencia que era más fuerte que yo. La gran sorpresa de la sesión fue cuando, pensando que me iría a una vida pasada que me mostrara a qué respondía esa necesidad de inhalar y exhalar el humo de un cigarro, entré directamente a ese lugar llamado Espacio Entre Vidas.

Era mi primer viaje en Terapia Regresiva al Mundo Espiritual. Ahí me estaban esperando dos almas compañeras y, nada más reconocerlas, me sentí segura, tranquila y que estaba en casa. Pero lo más sorprendente fue, y aún hoy puedo recordarlo y sentirlo claramente, el ataque de risa que me dio, a carcajada limpia, junto con esas dos almas; no podía parar de reír, no recuerdo haberme reído tanto en otro momento de mi vida, no podía hablar, las sensaciones eran que mi cuerpo se retorcía de risa. Fue algo totalmente liberador y divertido a la vez, como si esa risa hubiese estado embotellada ahí a lo largo de los tiempos. Reconozco y pongo en gran valor el buen hacer de Diego que supo tener la templanza y la paciencia necesaria para sostener ese momento de la sesión, pues la misma no podía avanzar mientras yo me estaba desternillando de la risa.

Esa sesión fue totalmente reveladora para mí: conecté con la energía de mi padre, uno de los Maestros Sabios que me recibió dándome el mensaje de que ya llegó el momento de repartir alas al resto del mundo, de desarrollar mi labor como maestra; el propósito de mi vida era el de convertirme en una maestra como ellos y, para eso, tenía que trabajar la confianza. Lo que había detrás de fumar era la falta de confianza.

En esa sesión pude sentir a través del cuerpo qué significa expandir la Consciencia, volver a lo que ya somos, mucho más que un cuerpo: somos Consciencia Expandida: una sensación fantástica en la que todo está bien, todo es comprensión, todo es aprendizaje, todo es amor, todo es reconstruir las memorias perdidas para así volver a ser a través del verdadero Ser.

Gracias Diego por esa maravillosa sesión, por acompañarme tan sabiamente de la mano a que me fuera mostrada cuál es mi misión en esta vida. Ya estoy repartiendo alas y mi reservorio de confianza está cada día más lleno, está ahí, puedo sentirla, puedo vivirla cada día.

Un gracias inmenso.

Contacto
Diego Mariano Fernández Fernández
diegom.fernandez@hotmail.com

El Mal a Mi Semejante es Mi Propio Mal

Por Gerson Tiber Amaya Mejía

Sobre el Autor

Gerson Tiber nació en Colombia. Estudió Psicología y gran parte de su vida la dedicó al emprendimiento empresarial, lideró por varios años la gerencia comercial regional de una multinacional en Colombia, acompañando centenares de líderes a cumplir grandes metas comerciales. Todos estos años de trabajo individual y grupal despertaron mucho más su sensibilidad, empatía y carisma, llevándolo a profundizar sus estudios en formaciones y prácticas más allá de lo personal y a darle mucho más valor a la interioridad humana, incorporando herramientas más trascendentales que permitan entender nuestra singularidad a través de Mente, Cuerpo y Alma.

Algunas de sus formaciones son: Psicología Transpersonal, Tanatología, Acompañamiento hacia un Buen Morir, Hipnosis Regresiva, Terapia de Vidas Pasadas, Formacion Avanzada en Terapia Regresiva con la Dra. Bibiana Bistrich y Múltiples Seminarios Intensivos y Formativos con el Psicólogo Holandés Hans Ten Dam, Dr. Jose Luis Cabouli y Martin Roesch (Psicólogo alemán Especialista en Psico-Oncología Mental-Espiritual).

Es miembro de la Asociación Española de Terapia Regresiva (AETR), en cuyo senó se formó en Psicoterapia Regresiva con el Psicólogo Carlos González Delgado y en Terapia Regresiva al Mundo Espiritual Entre Vidas con el Profesor Luciano Fernández de Sannamed Sampedro.

Actualmente atiende consulta presencial en Miami y On-line para el resto del mundo.

Sobre el Consultante

A mi consulta llega Dina, una mujer de 44 años, elegante y muy formada académicamente. Vive con su esposo y su hija de 30 años, su motivo de consulta es su rechazo a la conexión con Dios y lo espiritual, su falta de confianza en sí misma y marcadas dificultades en la relación con su hija, su madre y abuela. Evita el contacto con las personas, se siente desconectada de sí misma y siente que permanece en una búsqueda constante por entenderse y reconocer su valor.

Transcripción de la Sesión

Esta Transcripción refleja aproximadamente un 35% de la totalidad de la sesión.

Nota aclaratoria: Dina, la consultante, es mujer, pero en su vida pasada inmediatamente anterior a la actual fue hombre, esa fue la vida que le permitió navegar por el espacio entre vidas y por tal razón se identificara con un alma masculina durante la mayor parte de esta sesión.

Terapeuta (T): ¿Dónde te encuentras?
Consultante (C): No quiero morir...
T: ¿Qué está ocurriendo?
C: Estoy solo... como si hubiese escapado.
T: ¿Escapado de qué?
C: Me estoy escondiendo... y no quiero morir... me siento agotado... cansado... y no quiero morir, no quiero el castigo.
T: ¿A qué te refieres?
C: No quiero ir al infierno... me van a castigar...
T: ¿Por qué te van a castigar?
C: Porque asesiné a muchas personas.
T: Ahora avanza hasta el instante antes de morir en esa experiencia...
C: Tengo mucho frío... me resisto a morir.
T: ¿Qué ocurre con tu cuerpo cuando te resistes a morir?
C: Se paraliza... estoy alerta esperando.
T: ¿Qué estás esperando?
C: La muerte...
T: Eso es... permítete sentir como empieza a morir ese cuerpo...
C: Siento que me abandona la fuerza... que mi voz ya no está presente.
T: ¿Qué más se manifiesta en tu cuerpo?
C: Miedo... terror...
T: ¿Qué está pasando en tu mente?
C: Estoy confundido y paralizado.
T: ¿Cuál es tu último pensamiento antes de morir?
C: "Me van a castigar".
T: Avanza hasta que tu corazón deja de latir.
C: Estoy viendo mi cuerpo desde arriba.
T: ¿Y qué experimentas al verte así?
C: Lástima... miedo... angustia, no quiero salir de ahí.
T: ¿A qué te refieres?
C: No quiero estar fuera del cuerpo (suspira con angustia).
T: ¿Qué está pasando?

C: Hay cosas que giran a mi alrededor... son muchas... como sombras de personas.
T: Observa bien, ¿cómo es eso para ti?
C: Son las personas a quienes hice daño... están ahí.
T: ¿Ahí dónde?
C: A mi lado, han estado conmigo desde que las asesiné.
T: ¿Y cómo se ven?
C: Como nieblas que me persiguen y rodean.
T: ¿Las habías visto antes?
C: No, solo ahora que salí del cuerpo puedo verlas.
T: ¿Y qué sientes al verlas?
C: Puedo entender el daño que les hice, son las almas de todos ellos, por eso temía morir... me castigarán por lo que hice.
T: ¿Y qué hacen estas almas a tu alrededor?
C: Nunca se fueron... se quedaron conmigo, están reclamando algo.
T: ¿A quién le reclaman?
C: (Entre sollozos). A mí... no sé qué cosa es lo que quieren, pero soy consciente que les hice mucho daño.
T: Fíjate muy bien, ¿qué necesitan de ti?
C: "Ahora entiendo" ... yo me apoderé de la energía de ellas, y ahora me reclaman su luz, la necesitan...
T: ¿Y qué piensas hacer?
C: Regresarles lo que les corresponde y pedirles perdón por lo que hice.
T: Entonces procede de la manera que consideres correcta y libérate de lo que no te pertenece (la Consultante mantiene un largo silencio) ... ¿qué está pasando?
C: Cuando les regreso su luz, la reciben y se van inmediatamente, siento mucha tristeza, entre ellos también hay niños. No era consciente de toda la maldad que hacía.
T: Muy bien... continúa trabajando con ellos.
C: Hay un niño que me toma de la mano, me transmite una luz brillante y luego se eleva.
T: ¿Y qué ocurre contigo?

C: Todo a mi alrededor está pasando de oscuridad a claridad. Alguien desde arriba observa todo.
T: ¿Quién es ese alguien?
C: Una persona que no conozco.
T: ¿Qué más ocurre a tu alrededor?
C: Viene una mujer muy amorosa, me abraza y se va... puedo sentir que al pedirles perdón y regresarles la energía que les pertenece, mi alma se va aclarando.
T: ¿Eso qué te deja entender?
C: Que todas esas almas y la maldad que ejercí sobre ellas oscurecían mi vida, me envolvía la oscuridad de su sufrimiento.
T: ¿Que más comprendes?
C: Que la maldad que hice a otros, realmente me la hice a mí mismo.
T: ¿Y ahora cómo sientes tu alma?
C: Con un poco más de luz y claridad.
T: ¿Qué color tiene ahora?
C: Entre transparente y blanco.
T: ¿Y el ser que te observa?
C: Me está llamando, pero le digo que hice mucho daño, y me dice: puedes venir...
T: ¿Y qué haces?
C: Le digo que no lo merezco, pero insiste y me dice: ahora lo has entendido y ayudaste a todas esas almas para que continúen su camino, el niño que te tocó y la mujer que te abrazó lo hicieron para demostrarte que estás perdonado.
T: ¿Y qué decides?
C: Que no... siento mucho miedo y remordimiento.
T: ¿Hay algo más que te impida continuar?
C: Sí... (sollozando) una gran culpa me ata a ese cuerpo...
T: ¿Cómo es esa gran culpa? (el Consultante guarda un largo silencio).
C: Hay un bebé ahí... (llanto) tengo sangre de un bebé en mis manos... maté a un bebé... es mi mayor culpa.

T: ¿Y dónde está ese bebé?

C: Está pegado en mi cuerpo, aferrado a mis manos desde que lo maté.

T: ¿Cómo se encuentra ese bebé?

C: Triste, temeroso.

T: Ahora debes hablar con ese bebé y si nace de tu corazón, pídele perdón por tus acciones (se produce otro largo silencio).

C: Su madre viene a recogerlo, es la misma mujer que me abrazó... lo carga, toma mis manos y me dice: todo está bien, puedes continuar tu camino. Nuevamente me llaman y esta vez veo unas manos extendidas hacia mí, las tomo y siento que me llevan hacia arriba.

T: ¿A dónde te llevan?

C: A un lugar con mucha luz... alguien señalando hacia abajo me dice: todo eso es un aprendizaje, actuaste según tu libertad, me abraza profundamente e inmediatamente siento que algo cambia en mí, puedo sentir su enorme compasión y amor, mi ánimo cambia, mi energía cambia.

T: ¿Te dice algo más?

C: Tienes oportunidad de reparar todo lo que hiciste, realizando un plan de vida para ayudar a las almas afectadas. Pero le digo que me aterroriza cometer el mismo error, y me dice: cada vez aprenderás mucho más y lo harás mejor.

T: ¿Quién es el ser que te recibe?

C: Es un ser brillante rodeado de mucha luz.

T: ¿Podrías describir más detalles?

C: Es difícil... es una gran masa de energía, no tengo palabras.

T: ¿De qué color es su luz?

C: Blanca y amarilla con un centro dorado muy brillante que transmite sabiduría, amor y compasión, de su centro brillante salen otras luces... son guías y maestros y se van repartiendo a diferentes lugares.

T: ¿Sabes hacia dónde se dirigen?

C: A los grupos de luces que les corresponde coordinar.
T: ¿Qué son esas luces?
C: Almas como yo, reunidas en grupos, en muchos auditorios, salones y cada grupo está con un guía o maestro.
T: ¿Cómo reconoces a los guías?
C: Porque su luz es más grande, más alta y más brillante, los demás tenemos una luz más pequeña.
T: ¿Estás con alguien más?
C: A mi alrededor están las almas a las que hice daño, está la mujer con su bebé y me dice que debe irse a realizar su plan de vida para esta vez ser feliz, "nos volveremos a encontrar y sabrás ayudarme".
T: ¿Podrías describir el lugar donde te encuentras y las otras almas que te rodean?
C: El lugar es infinito, se siente un amor inmenso y una hermosa conexión entre todos. Algunas almas a las que hice daño han avanzado, la intensidad de su luz y energía aumentó, ya se van, ahora necesitan hacer otro tipo de trabajo, algunos me dicen: hiciste lo que tenías que hacer, y eso aumenta mi confusión, ¿cómo puede ser posible? ¿Acaso mi trabajo era matarlos? "Ya lo sabrás", me dice.
T: ¿Quién dice eso?
C: Una de las almas a quien torturé y asesiné, pero veo que es un sabio, no es un alma común, me mira, se sonríe y me dice: hiciste bien tu trabajo, ya lo entenderás, y se van todos.
T: ¿Con quién quedas?
C: Hay tres seres cerca de mí.
T: ¿Qué relación tienen contigo?
C: Son mis guías, estaban esperando que las otras almas se despidieran de mí.
T: ¿Y qué te dicen?
C: Que tenemos trabajo por hacer, hay un nuevo plan de vida que debo organizar.

T: ¿Podrías describirlos?
C: Su silueta es alta y amarilla clara radiante, soy un tercio de ellos.
T: ¿Cómo puedes diferenciarlos?
C: Porque tienen diferente centro y capas de luz.
T: Descríbeme qué representa cada uno para ti.
C: El de la derecha lo identifico como el Guía de la Alegría (Gal), el de la izquierda como el Guía de la Justicia (Gj), la fuerza y la disciplina, el del medio el Guía del Amor (Gam) y la comprensión, así los percibo.
T: ¿Te son familiares?
C: Sí, cada vez que subo, ellos mismos me reciben, me orientan y me ayudan a organizar el próximo plan de vida. Ahora me llevan a un lugar donde puedo planificar y escribir mi siguiente experiencia.
T: ¿Cómo es ese lugar?
C: Es una biblioteca transparente, envuelta en algo vaporoso blanco, hay muchos libros, toman uno y me lo entregan... es mi libro.
T: Descríbelo, por favor.
C: Parece una nube, una espuma, no tiene forma física, pero cuando tomo la pluma y la acerco aparecen las hojas en blanco, y me digo: ¿hasta cuándo voy a seguir escribiendo en este libro? y me responden: Todavía te queda demasiado por hacer y aprender.
T: ¿Y qué escribes?
C: Algo divertido... experimentar la felicidad, la plenitud, pero el Guía de la Justicia me sugiere borrar y me dice: debes aprender y avanzar, pero yo no quiero borrar, el Guía de la Alegría se ríe y el Guía del Amor me abraza y me dice: paciencia... su energía me calma y es ahí cuando siento la inspiración a escribir que voy a tener esta mamá, este papá, todas mis dificultades durante la infancia, adolescencia y adultez, será una vida muy complicada.
T: ¿Estás de acuerdo con esa vida?

C: Me rehúso, no quiero esa vida de sufrimiento, yo quiero ser feliz, pero los guías me animan a aceptarla, me dicen que aún tengo mucho que aprender y reparar.

T: ¿Qué debes aprender?

C: La fortaleza, la humildad, el entendimiento y respeto a las demás personas, el control del ego, el amor propio, ayudar a los demás. Me dicen que si no trabajo mi fortaleza en esta vida no lograré pasar la siguiente vida.

T: ¿Qué quieren decir con esto último?

C: La vida que sigue me hará más fuerte para la próxima vida, si me lo pongo todo fácil no estaré preparado para afrontar las dificultades que siguen, y voy a querer abandonar esa vida, lo que me deja entender que la siguiente vida será mucho más complicada que la que estoy escribiendo ahora y la que sigue aún más... me dicen: tu aprendizaje se iniciará desde la infancia, pero no estarás solo... nosotros estaremos contigo.

T: Todo este aprendizaje y las siguientes vidas llenas de dificultades, ¿tienen algo que ver con tu anterior vida?

C: Absolutamente, hice sufrir a muchas personas, lo acepto y ahora debo aprender viviendo mis propias dificultades. Solo me motiva continuar el saber que estarán conmigo.

T: ¿Qué más ocurre?

C: Después de que acepto las sugerencias en mi nuevo plan de vida, puedo escribir libremente y pongo la parte de libertad y diversión que tanto deseo y termino con punto final. En ese momento dejo de ver las hojas y todo lo que escribí, ellos toman mi libro y nuevamente le hacen ajustes, pero ya no puedo ver nada de lo que ellos escriben, solo veo mi punto final. Cierran mi libro y dicen: todo está escrito, cada una de tus dificultades es un aprendizaje necesario para fortalecer tu alma, despreocúpate de tus vidas pasadas, todo es parte de tu evolución... y lo regresan a la biblioteca.

T: ¿Puedes ver libros de otras almas?

C: Sé que están ahí, pero no puedo verlos, a nadie le interesan los libros de otras almas.

T: ¿Puedes describir la estantería?

C: Es inmensa... va apareciendo en la medida que camino y va desapareciendo cuando avanzo, quedando atrás una enorme nube de luz.

T: ¿Qué están diciendo tus guías?

C: Que en algunas ocasiones no todo saldrá como lo escribí, que allá abajo voy a estar entre la luz y la oscuridad y en medio de muchos otros seres.

T: ¿Qué tipo de seres?

C: De todo tipo, de luz como mis guías e incluso superiores, unos están abajo porque quieren, otros están confundidos o extraviados y al ver la luz en otros van a querer adueñarse de ella, o simplemente acercarse buscando ayuda. Me dicen: si descuidas tu camino podrías convertirte también en un ser oscuro como ellos, lo que escribiste en tu libro y tu propio camino, podría cambiar más de lo que crees.

T: ¿Cómo te hace sentir eso?

C: Me preocupa, y les pregunto: ¿cuándo esté abajo recordaré lo que debo hacer y lo que no?, ¿cómo cuidarme?, ¿a quién ayudar?, ¿a quién acudir? y ¿qué decisiones tomar? ... y me responden que "no", cada experiencia me ayudará a orientarme, les digo que eso es empezar desde cero, que así no quiero ir.

T: ¿Y qué responden?

C: Que ya lo he pactado y debo vivirlo. Les digo que si no es igual a como está en mi libro no quiero bajar.

T: ¿Sientes que están cambiando lo escrito?

C: Mis guías no están cambiando nada, su honestidad respecto a los riesgos que tiene vivir este aprendizaje me asusta, prefiero no hacerlo.

T: ¿Cómo lo toman tus guías?

C: El Guía del Amor me abraza, me calma, me transmite tranquilidad y paz, me dice: lo harás muy bien, siempre te estaremos acompañando, esto ya lo has hecho muchas veces y siempre has regresado, has tenido vidas sumergido en la oscuridad y aun así has regresado, siempre encontrarás la forma de recordar tu Luz.

T: ¿Te sientes preparado?

C: Resignado, no quiero hacerlo, será una vida difícil... no quiero otra vida así... tengo miedo a lastimar más personas igual que antes, es más doloroso verme como verdugo que como víctima... el Guía del Amor me anima y me dice: todo pasará muy rápido y estarás de nuevo aquí, ya es momento de que vayas", y le digo no, no quiero, no voy a ir... pero algo me empuja y siento cómo voy cayendo.

En ese momento decidí aprovechar el gran estado de consciencia expandida y la conexión tan profunda que tenía la Consultante con su vivencia para llevarla al momento en que uno de sus guías le abraza y le está calmando, con el objetivo de explorar un poco más su espacio entre vidas y navegar por experiencias que le fuesen de ayuda en su proceso.

T: ¿Qué está diciendo tu guía?

C: Lo harás muy bien, siempre te estaremos acompañando.

T: Ahí donde estás, ¿hay más almas que te sean familiares?

C: Sí, a lo lejos está mi papá, unos parientes de mis abuelos y puedo sentir más familiares reunidos, están esperando que suban otros miembros, organizan una bienvenida.

T: ¿A quién esperan?

C: Familia que está por abandonar el plano físico.

T: Ahora avanza al siguiente hecho significativo en esa experiencia...

C: Me están enseñando cómo suben las almas, las veo como esferas de energía que van ascendiendo hasta llegar a una habitación gigante donde un ser superior les limpia, carga y restaura la energía, algunas llegan con muy poca luz, son las almas que tuvieron una vida muy difícil, enfermedades largas o muertes muy traumáticas, pero todas deben pasar por ese lugar.

T: ¿Tú pasaste por ese lugar?

C: Sí, justo al llegar, cuando una enorme masa de energía me abrazó... ahí pude sentir cómo se transmutaba toda esa energía densa que traía, me sentí totalmente renovado.

T: ¿Cómo fue ese proceso de restauración?

C: Por la vida que tuve llegué con muy poca energía, además, sentía mucha vergüenza por mis actos y esa emoción es muy densa, me limpiaron de lo que no necesitaba y me abastecieron de amor, paz y tranquilidad.

T: ¿Cómo cambió tu energía?

C: Cuando llegué era muy poca, casi transparente y al salir de ese lugar mi energía era más blanca y con más brillo, me sentía en casa.

T: Ahora avanza hacia donde se encuentran tus seres más cercanos en ese lugar.

C: Estoy frente a todas las almas que hice daño... parecemos amigos discutiendo sobre una aventura... me siento más aliviado, esta vez tuve que aprender de una vida como perpetrador. Pero alguien del grupo me dice: "elegiste abrazar la oscuridad, hiciste demasiado daño y así no se planeó, ahora muchas cosas cambiaron"..." el maestro interviene diciendo: no hay correcto ni incorrecto, fue un aprendizaje para todos y todos están de regreso, así que continuemos.

T: ¿Ese maestro es uno de tus guías?

C: No, este maestro nos ayuda a coordinar el plan de vida grupal.

T: ¿Cómo te sientes en esa situación?

C: Con vergüenza porque es verdad todo lo que dicen mis compañeros, mis malas acciones perjudicaron los planes y el proceso evolutivo de casi todos, quiero corregirlo, pero no será inmediato, primero debo tener algunas vidas de aprendizaje relacionadas a la anterior vida.

T: ¿Existen diferencias en la energía de los integrantes del grupo?

C: En mi grupo todos somos esferas de luz con forma irregular, casi idénticos, cambia la intensidad y el tono, algunos más claros, oscuros o más brillantes, pequeñas diferencias, pero el mismo color.

T: ¿Por qué algunos son de mayor intensidad y tonos más brillantes?

C: Son los alumnos más avanzados en aprendizaje y experiencias, no se refiere a mejores o peores, acá todos somos buenos, todos somos luz.

T: Y entre ellos, ¿reconoces a alguien de tu vida actual?

C: Mi esposo.

T: ¿Acércate a él... ¿qué te dice?

C: En la siguiente vida nos volveremos a encontrar, aún tenemos mucho que aprender. Él está más avanzado que yo, su color es más intenso que el mío.

T: ¿Reconoces alguien más?

C: A mi hija... y puedo sentir que ella no quiere más experiencias conmigo, pero el maestro nos dice: ustedes dos tienen mucho más por aprender juntos. Ella está totalmente callada, su color es más claro que el mío, pero el aprendizaje será para ambas.

T: ¿Has tenido más vidas pasadas con tu hija?

C: Sí, hemos tenido muchas experiencias juntas, tuvimos una en la que ella acabó con mi vida, el maestro dice que en esta oportunidad ella tendrá mucho que aprender siendo mi hija, debe trabajar el amor, la paciencia, la comprensión y yo se lo enseñaré, así que la abrazo y le digo: lo necesitamos, hagámoslo bien esta vez.

T: ¿Y cómo responde?

C: Está tranquila pero callada, la siento resignada.

T: ¿Ves a alguien más?

C: Sí, pero están más retiradas, el maestro dice que estamos esperando otras que aún no llegan y estarán conmigo en esta experiencia.

T: ¿A qué se debe que aún no llegan?

C: Están en el plano físico no tardarán en subir, deben pasar primero al salón de reequilibrio energético, también son de mi familia.

T: Ahora fíjate en tus compañeros más retirados y dime si reconoces a alguien.

C: Mi madre... está alejada, ella no quiere estar en este grupo.

T: ¿Por qué razón?

C: Se encontrará con el que será mi padre, no está conforme, no quiere participar en este grupo, pero el maestro le dice: "lo siento, pero tu proceso continua con él y en este grupo, ella se sigue negando... pero aparecen sus guías, hablan con ella... y termina por aceptar.

T: ¿Está conforme?

C: No, pero acepta porque debe cumplir su propósito en equipo, al no hacerlo nos afectaría a todos.

T: ¿Por qué no quiere participar con tu padre?

C: Han tenido muchas vidas pasadas conflictivas y experiencias que les interrumpió su progreso. Aun así, el que será mi padre si desea compartir con ella y aprender de esta prueba, él está comprometido con el plan.

T: ¿Qué pasaría si ella no acepta?

C: Nuestro proyecto cambiaría, afectaría varias generaciones y los planes de vida de todas esas almas, se tendría que recalcular todo.

T: ¿Cómo es la energía de tu madre?

C: Igual color, pero energía más intensa que la de mi padre y la mía, ella es más avanzada.

T: Muy bien... ¿reconoces a alguien más?

C: Mi abuela materna, justo al lado de mi madre, pero hay algo que no entiendo (manifiesta confusión) ... en este lugar todo es amor y paz, pero cuando mi padre se acerca a ella, su energía cambia y transmite mucho dolor, la sola presencia de mi padre genera ese cambio en mi abuela. Siento que ellos y yo venimos juntos desde varias vidas atrás y no hemos aprendido la lección y de nuevo nos agrupan para sanar y avanzar, él maestro nos está explicando que abajo será igual, solo que no recordaremos la razón del sentimiento, lo olvidaremos para que sea mucho más fácil vivir nuestro plan.

A continuación, la Consultante descubre algo absolutamente increíble, "los maestros de las aulas espirituales también pueden encarnar y participar en sus vidas de manera momentánea e indirecta, como personajes de referencia positiva que marcan y orientan sus vidas".

T: Fíjate ahora en los ojos del maestro y dime, ¿reconoces esa mirada?

C: Es Josué... (con gran emoción y sorpresa) mi maestro de colegio que tanto amé y que tanto me inspiró para la vida, es él... y también es el maestro de este grupo de almas, ahora entiendo y no es la primera vez que baja y nos acompaña, su energía es muy potente y brillante. Me enseña que nosotros no bajamos con toda nuestra energía, gran parte permanece acá en el plano espiritual, la otra baja y regresa con todas las experiencias y aprendizajes vividos para luego incorporarse a nuestra parte de acá que contiene la información de todas nuestras vidas pasadas. También me muestra que su presencia está en otros grupos de almas, no solo en el nuestro.

T: ¿Puede estar en diferentes grupos simultáneamente?

C: No, no puede, su energía entra y sale de cada grupo, hay muchos como él.

T: ¿Reconoces a alguien más?

C: A mi tía Flor, esta sonriente, transmitiendo amor y paz, es la más avanzada del grupo, su energía es más brillante y su color es más intenso, es una sabia.

T: ¿Algo más que quieras compartir?

C: El maestro dice que es hora de incluir un par de almas satélites.

T: ¿Satélites?

C: Si... son almas que ingresan al grupo de manera temporal para traer enseñanzas muy específicas, solo se quedan a compartir una o máximo dos vidas con el grupo, su objetivo es acelerar el aprendizaje de todos, como un iniciador de fuego... luego pasan a otro grupo y así sucesivamente.

T: ¿Qué comprendes de esta reunión grupal?

C: Que nuestro plan de vida es individual pero sincronizado al grupo, que lo bueno y lo malo son un acuerdo y cada dificultad tiene un propósito para evolucionar. Entender que todo daño que hacemos a nuestro semejante será para nosotros mismos.

T: Y al terminar la reunión, ¿qué ocurre?

C: Salimos al encuentro de nuestros guías para cada quien continuar con su proceso, algunos inician con su libro y otros se preparan para bajar, al separarnos nos olvidamos del parentesco acordado y el plan grupal, ahora solo nos concentraremos en el plan de vida propio.

T: ¿Alguna recomendación adicional de tus guías?

C: El Guía de la Justicia me dice: una parte será trabajo en equipo, todo lo que vivan juntos tiene una razón, la evolución puede ser grupal o individual, cuando cada uno de ustedes entienda el mensaje, aporte lo que tenga que aportar, comprenda lo que debe comprender, cambie lo que tenga que cambiar, ya no continuará en ese grupo... avanzará a un grupo de almas más evolucionadas, los que no, continuarán en el mismo grupo reforzando su aprendizaje.

En la siguiente respuesta podremos entender el origen de los pensamientos intrusivos negativos a los que todos nos vemos expuestos, una batalla constante del ser humano.

T: ¿Son los mismos aprendizajes?

C: Podrían ser más fuertes o más suaves, están determinados por el comportamiento en las vidas anteriores, los guías no pueden intervenir, son observadores, pero nos cuidan de manera activa. El Guía del Amor me recuerda cuidar siempre mis pensamientos porque son demasiado influyentes y pueden cambiar todo a mi alrededor para bien o para mal, debo aprender a controlarlos, en el mundo espiritual de la luz los pensamientos son de amor, de paz y de compasión, pero al tener un cuerpo físico estaré expuesto a la influencia de la oscuridad y siempre tratará de implantarme pensamientos negativos.

T: Continúa...

C: Mis tres guías ponen sus manos sobre mí... puedo sentir como cada uno de ellos me transmite la esencia de su energía, cargándome de paz, fortaleciendo nuestra conexión y reafirmando su compromiso de apoyo hacia mí, es una sensación maravillosa.

T: Muy bien, ahora avanza hacia el próximo evento importante en esa experiencia...

C: Me preparo para bajar.

T: Antes de que bajes, quisiera saber si en algún momento revisan tus vidas pasadas...

C: Si, justo cuando estoy recibiendo la sanación energética están mis tres guías reunidos con un ser de luz superior observando unas pantallas donde pasan rápidamente mi anterior vida, hablan de reforzar mi aprendizaje... el ser superior da unas indicaciones a mis guías para que sugieran a mi libro y a mi evolución, definitivamente mi comportamiento en esa experiencia afectó mis próximas vidas.

T: ¿Qué aprendiste de esa experiencia?

C: Que nadie tiene derecho a infringir dolor y sufrimiento a otra persona y mucho menos arrebatarle la vida, que absolutamente todo lo que le hago al otro... me lo hago a mí mismo.

T: ¿Te dan alguna recomendación para tu próxima vida?

C: Sí... "fortalécete espiritualmente para que la oscuridad no tenga control sobre ti, no te rindas, los obstáculos no serán para siempre, en tu interior reposa tu verdadero plan de vida... confía en ti".

T: ¿Cumpliste tus objetivos propuestos para esa vida?

C: No, no los cumplí, fui con muchas habilidades y talentos para ayudar a las personas, pero elegí el camino del mal.

T: Y ahora, siendo consciente de todo, ¿qué sigue?

C: Me dirigen al portón de salida.

T: ¿Podrías describirme ese portón?

C: Es blanco, inmenso... y al cruzarlo inmediatamente puedo conectar con las personas que serán mi familia, sus emociones y el lugar en donde voy a vivir (se produce un largo silencio) ... tengo la sensación de que no todos vamos al mismo lugar.

T: ¿Qué quieres decir?

C: Que algunos se dirigen a otro espacio tiempo o planeta diferente, no consigo percibir más, solo es visible para quienes corresponde esa experiencia... no todos vamos a la Tierra.

T: ¿Qué más experimentas en el portón?

C: Al atravesarlo siento profundamente lo que está escrito en mi libro y empiezo a tener conexión con las emociones y sensaciones humanas, lo que me provoca inseguridad y rechazo, ahora soy mucho más consciente de todo lo que voy a vivir, las dificultades, miedos, tristezas y vuelvo a pensar que no quiero ir, no quiero, no quiero... y algo me empuja.

T: ¿Quién o qué te empuja?

C: El Guía de la Justicia y me dice: "necesitas vivirlo, es tu aprendizaje" y me empuja.

T: ¿Y qué ocurre?

C: Voy cayendo... flotando.

T: ¿Qué percibes mientras vas cayendo?

C: Veo una luz inmensa donde está el portón, pero cada vez se hace más pequeña, me estoy alejando, es angustiante, todo a mi alrededor es oscuro, la única luz es el portón en la distancia y está desapareciendo... no tengo más opción, así que me concentro en llegar.

T: ¿Llegar a dónde?

C: Al vientre de mi madre... ya estoy llegando.

T: ¿En qué mes llegas al vientre de tu madre?

C: Cuarto mes, ya puedo moverme un poco... me siento muy feliz. Pero poco después voy sintiendo que algunas emociones se van poniendo oscuras y esa oscuridad cubre mi lugar y me va quitando espacio, empieza a transmitirme miedo, inseguridad, ya no quiero estar aquí... no quiero que me vean.

T: ¿De dónde proviene esa oscuridad?

C: De mi madre, ella lo siente y lo proyecta hacia adentro, hacia mí y todo se pone oscuro, sus emociones negativas me transmiten tristeza y miedo, puedo sentirlo todo.

Buscando el mayor beneficio del Espacio Entre Vidas, hago una pausa en esta escena para conectarle nuevamente con sus guías y llevarle a donde puedan ser respondidas algunas de sus preguntas existenciales.

T: Ahora le pedirás a tus guías que te lleven al lugar donde tus preguntas podrán ser respondidas...

C: (Con asombro). Siento que la luz infinita se ha transformado en una hermosa pradera verde... es maravilloso...

T: Descríbela con más detalle, por favor.

C: Es un lugar lleno de colores muy vivos y brillantes... puedo ver un cielo azul radiante, es un lugar de encuentro, aunque también se reúnen las almas para despedirse antes de ir al plano terrenal.

T: ¿Hay alguien contigo?

C: El Guía de la Justicia... él será quien responda mis preguntas... también siento una presencia femenina observando todo a poca distancia... tiene un velo blanco muy luminoso a su alrededor que le cubre todo el cuerpo, su rostro es muy suave y amoroso, puedo sentir como irradia amor y paz.

T: ¿La reconoces?

C: (Conmovida hasta el llanto) ¡¡¡Siento que es la Virgen!!!

T: Ahora descríbeme la vestimenta de tu guía.

C: Tiene un velo amarillo claro en todo su cuerpo y en el centro de su pecho una luz blanca.

T: Muy respetuosamente me dirijo al Guía de la Justicia en nombre de mi Consultante para solicitar orientación en las siguientes preguntas:

T: ¿Por qué en ocasiones percibo olores a incienso donde no los hay?

Gj: Ella no cree en nuestra presencia, así que tratamos de llamar su atención de múltiples formas... ésta es una de ellas.

T: ¿Cómo puede ella conectar más eficientemente con ustedes, sus guías?

Gj: Primero, debe aprender a escucharse a sí misma, a su alma, confiar en su voz interior, creer en nuestra existencia y entender que estamos para apoyarla, así habilitará nuestra conexión.

T: ¿Cuál es su mayor bloqueo y cómo puede trabajarlo?

Gj: Sus creencias limitantes, no confiar en sus talentos, su falta de autovaloración. Cuando ella consiga creer en sí misma, sus bloqueos se transformarán en fortalezas.

T: ¿Cómo puede ella crear más abundancia en su vida?

Gj: Es algo muy terrenal... y sus complicaciones económicas son parte de su aprendizaje, aprende a vivir en medio de tus dificultades y saca lo mejor de ti frente a ello. Cuando aprendas a vivir lo mejor posible con lo que tienes, solo ahí vendrá algo mejor. Debes seguir tu propia voz, abrazar tu intuición, reconciliarte contigo misma, debes creer en lo que haces y todo cambiará. La paciencia, la fe y la persistencia serán tus aliadas. Edifícate de adentro hacia afuera... luego vendrá todo lo demás.

T: ¿Qué debe hacer para que su hija se haga cargo y se responsabilice de su propia vida?

Gj: Soltarla... entregarla a su propia vida y confiar. Tú misma eres la que no permite que tu hija abra sus propias alas... amorosamente la retienes y amorosamente la capturas, amarla es liberarla a la vida.

T: Dina, ¿tienes una última pregunta para tu guía?

C: ¿Sanaré de la enfermedad que actualmente aqueja mi salud física?

Gj: Tu enfermedad es la somatización de tus complejos, trabaja en ellos y sanarás... esa enfermedad no es parte de tu aprendizaje.

T: Muchas gracias por responder a todas sus preguntas. Para finalizar, ¿quieres decirle algo más a Dina?

GJ: Permanentemente nos estamos valiendo de tu entorno y de personas que te rodean para dejarte saber que siempre estamos acompañándote y protegiéndote, nunca estás sola, abre tu mente y permítete sentir nuestro amor.

Después de dar las Gracias a los Guías y al Reino Espiritual por permitirnos esta comunicación y ayudarle a comprender el origen de sus conflictos personales y de toda esta información tan valiosa y sanadora para Dina, iniciamos el regreso del Espacio Entre Vidas a su estado de consciencia habitual y finalizamos enraizando todas las buenas emociones y refuerzos positivos.

Testimonio de la Consultante

Esta experiencia fue fascinante, nunca imaginé poder visualizar y sentir los colores de las energías de los seres de luz y las almas. Fue muy sorprendente e inesperado ver a mi maestro de esta vida terrenal ahí en la luz dando orientación a las almas.

Conocí realmente a mis guías y entendí que siempre han estado a mi lado, recibí mensajes de cada uno de ellos, y lo más importante... logré comprender mi razón de existencia en esta vida.

Después de esta experiencia, ya no tengo dudas de que siempre estoy acompañada, ahora confío en mi propia luz y en mi poder interior.

Gracias a esta sesión, he logrado recordar y tomar consciencia de muchas cosas que siempre han estado en mi pero que no podía verlas.

Te agradezco de corazón haberme dado la oportunidad de tener esta experiencia tan hermosa y llena de muchísimo Amor y aprendizaje, definitivamente mi vida cambió.

Contacto
Gerson Tiber Amaya Mejía
gersontiber@elcandill.com
www.elcandill.com

Experiencia en el Espacio Entre Vidas

Por Jorge Luis Micheli

Sobre el Autor

Nacido en Argentina, Buenos Aires, es un Psicólogo Social, Psicodramatista y Profesor de Psicología y Filosofía, director de la escuela Atmán donde se forman facilitadores de la técnica regresiva, homologada por AETR (Asociación Española de Terapia Regresiva) y Coordinador del Grupo de Investigación de dicha institución. Comenzó a interesarse por los temas relacionados con el más allá a sus diecinueve años con la partida de su papá. Este hecho fue un antes y un después en su vida y lo cambió todo. Le surgió un interés por conocer ese lugar donde su padre estaría, cómo sería y qué sucedería allí. Desde ese momento, y quizás siempre lo tuvo, experimentó una inquietud por lo desconocido, por el más allá y por comprender y develar los misterios. Con el paso del tiempo, la vida lo fue llevando por diferentes caminos orientados a la búsqueda y la investigación. Uno de esos caminos lo llevó a la Terapia Regresiva. Se formó en la escuela del Dr. José

Luis Cabouli y Lic. Marcelo Beloqui. Por otro lado, exploró otros abordajes como: Registros Akáshicos, Reiki y Desposesión a Distancia, que le fueron sumando conocimientos y aprendizajes que posteriormente incorporó en su trabajo terapéutico. Además, llevó adelante investigaciones sobre ECM, mediumnidad, experiencias en el lecho de muerte, experiencias paranormales en hospitales, y a esto le fue sumando el estudio de fuentes como Elisabeth Kübler-Ross, Raymond Moody, Michael Newton, Ian Stevenson y Jim B. Tucker, entre otros, lo que sumó conocimientos para comprender un poco más los misterios del más allá y así profundizar más en los procesos del Alma. Hoy realiza su trabajo profesional en la modalidad online y en la escuela Atmán, y continúa dando clases de Psicología y Filosofía en colegios. Por alguna razón, le sucede en la terapia que, aunque se manifiestan muchos temas, las Almas perdidas son algo recurrente, más habitual de lo que él pensaba. Esta experiencia permite al terapeuta, transitar una vivencia especial, ya que no solo se ayuda al consultante con su sintomatología, sino que también se asiste a un Alma a trascender a la luz a continuar su camino espiritual evolutivo. Esto constituye desde su visión una oportunidad de acceder al mundo invisible, ya que puede conversar con una consciencia, y llevar adelante un hermoso acto de Amor y Compasión. Si bien hay muchos casos interesantes para relatar, se ha buscado uno de los más significativos para compartir con los lectores.

Sobre el Consultante

El consultante de nombre Felipe, mexicano de 26 años, actualmente se dedica a la producción audiovisual. Es ex alumno de la escuela Atmán donde realizó el curso de formación de facilitadores de la técnica regresiva y transitó esta interesante experiencia en una de sus regresiones didácticas. Relata su motivo de consulta: *"Mis motivos de consulta son: Cuál es mi misión de vida, y el miedo a la muerte"*

Transcripción de la Sesión
Buenos Aires, 18 de diciembre de 2024.

Terapeuta (T): (Luego de una previa relajación). A la cuenta de tres vas a ir a la experiencia que tu Alma necesita trabajar y que tiene que ver con todo esto que te pasa, ¿qué estás experimentando?

Consultante (C): Siento el cuerpo cayendo en el colchón y llegando a una sensación de flotar.

T: ¿Qué más sentís?

C: Como si la inercia moviera partes específicas del cuerpo.

T: ¿Cómo es eso?

C: En las extremidades se sienten espasmos como si la escena fuera de alguien flotando y pasan corrientes de aire. Se siente muy relajado como si estuviera esperando en la antesala de algún lugar.

T: Bien, sentí eso. ¿Cómo es el lugar de espera?

C: Como si fuera un espacio vacío, como una fracción del cielo.

T: ¿Cómo es esa espera para ti?

C: Ni larga ni corta. El tiempo no juega un papel en esta sensación. Es como si estuviera en el reposo, como una especie de recuperación antes de llegar a otro lado.

T: ¿Es físico tu cuerpo?

C: No, es más bien como algo etéreo.

T: ¿Tenés plena conciencia que sos vos?

C: No sé, es diferente, es como si fuera una esfera de energía, algo parecido. No es como que tenga una personalidad.

T: ¿Cómo es eso para ti?

C: Siento como que sentí que algo se acercaba. No son siluetas, son más bien como dos seres, y es como que uno de ellos, el de la izquierda, preguntara si ya había decidido. Entonces no tengo claro el origen, pero creo que vengo de otra experiencia y estoy a punto de integrarme a una nueva.

T: Esas energías que se acercan a ti, ¿tienen las mismas características que tu esencia?

C: No sé. Es que cuando llegaron se sentía como si tuvieran formas humanoides. El de la izquierda trae como un libro en la mano. Son blancos. Su formato humanoide es brillante, como un aura de luz particular.

T: ¿Es distinta a tu luz?

C: No, se siente como en la misma frecuencia, pero concentrada de diferente forma.

T: La concentración de esa energía, ¿qué te produce?

C: Es particular la tranquilidad que se siente, como puesto en palabras, es como plenitud y como si estuviera conectado con el amor universal. Cuando llega se siente esta presencia, pero no como si invadiera, sino como que se integrara a esa atmósfera. No altera esta sensación de conexión con el amor.

T: ¿Puedes percibir sus ojos?, ¿cómo son?

C: Sí, son verdes.

T: ¿Puedes comunicarte con el de la izquierda?, pregúntale, ¿quién sos? (Lo hace).

C: Dice que se va a encargar de llevarme al camino que decida para trabajar, lo que yo elija.

T: ¿Cómo lo hace?

C: El me pregunta ¿quién sos?, pero es como juguetón, como que ya sabe, se siente más como un saludo.

T: Bienvenido. Yo soy Jorge y estoy trabajando con Felipe para ayudarlo con estas cuestiones de su alma y estos procesos.

C: Es como si existiera familiaridad conmigo.

T: ¿Alguna vez ha tenido cuerpo humano?

C: Dice que todos compartimos todo.

T: Gracias por compartir. Entonces, ya sabes por qué pregunto, ¿hemos tenido alguna experiencia juntos en alguna encarnación?

C: No sé, dijo algo muy profundo. Algo sobre que era como redundar, porque la inmensidad se comparte con sí misma. Así que, quitando lo que llamas tiempo, estamos conviviendo ahora.

T: Gracias. ¿Qué es ese libro que trae en la mano?

C: Dice que es el trazo que integra el esquema, o sea el desarrollo de la experiencia álmica.

T: ¿Ya decidiste qué tenías que trabajar?

C: Sí.

T: Deja que nos lleve, no sé qué pasó antes. ¿Tú tienes esa información allí disponible para decidir que tienes que trabajar?

C: Se complejiza. No es como el proceso de las memorias en la mente humana, es más como estar en contacto con el todo. Aquí tienes la capacidad de percibir cómo se cierran los círculos. Por ejemplo: apareció el concepto de dolor, el de la trascendencia del mismo. Aparecen diferentes caminos de la trascendencia donde todo el objetivo es convertirlos en luz y en amor. No todos los caminos son igual de sencillos y no todos los círculos se cierran igual. Es como que tengo las memorias de todos y decido aventurarme en explorar una frecuencia de cada una de estas situaciones humanas. Y me dice: no olvides el astral.

T: ¿A qué se refiere con eso?

C: En que se desarrollan también ahí los procesos de aprendizaje.

T: Sí, por eso a veces, un alma puede quedar perdida por los propios efectos de su libre albedrío y de las cuestiones que le suceden. ¿Eso se permite?

C: Dice que hay conceptos tajantes como la perdición en la que también se trabaja.

T: Y estas percepciones que tenés de anteriores experiencias, forman parte de todo un bagaje álmico de situaciones que ahora las ves. ¿De qué forma?

C: No tienen juicio alguno. Conceptos como la violencia, el asesinato, violaciones. Del otro lado están vistos o etiquetados dentro de algo oscuro. Es como si no tuvieran juicio aquí, es que todo se maneja por hechos. Unos más complicados que otros, pero las cosas son como son y el objetivo siempre es el mismo: convertir en luz y conectar con el amor.

T: Bueno, recuerda que nosotros estamos encarnados y nuestra mente tiene su dinamismo que intenta sabotear con ideas.

C: No sé cómo mencionar la frecuencia, es como si fuera un sonido, es que es curioso, incluso las memorias del todo son frecuencias que no sé cómo reproducir con el cuerpo humano.

T: ¿Encarnar para aprender es el propósito general? ¿Por qué todo esto no se puede aprender en el mundo espiritual?

C: Es como si fuera una respuesta sencilla. Yo estoy intentando traducirla. Porque tampoco es que todo es frecuencia, aquí no está diciendo palabras. Es como si hubiese dicho porque es así. Está simple, pero cuando intento procesarla tiene mucha profundidad. En el mundo espiritual cuando todo es todo, ya lo sabes todo, no es que puedas aprender porque ya se sabe todo. Allí, el concepto de aprendizaje se desarrolla también en otras dimensiones.

T: Pero si lo saben todo, ¿vos qué tendrías que estar aprendiendo?

C: Todo lo que sabes es certeza y la certeza es inamovible. Se generó la duda para redescubrirse y regresar.

T: ¿Es como si fuera un círculo?

C: Es como para comprobar que todo lo sabes. Creo la duda y regreso al todo sabiendo las certezas.

T: Entiendo, en el mundo espiritual no se puede ejercitar la duda, solo hay certezas.

C: Claro. Por eso olvidamos las certezas, para entrar en la duda. Dice: No olvidaron, solo dadas sus condiciones, les cuesta más recordar. O sea, solo está sepultado de momento y en la medida que puedan escuchar el silencio, encontraran las respuestas.

T: El tema es que el diseño de acá tiene mucho ruido.

C: Y es ahí cuando se pone interesante.

T: Dime, el otro ser que está allí, ¿qué papel juega?

C: No, él está callado, como si solo viniera acompañando.

T: ¿Y entonces, con este flujo de información que tú tienes de otras experiencias, es en base a eso que vas a llevar a cabo el diseño de lo que vas a experimentar en la próxima Encarnación?

C: Así es.

T: ¿En este momento en que nosotros entramos en el espacio entre vidas se refiere a esta vida como Felipe o es otra experiencia anterior?

C: Dice que en realidad es indistinto porque está pasando todo a la vez.

T: ¿Pero no se puede programar absolutamente todo para una encarnación?

C: Esta energía selecciona cuestiones que hoy animan el cuerpo de Felipe.

T: ¿Y Tú siempre eres el que guía a Felipe?

C: No sé es que sigue repitiendo este concepto de que todos somos todo.

T: ¿Entonces que tiene que suceder para que termine el ciclo de reencarnaciones?

C: Es complicado debido a que me hace sentir que no tiene ni principio ni fin, es algo que sucede.

T: ¿Qué condiciones hay que reunir para que eso suceda?

C: Es que aquí parece todo tan sencillo. Si reafirmas la luz y el amor regresarás, pero el todo creará la duda para reafirmarse y experienciar, y en esa duda encontrarás la oscuridad, la dualidad dudará, te perderás y regresarás de nuevo.

T: ¿Tu energía allí en ese lugar ya tiene claro lo que quiere programar, o necesitas que él te vaya guiando?

C: Tienes que pasar cosa por cosa, pero del otro lado es como si fuera muy inmediato. Haces elecciones, y te asisten.

T: ¿Eliges a tus padres, el país, las circunstancias?

C: Sí, ese proceso de selección parece como inmediato, como que no titubeo, solo sé lo que pasa y la elección está dada.

T: ¿Es solo energía, es luz o hay algún tipo de lugar específico?

C: Es como un cunero, es como que hay mucha energía conviviendo en el mismo espacio. Como compartir experiencias. Es que, ya con esto de que todo es todo, es confuso de pronto, lo que es ajeno no existe, pues es como si estuvieras integrado en ese todo. Hay muchas energías conviviendo en un mismo espacio, y llegan estos seres a conducir a estos destellos de energía a las experiencias que corresponden.

T: ¿Tú ya sabes toda la programación?

C: Siento que ya las sé.

T: ¿Y si hay algo que no programaste, y deberías haberlo programado?

C: Él sabe lo que yo sé. Yo lo conduzco, es como si no tuviera que acotarle nada a él.

T: ¿Y si tú no programas algo que deberías?

C: Eso no pasa, dice. Pero aquí sabemos que lo que pasa es como debe de pasar.

T: O sea, que, si en una encarnación alguien interrumpe su proceso vital, ¿es porque tenía que pasar?

C: Si. Es como que no fuera todo lineal, porque es la forma en la que procesamos, es así, pero la diversidad es tanta que sería difícil comprender todo. Igualmente hay libre albedrío y puede pasar de todo. Cuando se pregunta por qué referido a un hecho la respuesta es porque así debió ser y eso lo programaste vos mismo para que pase así o el universo lo incentiva. Es como si no existiera diferencia entre el universo y el fragmento de energía, es como redundar. Si yo lo programo, también el universo lo programa.

T: ¿Y el tema del tiempo como juega?

C: Es curioso, porque el tema del tiempo, no cobra relevancia, es como si de este lado viéramos las situaciones que detienen o que encarcelan o que paran, pero es que todo está en movimiento, es indistinto el flujo. En conceptos como los atrapamientos, que desde su proceso suponen que tardaron muchas vidas en sacar de ahí a un alma, ustedes suponen que pasó mucho tiempo, pero ya se hizo y ya se terminó, en el flujo en que esa energía siguió su proceso de regresar a la Fuente.

T: ¿Es ahí cuando se complica con el factor tiempo?

C: Claro, al introducir el concepto tiempo suponemos que no fluyó como debía de fluir.

T: Sin embargo, ¿nosotros estamos interviniendo en la ayuda de ese fragmento con esta técnica?

C: Sí, porque así debía de ser.

T: ¿Cómo sigue el proceso de su energía? Entonces, por lo que me explicas, ya sabe lo que tiene que hacer. Aunque quizás en otros momentos habrá acotaciones de los guías.

C: No lo sé en el caso de él, parece que no.

T: ¿Debido a qué eliges a esos padres o a esas circunstancias de una muerte, por ejemplo?

C: No sé, aquí me está costando trabajo porque es como si se mostrara, qué significa el padre, qué significa la madre, las relaciones cercanas, como si existiera una jerarquía dependiendo de la influencia que tiene eso. Se refiere al rol, a la función que va a cumplir con vos en esta experiencia como en un esquema a desarrollar. Elijo este padre con estas características, porque el padre significa independencia y autosuficiencia. Lo elijo para aprender sobre la independencia desde esta perspectiva. Con la madre, pasa lo mismo tiene que ver con el amor, pero es como el amor más cercano a Dios. Y es el amor y la independencia los dos arquetipos. Esto es por ponerlo en palabras sencillas porque es como un esquema gigante.

T: Sí, pero de acuerdo a lo que esas almas se hayan propuesto, lo ejercerán de una manera o de otra y tendrá que ver con lo que vos programaste para transitar. ¿Puede ser un padre castigador y que te deje ser independiente o no?

C: Exacto.

T: Bien, y con la madre pasa lo mismo, si es una madre amorosa o una madre odiosa. ¿Te puede ofuscar o te puede alejar de lo acordado? ¿Y el país, debido a que se elige?

C: Es que vamos aprendiendo conceptos similares desde diferentes formas. Es como que las raíces del país y su idiosincrasia también marcan una pauta de cómo resolver tal o cual cosa.

T: Y la elección del planeta Tierra, ¿por qué?

C: El planeta tiene características determinadas que favorecen y condicionan la experiencia en muchos sentidos.

T: Entonces, en el continente pasa lo mismo porque se comparten idiosincrasias y cosas culturales e idiomas. Luego llegas a la familia y tiene determinadas situaciones que se comparten hasta llegar al individuo. Sin olvidar que no solo transitamos las experiencias, sino que también pasamos por el nacimiento y la muerte.

C: Claro, no es lo mismo lo que transitas a tus tres años, a los quince, treinta o sesenta. Cada momento determina una frecuencia para resolver. Parece que esta experiencia es demasiado enriquecedora porque, si bien ya tenemos todas esas características que nos condicionan, además el paso del tiempo nos obliga a dudar de diferentes formas, a observar desde diferentes puntos de vista un mismo concepto como el dolor, la misericordia, etc. Es como si estuvieras viviendo diferentes vidas en una misma.

T: ¿Y lo de ser hombre o mujer?

C: Sí, te ancla a diferentes experiencias por el tema biológico y también te hace ver el mundo de manera diferente.

T: Lo que voy deduciendo, es que en realidad todo este aprendizaje consiste en entrar en la duda, tiene que ver con el amor y con lograr recordar quiénes realmente somos: un espíritu que aprende en la dualidad, lo que no puede experimentar en el mundo espiritual porque no sucede y así poder valorarlo. Por ejemplo, acá en la tierra, cuando valoramos más la salud, es cuando la perdemos. ¿Y entonces qué decides programar? Tú querías saber algo más de tu misión de vida.

C: Hay un propósito que está detenido, cuestiones creo yo anteriores que se aprendieron o se van aprendiendo y que tú continúas programando. La cosa es no centrarse en una actividad suponiendo que es el fin, más bien el resultado es como ayudar para ayudar. No es obligatorio ser un líder religioso para ayudar, se necesita ayudar. Sin embargo, los caminos para llegar allí son diversos.

T: Entonces, ¿solo hay que poner especial atención en lo que produce esa actividad sin juzgarnos?

C: Lo que nos castiga son las propias cuestiones que se diseñan aquí. Por ejemplo, un juicio, un mandato, una condena, una enseñanza religiosa. Y el castigo propio sobre este ego que fue integrado en nosotros para diluirlo. Es que el ego, te hace sentir individual. Pero debes de recordar que eres todo.

T: ¿El ego es el responsable de sentir la separación?

C: Exacto. Por eso está integrado, para que todavía sea más complejo el asunto.

T: ¿Es como un entrenamiento?

C: Una cosa así.

T: ¿Cómo sería diluir al ego?

C: Está integrado desde un inicio. Sería como desbloquear un concepto como el ego. O sea, que, pese a tenerlo como una de las condiciones de esta experiencia, hay que trascenderlo. Sí bien no lo puedes eliminar.

T: Entonces, ¿qué es lo que lo que programas?

C: Hay varios objetivos por lo que voy entendiendo. Esto me llevó a la infancia de Felipe para darme la oportunidad de vislumbrar solo algunas cosas de mi desarrollo. Como si tuviéramos que poner mucha atención en los niños porque muestran lo que tienen integrado y la manera en la que van a resolver su vida y regularmente los alejamos de eso. Es como que me iba a mostrar solo algunas cosas para entender la manera en la que se conduce este ser con la personalidad de Felipe, pero solo un poco porque el trabajo de la vida es descubrir eso a través de las experiencias. Entonces ahora mismo estoy como observando capítulos de la infancia, pero creo que me toca a mí descifrarlos.

T: Hoy me contabas que no sabías por qué no recordabas, que habías olvidado, ¿a eso se refiere?

C: Sí, pero no es que no las recordara, me doy cuenta que intentaba negarlas y esconderlas por creer que era una vida feliz, y veo que es un enojo profundo porque siento que me arrebataron experiencias. Creo que son cosas que no toco porque sé que duelen. Todos están vivos. Pero es como si tuviera este capítulo en una ensoñación, aunque sé que no estaba bien casi nunca.

T: Pregúntale. ¿Debido a qué lo programaste?

C: Es que no está aquí, se puso en el escenario aquí ahora.

T: ¿Y te sacó de allí dónde estabas?

C: Sí, como que me condujo acá, con la intención de que lo descifrara por mi cuenta.

T: Bien. Yo quería que pudiésemos observar cómo es el proceso encarnatorio. ¿Quieres ver si podemos?

C: Sí.

T: Bien, a la cuenta de tres, estás allí nuevamente con ese ser como energía en ese lugar. Dile que ya entendiste, por qué te llevo a eso y que lo vas a trabajar si es que quieres hacerlo. Y dale las gracias por la ayuda. ¿Qué dice?

C: No sé, está confuso, es que dice cosas muy sencillas pero que al final terminan siendo muy profundas. Cuando dijiste gracias por llevarte a esta experiencia y dile que ya entendiste, él dijo: Yo no te llevé, tú fuiste, tú decides, yo solo te ayudé.

T: O sea, ¿que tú te ayudaste?

C: No sé, estas cosas que dice, esta retórica curiosa en la que habla y regresa y vuelve a decir: que el todo es todo.

T: Bien, desde aquí en este lugar donde estamos te agradecemos por ayudarnos, por ser el todo con él. Porque quizás en otras ocasiones, cuando le pido a alguno de estos seres que acompañan a las almas que nos lleve a una experiencia anterior donde está el trauma, la llevan. Por eso supuse que te había llevado él, y ahora entiendo que hay otras cosas que pasan y otras formas. ¿Él me escucha cuando hablo?

C: Sí. Y dice que tú los llevas y se llevan a sí mismos y yo lo ayudé, porque tú lo ayudaste y él se ayudó.

T: Muy bien, como si estuviéramos integrados, como si estuvieran integradas las intenciones que parten de algo del que provenimos.

C: Claro.

T: Entonces, ¿cómo es una vez que vos parece ya tenés decidido y diseñado lo que vas a hacer? ¿Cómo es que se encarna?

C: Sigue habiendo otras almas allí que están en el mismo proceso. Decididos los parámetros, hecho el trazo y dadas las condiciones, el destello, supongo que la energía, activa el recipiente.

T: ¿A qué recipiente se refiere con el recipiente?

C: Al cuerpo.

T: Sí ya está en la panza de mamá ese cuerpo. ¿Entras luego o es cuando se une el espermatozoide con el óvulo?

C: Dice cuatro, supongo que son cuatro meses o cuatro semanas, no sé. Cuando están dadas las condiciones donde el escenario hizo el proceso necesario para que el recipiente estuviera listo. Entiendo que el proceso de fecundación es un proceso más bien biológico y automático propio del escenario humano.

T: Y mientras tanto, ¿qué anima a ese cuerpo, que no tiene un alma?, ¿lo está animando la madre?

C: Sí.

T: Bien, una vez entra el alma en el cuerpo ¿entra y sale de él?

C: Esto de entrar es un concepto tajante. Más bien, es como que se posiciona en el recipiente. Sin embargo, percibe más de lo que aparentemente se piensa. No sé, es que me deja ver como si existiera ya una especie de marcaje entre el destello y el recipiente.

T: ¿Hay condiciones que pueden desestabilizar ese posicionamiento?

C: Es complejo, es como si debe de pasar, pero las formas son muchas. Pueden interferir diferentes cuestiones.

T: Bien. ¿O sea que el destello, para hablar en los términos que él me está hablando, tiene una conciencia que puede percibir lo que pasa adentro del recipiente y lo que pasa afuera?

C: Sí. Por capacidades propias del que se forma, pero también por la conexión que se tiene con el cuerpo que habita. Como si la conexión con la madre también fuera una forma en la que él percibe. Como si la madre fuera una extensión de los sentidos del ser que se forma.

T: Por lo tanto, ahí podemos deducir que puede llegar a formarse un trauma por lo que percibe de determinada cosa que pasa, siendo un bebé sin lenguaje sin nada que puede quedar como esa conciencia percibiendo un no deseo del padre, por ejemplo, sobre su nacimiento.

C: Sí. Para la sensación no hay escuela, es como que están integradas y se experiencia de manera natural o por defecto o ya dadas. Y claro, el trauma existe y puede persistir, imagina una circunstancia donde las manos de la madre tocan algo desagradable, sintiendo o reaccionando con desagrado para su cuerpo y transmitiendo el desagrado al cuerpo que está formándose dentro de ella. Esto como un ejemplo sencillo. Ahora imagina algún momento de mayor crisis en la que la capacidad de procesamiento de la madre se vea rebasada. El cuerpo que se está formando dentro de ella también se verá rebasado.

T: Bueno, muy bien así que ya ha llegado allí y no sé cómo fue el descenso, o no sé si es un descenso, no sé si la palabra es correcta. No sé si el guía te acompaña.

C: Sí, como que avanzas, al estar todo listo avanzas al recipiente. Es paulatino, porque estar dentro del vientre la sensación es similar al lugar de donde se viene en un inicio.

T: ¿Cómo sería en tiempo de acá?

C: Es que creo que es inmediato, tan pronto como está listo el recipiente el destello se posiciona. Ya dentro del vientre vas sintiendo más cosas se destaca esta sensación de calma, quietud, vas compartiendo las emociones con la madre.

T: ¿Y entonces qué propósitos traes?

C: El objetivo es la integración del que está o al que se siente fuera del amor y de la luz.

T: ¿Algo más de lo que te das cuenta en esta transición?

C: Parece que es como si este fuera uno de los primordiales. Y después de ahí parten más cosas, como el empatizar, ayudar, convertir frecuencias. Esto referente a cambiar maneras de pensar o de actuar de los demás, hacer dudar también, pero con el objetivo de que tengan conclusiones diferentes de cómo conducen la vida.

T: ¿A ti como Felipe, esto te hace sentido?

C: Sí, es que conforme mencionaba estos conceptos, se cruzaron personas en el andar, que de inicio me integraron y que me enseñaron cómo integrar a los demás y me ayudaron. Al empatizar conmigo, me enseñaron a empatizar con los demás y cambiaron mi frecuencia enseñándome con esta acción a cambiar la frecuencia.

T: En el recipiente, ¿ratificas lo programado o lo rectificas?

C: No sé, es que siento que la información está ahí y paulatinamente se va desdibujando del panorama porque comienzo a tener la integración, sin embargo, en los primeros años de vida se va olvidando. Cuando comienza a tener más peso el dolor, el ego, la rabia, la tristeza, el camino siempre trata de recordarlo.

T: ¿Puedes ponerte en contacto una vez más con el guía? Quiero agradecerle que hayamos compartido entre los tres todo esto porque ha sido muy provechoso.

C: Sí.

T: Pregúntale si en el aquí ahora, el libre albedrío contempla la posibilidad de cambiar de alguna manera lo programado álmicamente.

C: ¿Cómo consideras tú que sea cambiar lo programado?

T: Por ejemplo, oponerme a formar pareja con alguien cuando eso ya estaba programado u otras cosas ya programadas.

C: Dice que se cumplen, pero no bajo la situación plástica que supones. Tomando el tema de la pareja, puede que lo que esté programado es que con esa persona sientas la más profunda alegría. Entonces, ahí donde se activa o donde está el libre albedrío. Sientes la mayor de las alegrías con la persona con la que coincides porque ya está dicho, ya está dado. Ahí es cuando decides, si es solo una amiga o si es solo un amigo, o si su relación o interacción humana evoluciona a otra cosa, o si tú decides solo experienciar esa alegría profunda por unos instantes, pero le das más peso al miedo y te alejas recordando lo programado. Voy a sentir la mayor de las dichas con la persona coincidiendo un par de instantes. Y de pronto ya se cumplió lo que estaba dicho en la programación, pero no de la manera plástica que imaginas, por eso pedía más ejemplos porque incluso en situaciones que podríamos catalogar como desventuradas, malas y oscuras, las formulamos de manera tajante y juiciosa. Y puede que, si el asesino no deja de realizar esta actividad, existan momentos en su andar en los que tenga la oportunidad de ayudar y lo haga desde el corazón. Es como si las acciones solo adornaran, pero el para qué se sigue cumpliendo, aunque sea un instante y lo hecho, hecho está siempre.

T: Entiendo, muy bien, muy agradecido por todas estas aclaraciones y por la ayuda. Espero que cuando gustes puedas estar con nosotros conversando nuevamente.

C: Dice que siempre está y que por favor cuando acabes esto te des las gracias a ti.

T: Muy bien así lo haré. Entonces, Felipe ¿está sucediendo algo más?

C: No.

T: Entonces vamos a cerrar esta experiencia maravillosa transitada en el espacio entre Vidas con la armonización.

Testimonio del Consultante

"Me parece que transité esta experiencia entre vidas para afianzar el origen, motivo y razón de la existencia.

En cuanto a los resultados, me ayudó a constituir una visión ecuánime y comprensiva respecto a la existencia, entendiendo la manera tan compleja en la que las diferentes realidades se constituyen. Como hombre en el escenario tierra, la claridad de que el tránsito de las eventualidades es necesario, ya que allí se encuentran la duda y la dualidad. Me mostraron la Fuente, su certeza, y como Ella crea la duda. Se me mostraron distintas densidades que corresponden a la reafirmación de la luz y el amor, que es lo que la conforma. La fuente generó la duda para redescubrirse, y regresar a la certeza con la propia certeza de que todo se sabe. Esto en un ciclo hermoso y eterno.

Pensando en la vida como Felipe, se fortalecieron los detonantes de mi labor creativa: convertir frecuencias y compartirlas con los demás para sembrar la duda, esperando ayudar a que enriquezcan las conclusiones de su realidad. Como objetivos específicos: integrar al que se siente fuera del amor y de la luz, empatizar y ayudar.

Como consejo: aprender a escuchar el silencio, porque contiene todas las respuestas. Nada olvidamos de la fuente, sólo que el ruido hace más difícil recordar. Como certeza: ¡Somos uno! Uno eterno, la muerte no existe.

Decidí hacer terapia regresiva en principio para lidiar con mi miedo más grande: La muerte. Hoy pensar en desencarnar no genera ataques de pánico, si no una aceptación total y una paz impresionante"

Testimonio del Terapeuta

Post regresión de Felipe: Ustedes ya pudieron leer a las conclusiones que el consultante llego, las conclusiones que sacó y las remisiones sintomáticas que compartió. Así que, por su lado, la experiencia fue más que satisfactoria.

Sin embargo, algunas personas al relatar mi experiencia como terapeuta, me preguntaron: ¿y vos que sentís Jorge cuando aparece un guía y te da estas respuestas tan increíbles?

Y la respuesta es la de siempre en esta profesión, jamás se colma la capacidad de asombro, nunca.

Hoy después de muchos años de trabajar con esta técnica, agradezco la posibilidad que me ha dado de ayudar, crecer, entender, aprehender, sorprenderme y acceder a un nuevo paradigma que jamás en mi vida pensé que iba a llegar.

Contacto
Jorge Luis Micheli
Teléfono: +54 9 11 2865-6985
micheli.jorge@gmail.com
http://terapiaderegresion8.wix.site.com/vidas-pasadas
https://www.instagram.com/espiritualidadyregresiones/?hl=es

Reconectar

Por Leopoldo Ceballos del Castillo

Sobre el Autor

Leopoldo nació en Madrid en 1978. Es Licenciado en Psicología por la U.N.E.D y en Ingeniería Informática por la University of Lincoln (Inglaterra).

Antes de dedicarse profesionalmente a la psicología se centró en el mundo empresarial, como fundador y director de distintas empresas, además de ser socio fundador de la Asociación TOC de Madrid.

Fue tras su formación con el Dr. José Luis Cabouli cuando se centró en cuerpo y alma en lo que es su principal ocupación: Terapeuta de Terapia Regresiva, terapeuta de pareja y psicólogo. Hasta la fecha ha realizado más de 4.000 regresiones, encontrando en ellas una fuente infinita de sabiduría y sanación.

Es coautor en los libros de la Asociación Española de Terapia Regresiva: «El Alma sin velo», «Terapia Regresiva y

Almas perdidas» y «Terapia Regresiva y Consciencias no Humanas», y autor de otros libros en solitario.

Se ha formado, además, con diferentes maestros internacionales en el I y II «Curso Internacional de Entrenamiento Avanzado en Terapia Regresiva» y en otros seminarios. Asegura que esta profesión le hace sentirse feliz, realizado y en constante crecimiento. Participa activamente en la Asociación Española de Terapia Regresiva, de la que es Tesorero, colabora en diferentes periódicos como La Vanguardia o El periódico, imparte talleres y ofrece conferencias en colaboración con diferentes asociaciones.

Sobre la Consultante

Esta experiencia surgió naturalmente durante una de las tres regresiones que hizo conmigo Gloria. Desde muy joven percibía que el mundo no era su lugar, siempre se había sentido desconectada de la familia, del colegio, los amigos, la juventud, la universidad y finalmente de su trabajo y su vida. A pesar de haber tenido varias parejas, me confesó que nunca había sentido algo profundo por ninguna de ellas. Sus relaciones eran vacías a todos los niveles, tanto personal como profesional. «*Siempre me he movido por inercia, entendiendo que tenía que hacer las cosas, pero sin pasión para hacerlas. Desde hacer un viaje hasta las relaciones sexuales. No es que no disfrute de la vida, pero lo hago como dejándome llevar*». Partiendo de esa apatía, que interpretaba como falta de fuerza o agotamiento en todo el cuerpo, como si estuviese a punto de dormirse, atravesamos varias experiencias de su infancia hasta llegar a este momento.

Fragmento de sesión a distancia en agosto de 2022. Segunda sesión de terapia regresiva.

Transcripción de la Sesión

Sesión a distancia. Agosto 2022.

Gloria lleva ya unos 30 minutos de sesión, atravesando diferentes momentos de su infancia.

[...]

Terapeuta (T): Bien, siente la resignación en el pecho, la tristeza y sensación de flotar, la ligereza en brazos y piernas. A la cuenta de tres irás a la experiencia original en la que sientes, por primera vez, todas estas sensaciones, sea donde sea y sea cuando sea. 1, 2, 3..., ¿dónde estás?

Consultante (C): Estoy como cayendo.

T: Describe tus síntomas físicos cuando «estoy como cayendo».

C: No tengo síntomas físicos, es como una sensación de caer al vacío, pero no siento nada en el cuerpo.

T: Fíjate, ¿dónde está tu cuerpo físico cuando «estoy como cayendo»?

C: No parece que tenga cuerpo físico, me siento como una sombra o una silueta nada más.

T: ¿Dónde estás cuando te sientes como una sombra?

C: Cayendo de algún sitio. Es extraño, estoy cayendo, pero a la vez me estoy viendo caer.

T: ¿Cómo es eso?

C: Estoy viendo la experiencia como si estuviese en dos sitios a la vez.

T: Descríbeme la escena.

C: Yo estoy cayendo, pero a la vez estoy desde arriba viéndome caer.

T: ¿Dónde estás cuando estás arriba?

C: Es un sitio cálido, agradable, como con mucha luz.

T: ¿Cómo es tu cuerpo físico cuando te ves caer?

C: No tengo, soy como una bola de luz, me siento ligera pero espesa, es una cosa muy rara.

T: ¿A qué se parece?

C: No lo sé, como una nube de azúcar de esas de las ferias, pero con una luz calentita dentro.

T: Bien y, ¿cómo te sientes al estar ahí?

C: Me siento muy bien, por eso no quiero saltar.

T: Y en ese momento, ¿estás sola o acompañada?

C: Sola, bueno, me estoy viendo caer, pero yo no cuento.

T: Pero entonces, ¿cuál de las dos eres tú?

C: Las dos, puedo ver la escena desde las dos. Me veo caer, pero si me doy la vuelta también me veo viéndome caer. Es muy extraño. Mira, sabes cuando estás haciendo algo y cometes un error y por un lado estás pensando... Ay, ¡qué he hecho! Pero por otro lado apechugas y sigues haciéndolo. Me recuerda a cuando me examinaba del carné de conducir, me veía cometiendo el error y era demasiado tarde. Ya sabía que el examinador me había puesto la falta, pero tenía que seguir conduciendo.

T: Sí, continúa, y, ¿qué sientes cuando te ves caer?

C: Que yo no me quiero caer, pero ya es demasiado tarde, ya me he caído.

T: Fíjate, cuando te estás viendo caer, quiero que sientas el centro de esa luz, de esa nube de azúcar, siente tu energía ¿Es la misma energía que la que está cayendo?

C: Sí.

T: Y ahora, desde el punto de vista de la que está cayendo. Mira a esa luz que te está viendo caer y compara su energía con la tuya, fíjate si vibran igual o son diferentes.

C: La energía es la misma que yo, pero más fuerte, ella tiene mucha luz y yo soy como gris, como una sombra.

T: Entonces, ¿eres la sombra de esa luz o algo diferente?

C: Soy como una parte de la luz, una parte muy pequeña que apenas brilla.

T: Cuando estás cayendo, ¿a dónde estás cayendo?

C: Creo que aquí, siento que ese fragmento soy yo de ahora, así me siento siempre, como una sombra, sin luz. Es como si ese fragmento fuese a ser yo.

T: Y, el fragmento que se queda viéndote caer. ¿qué sucede con él?

C: Sigo allí, siendo consciente de que no quiero saltar pero que ya lo he hecho. Es una sensación muy familiar, la de que estoy fallando y ya no hay remedio.

T: Avanza hasta que el fragmento que cae es tu yo de ahora. ¿qué está pasando?

C: Me veo como bebé, creo que he nacido, me veo muy chiquita.

T: Y hasta aquí, ¿cuál ha sido el momento más difícil de esta experiencia?

C: Cuando me veo caer y sé que ya la he fastidiado.

T: Y en ese momento, ¿cuáles son tus reacciones físicas?

C: Es como una apatía, no hay ninguna sensación. Como ausencia de sensación.

T: Y, ¿cómo se manifiesta esto en tu cuerpo como Gloria?

C: Como agotamiento, estar como desinflada.

T: Y en ese momento, ¿cuáles son tus reacciones emocionales?

C: Tristeza, vacío.

T: Y en ese momento, ¿cuáles son tus reacciones mentales?

C: La sensación de que lo he hecho mal, que ya la he fastidiado.

T: Fíjate, ahora quiero que veas de qué manera todas estas sensaciones están afectando a tu vida como Gloria; esta «Apatía, este agotamiento, estar desinflada, la tristeza, el vacío y a sensación de que lo he hecho mal, que ya la he fastidiado». ¿Qué te hace hacer?

C: Es como me siento casi diariamente, como si hubiese algo que no hago bien, como si me faltase un hervor.

T: ¿Cómo reaccionas cuando te sientes así?

C: Sin ilusión, me dejo llevar, como diciendo, bueno, ya qué más da.

T: Y esto, ¿qué te impide hacer?

C: Me impide conectar con las personas, saber lo que me gusta y lo que no. Me impide disfrutar de la vida.

T: Muy bien, ahora voy a contar hasta tres e irás al inicio de esta experiencia y la repetirás, irás a momentos antes de saltar. 1, 2, 3..., ¿dónde estás?

C: Estoy en un sitio muy tranquilo, estoy a gusto.

T: Continúa.

C: Parece que hay movimiento, siento que tengo que hacer algo.

T: ¿A qué se debe que tengas que hacer algo?

C: Me toca salir de ahí y tengo entrar en mi vida. ¡Uff!, pero no me apetece nada.

T: ¿A qué se debe que «tengo que entrar en mi vida»?

C: Ya es el momento, he descansado y ahora toca trabajar. Quiero seguir descansando, estoy muy a gusto aquí y no quiero que pase esto. Pero tengo que hacerlo.

T: ¿A qué se debe que tengas que hacerlo?

C: Me he comprometido.

T: ¿De qué forma te has comprometido?

C: No lo sé, solo siento que es así.

T: Muy bien, ahora voy a contar hasta tres y a la cuenta de tres irás al momento en el que se forja ese compromiso. 1, 2, 3..., ¿dónde estás?

[...]

En este momento narra una vida pasada como hombre; un poderoso guerrero que jura lealtad al monarca. En esa experiencia tuvo que hacer cosas terribles obedeciéndole y no quiere volver a estar bajo sus órdenes, pero está resignado con su suerte. Retomo la transcripción cuando fallece en esa experiencia.

[...]

T: Y, ¿cuál es tu último pensamiento en ese cerebro?
C: No tendría que haberle obedecido.
T: Fíjate, ahora quiero que veas de qué manera este pensamiento está afectando a tu vida como Gloria; este «No tendría que haberle obedecido». ¿Qué te hace hacer?
C: Me hace estar resignada a hacer lo que hay que hacer, sin pensarlo o cuestionarlo. Así he hecho todo siempre, como en automático, como si no hubiese otra opción.
T: Y esto, ¿qué te impide hacer?
C: Pensar por mi cuenta, buscar cosas que me gustaría hacer o disfrutar las que hago.

[...]

Tras esto, guío a Gloria para que devuelva la energía que quitó en nombre de su señor; pasa varios minutos haciéndolo y solicitando el perdón de las víctimas. Cuando finaliza el proceso se siente liberada.

[...]

T: Muy bien, ahora mira a tu señor.
C: Le reconozco, es mi padre en esta vida.
T: ¿Qué te transmite con la mirada?
C: Sabe que lo hicimos mal, y se siente culpable.
T: Explícale con tus palabras que todo esto fue un error y que has de romper este juramento para que los dos podáis ser libres.
C: Mira, no debimos hacer esto, fíjate el daño que hicimos, toda esa gente sufrió mucho. Te obedecí sin pensar, hice muchas cosas horribles en tu nombre. Mira cuantas víctimas inocentes, eran familias y yo las hacía daño porque tú me lo mandabas. También tú les debes esa energía. Tienes que devolvérsela para estar en paz como estoy yo. Míra-

te en esta vida, eres mi padre y apenas nos hablamos, hay un rechazo mutuo, bebes un montón y yo estoy resignada, mira cómo es mi vida. Tenemos que acabar con esta condena que nos une.

T: ¿Está de acuerdo?

C: Sí.

T: Pues repite conmigo. «Yo, por el poder de mi voluntad, rompo y anulo el juramento que pronuncie en esa vida; definitivamente y para siempre, recuperando así mi energía y mi libertad».

C: Lo repite tres veces.

T: ¿Qué ves ahora en su mirada?

C: Está devolviendo la energía a los que hizo daño. Hay más que lo que tenía yo. Él tenía más hombres como yo y era un tirano. Esta devolviendo toda esa energía y rompiendo los juramentos, no quiere que nadie trabaje para él. Está en Paz. Es curioso, mi padre tiene un negocio y nunca ha querido contratar a nadie, siempre lo hace él todo, ahora entiendo por qué.

T: Ahora quiero que te veas el último día de tu vida como ese hombre. ¿Cómo está ese cuerpo?

C: Viejo y cansado. Seco.

T: ¿Está vivo o muerto?

C: Muerto.

T: Bien, toma consciencia de eso, que ese cuerpo se murió y al morir terminó esa experiencia. Ahora puedes recoger toda la energía de ese cuerpo, tomando consciencia que esa experiencia terminó y ya nada de eso tiene que ver contigo. Llevarás esa energía a la luz para que pueda descansar. Avísame cuando llegues a la luz.

C: Ya.

T: Y ahora que estás en la luz, toma consciencia: ¿Qué tenías que aprender de una experiencia tan difícil como esta?

C: Que no hay que hacer daño en nombre de nadie, que no debo obedecer sin pensar.

T: Bien, toma consciencia de eso, «que no hay que hacer daño en nombre de nadie, que no debo obedecer sin pensar». Ahora avanza hasta el momento en el que vas a saltar, ¿qué sientes?

C: Ahora no siento el rechazo, el peso se ha aliviado.

T: ¿Crees ahora que estás preparada para saltar?

C: Sí, completamente, sin ese peso todo es más fácil.

T: Muy bien, entonces a la cuenta de tres saltarás, y al saltar se unirán las dos partes de tu alma en la caída, llegando como una sola energía. 1, 2, 3... ¡salta!

T: Eso es, siente como se unen las dos partes de tu alma. Vas a elegir un color que va a sellar esta unión. ¿Qué color quieres?

C: El azul celeste.

T: Muy bien, pues vas a dejar que tu alma descienda hasta tu vida como Gloria, sintiendo como, al caer, tu alma se recompone, sellando la unión con el azul celeste, sintiendo que ahora toda tu energía vibra en el color azul celeste. Siente ahora como toda esa energía reconecta con tu cuerpo, tu cabeza, tu cuello, tu columna y médula espinal. Todo ello rodeado del azul celeste. Reconectando esa energía, esa luz tan intensa con tus órganos internos, tus brazos y tus piernas; sintiendo que el azul celeste reconecta cada célula de tu ser con tu energía. En una sola unidad.

[...]

Después, guío una corta meditación alineando esa energía con su cuerpo.

En todas las sesiones que realizó Gloria se produjo un cambio orientado a la libertad de elección. Durante la primera vivió una experiencia en la que había perdido a su familia a causa de una decisión suya, de la que se arrepentía entre lágrimas; prometiendo que no volvería a decidir nada por su cuenta. En el encuentro posterior trabajó una experiencia familiar de sumisión y resignación. El resultado fue sorprendente, ya que en pocos meses había pasado de esa apatía y desgana a una toma de decisiones consciente y orientada a explorar sus propios gustos.

Me gusta mucho este caso en particular. Me fascina cómo el alma guía las experiencias en un orden tan preciso. En la primera sesión Gloria consigue aliviar la culpa de haber decidido erróneamente. Pero esa experiencia le había conducido, tal como decidió tras su muerte, a jurar lealtad para obedecer y no tener que decidir más. Tampoco funcionó la jugada, entonces se quedó atascada, sin querer entrar en la vida. Sólo cuando consigue aliviar la culpa de la primera experiencia, recuperar su libertad y conseguir reconectar con toda esa energía, surge, en la tercera sesión, la carga familiar de sumisión. Su abuela ha de casarse con un hombre que paga una dote por ella, es decir, sus bisabuelos «venden» a su hija, que pasa a ser propiedad de su marido.

Tras sus experiencias, Gloria siente que puede decidir, sabe que no debe lealtad a nadie y puede romper cualquier juramento que limite su libre albedrío y, con toda esa energía recuperada, ahora puede ayudar a su abuela para que se libere de ese compromiso. Pareciera que todo esto estaba orientado a sanar la carga de su abuela y que las experiencias de Gloria eran necesarias para esta sanación familiar. Es muy bonito ver como todo el sufrimiento, todo el aprendizaje lleva a algo completamente inesperado, pero precioso. Me imagino, en alguna de esas reuniones de almas en el espacio entre vidas, a Gloria y a su abuela...

- Entonces, mis padres me van a vender y eso será una gran carga familiar. Y tú en esa vida serás mi nieta...

- Vale, entonces yo para ayudarte necesito aprender a tomar decisiones, romper compromisos y perdonar a alguien que me utiliza... bien, creo que ya sé cómo podría hacerlo. Bueno, nos vemos en tres vidas.

Qué bonito es poder entender esto, qué privilegio poder observarlo, y qué gran honor formar parte del proceso.

Madrid, octubre de 2024.

Testimonio de la Consultante

Gloria compartió conmigo estas reflexiones en varios mensajes de WhatsApp.

«¡Qué locura de sesión! Es sorprendente todo el sentido que tienen las cosas, la culpa me ha acompañado siempre. Además de mi falta de energía, me preocupaba que todos estuviesen bien y no molestar o hacer que se sintiesen mal. Como si fuera mi responsabilidad, y cuando se sentían mal por algo yo me sentía como culpable o responsable. La poca energía que tenía era para cuidar de los demás. Muchas gracias».

«He notado un subidón de energía. Tengo ganas de explorar cosas y me apetecen deportes raros. Quiero aprender a escalar, artes marciales y a tirarme por tirolinas. Es muy raro. ¿Crees que está relacionado con eso de caer? Bueno, no sé, pero me siento con energía. Muchas gracias por todo».

«Hola Leo, te tengo que contar esto. Para mí ha sido flipante y sé que es por la sesión del otro día, la del juramento. Ayer había un marrón en el trabajo y mi jefa me dijo que lo hiciese yo. Tenía planes y no me apetecía nada, además me parecía injusto porque yo ya había terminado mi turno, entonces me salió del alma decirle que no. Yo nunca había dicho que no y menos a una jefa, pero había quedado y no iba a renunciar a mi plan por hacer algo que no era mi responsabilidad. Lo mejor de todo es que me respetó y entendió mis

argumentos. Estoy como eufórica después de haberlo hecho. ¡Qué maravilla!, gracias de nuevo».

Contacto

Leopoldo Ceballos

www.terapia-regresiva.com

leopoldo.ceballos@cop.es

Un Hombre de Palabra

Por Matilde (Maithe) Pardo Vico

Sobre la Terapeuta

Nacida en Granada hace 59 años. Ejerciendo profesionalmente como Psicóloga colegiada desde el año 2000 y colaboradora en Terapias Naturales desde el 2013 Actualmente vive en Víznar (Granada-España) donde ejerce su actividad profesional en ambos ámbitos.

Ella misma se define como "escuchadora" y esa inquietud que siente desde la infancia es lo que la ha llevado a orientar sus estudios con la finalidad de atender profesionalmente las necesidades sociales, facilitar la vida y sobre todo el sufrimiento de las personas en sus diferentes procesos y edades de la vida. Comenzó su carrera profesional como maestra de primaria, formándose a continuación en psicología forense y criminología. Ejerció durante más de 20 años en áreas de violencia, duelo, muerte y necesidades especiales de niños y ancianos divulgando en radio, prensa y televisión. Activista en colectivos sociales, Pertenece a la Comisión de Apoyo e

Intervención en Crisis, Catástrofes y Emergencias de Psicología. Asume funciones de representación como Vicepresidenta del Consejo Municipal del Área Servicios Sociales y Mujer del Ayuntamiento de Granada, recibiendo el Premio Meridiana del Instituto Andaluz de la Mujer por dicha labor en este colectivo en el año 2000. Inicia un doctorado en Psicología de Género actualmente en proceso de finalización.

Aun con todos estos años de estudio y práctica sigue sintiendo que algo no está completado en su vida de "buscadora" y se orienta a profundizar no solo en las cuestiones externas y del comportamiento sino también en la búsqueda más profunda del interior y la espiritualidad. En una crisis laboral donde vive un proceso grave de salud a sus 22 años que marca un antes y un después en su vida, viaja a India. Allí comienza su propio autocuidado de salud y despertar espiritual, aprendiendo la "escucha del alma". Dando un giro a su vida, en su regreso a España, se centra en estudiar distintas técnicas naturales de sanación, unifica en la práctica todas las técnicas y estudios que conoce, y desde ahí continúa escuchando y aprendiendo a día de hoy atendiendo como terapeuta en consulta diaria procesos de salud física-emocional-mental y espiritual de personas que acuden a consulta de Terapia Ayurveda y Terapia Regresiva. Colaborando con otras asociaciones en Andalucía en charlas, conferencias y seminarios divulgando ambas terapias y colaborando con profesionales de la Salud Pública y Salud Mental.

Formada en Psicoterapia Regresiva en el Centro Atma de Cártama (Málaga, España) con Carlos González Delgado. Es miembro activo de la Asociación Española de Terapia Regresiva (AETR). Coordinó durante tres años el Grupo Internacional de Voluntariado y Ayuda Social, siendo actualmente su Vicepresidenta. Ha completado su formación asistiendo al I y al II Curso Internacional de Entrenamiento Avanzado en Terapia Regresiva durante los años 2023 y 2024.

Es coautora de los libros de AETR: "El Alma sin Velo" (2020), "Terapia Regresiva, Gestación y Parto" y "Terapia Regresiva y Periodo entre Vidas" (2025).

Sobre el Consultante

Miguel es un hombre de 73 años, su vida activa la dedicó a trabajar como veterinario. Cuando habla sobre aquel tiempo, se le ilumina la mirada y reconoce la felicidad que le aportó su labor, agradeciendo a sus padres el esfuerzo que hicieron "en aquellos tiempos de pobreza" por darle estudios en lo que él eligió hacer de su vida, su labor y servicio a la comunidad humana y animal.

Se describe como un hombre muy inquieto, aventurero, viajante a otros lugares de culturas desconocidas y estudioso de otras lenguas, tradiciones, simbolismos y rituales. Desde su jubilación apasionado por lecturas profundas y charlas de amigos junto al fuego sobre el sentido de la vida y el morir, que es donde centra en los últimos años todo su interés y ansia de conocimiento (así lo describe él de forma textual).

Mi primer contacto con Miguel fue anecdótico, andaba buscando una clínica veterinaria de urgencia y "La Providencia" me hizo parar el coche y preguntar justo a este hombre que me parecía de aspecto sencillo y conocedor de la zona; En apenas unos instantes no dudo en presentarse y preguntarme qué necesitaba. La energía amorosa con la que hablaba no me dejó duda para permitirle que nos acompañase cuando se ofreció a ello, ya que comentaba que conocía bien el lugar y que le venía de camino a su casa; La conexión fue instantánea incluso mi gata que yacía nerviosa en la parte de atrás logró calmarse cuando le habló unas palabras con gran sensibilidad y empatía, le hablaba desde el corazón y Sol (mi gata) se relajó enseguida...

Cuando llegamos justo a la puerta de la clínica, me dijo que él era el padre de una chica que trabajaba allí y que si quería él podía acompañarnos y estar presente en la supervisión de la consulta.

Acepte sin dudar, surgió.... me deje llevar.... sentí que necesitábamos ayuda y todo lo que el universo me estaba ofreciendo no era por azar y ¡Así fue !; Agradecí y permití su ayuda. La consulta fue difícil, pero gracias a los consejos de la veterinaria y los de Miguel en pocos días mi gata estaba prácticamente recuperada, sentí que había sido enviado para ayudarnos, hoy mi Soleta cuenta con 22 años de vida.

En agradecimiento, en una de las llamadas telefónicas que compartimos, le ofrecí un servicio de acompañamiento a mi consulta sobre Terapia Regresiva, y el respondió con gran sentido del humor diciendo:" Acepto para mejorar esto de la muerte y el buen morir y el origen del sentido de mi vida presente como guía y uno más de la camada de mis hermanos los animales".

Miguel acudió a consulta el día 13 de marzo del año 2022, a las 18.00 h; Justo dos años más tarde de nuevo sentí mostrarse "La Providencia", ya que ese mismo día y casi a esa misma hora transcendió de forma natural en la que fue su casa de los últimos años, justo al lado de la clínica veterinaria donde estuvimos.

Con su autorización en vida, para hacer lo que creyera conveniente con su relato. Dedico este capítulo a su memoria, a su vida de vocación de ayuda a los animales, al amor que recibimos en el día de su encuentro y su acompañamiento, a su alegría expresada con risas y silbidos. También a las emociones que expresó en el compartir de aquel día en que acudió a consulta presencial para realizar su terapia, al aprendizaje que nos aportamos durante las tres horas de reencuentro, al amor por sus padres, esposa e hija y sobre todo... a la luz de su alma.

Transcripción de la Sesión
Granada - Víznar, 13/3/2022.

La sesión se inicia de forma instantánea. Miguel acomodado en la camilla empieza a respirar de forma tranquila tras varios suspiros, sereno y sonriente afirma: "Que a gusto se está aquí, que bien se respira"... y como si recibiera sus propias indicaciones terapéuticas, cierra sus ojos y permanece a la espera de mis palabras.

Brevemente, siguiendo su propia inercia, le indico que permanezca tal como está, que siga sintiendo y observando sus sensaciones, aquellas que le lleguen en palabras, imágenes, gestos o de la forma que sea y observe cuando esté preparado para expresar, (siempre de forma natural y en sus propias palabras) lo que le llegue en ese momento a su consciencia, sin explicar ni justificar, solo expresar el sentir... Se sacude, sonríe y permanece en silencio. Trascurridos unos minutos rompe bruscamente dicho silencio con un silbido...

Consultante (C): (Silba dos veces seguidas y grita enfadado): ¡Ven aquí ahora mismo descastá! ¡Te estoy llamando hace rato largo y no me vienes, veras un día lo que te va a pasar! ¡Petarda... que sea la última vez que te vas sin avisar... me esperas a que salga yo y nos vamos todos juntos pal monte!

Terapeuta (T): ¿Qué pasa? ¿Con quién hablas?

C: ¡Con quién voy a hablar! con la Pepa; Esta cabra me trae loco, mira que la dejo atrapá con la puerta atrancá... ¡Ea, pues se sale a la mínima! y no quiero que se me pierda... pero ella se va pal monte sola... ¡Ven pacá! ¡Ven pacá! Ahora cuando venga la Loba te vas a enterar que no te quita ojo en to la tarde, ¡Descastá!

T: Sigue y cuéntame, ¿Qué va pasando?

C: ¡Eufrasia!... ¡Eufrasia!... Esta mujer mía esta sorda perdía... ¡Olvido!... ¡Consuelo!... Ya salimos, que ya he encontrao a la

Pepa en el barranco... Ea; ¡Otro día vamos tarde! Si llega el Agapito que me de alcance, ya no espero más... que se nos "dan las tantas" y arranca el calor. ¡Nos vamos ya!

T: Bien, sigue contándome.

C: ¿Qué quieres que te cuente? es la tarea de to los días, na más... las cabras, las chotas, la Loba, (mi mastina) es mi perra más mansa, la Flora (la del Agapito) es más nuevecilla y más nerviosa, pero también es apañaica; se la trae también porque se lo tengo dicho, pero no me la quiere dejar en el corral por si me quedo con ella... (se ríe varias veces). ¡Ya te vale bribón! ¿Otra vez tarde?, entre tú y la Pepa salimos ya con el bochorno encima... Eso de estar de novia no te da descanso... ¡Vamos hombre, tira palante ya! (riéndose a carcajadas).

T: Escucha, por favor, a la cuenta de tres, párate y observa cualquier hecho importante que te llame la atención y descríbemelo... 1, 2, 3...

C: "Mira niña, déjame que te cuente... No me pares que son muchas cosas juntas... ¡No me pares, te digo! (Gritándome). Lo que más me gusta de estar aquí es que no hay nadie que me mande, mira que no quería venir de allí de donde me mandaron... (Con actitud reflexiva) Me costó mucho, pero ahora que estoy aquí no me quiero volver...Y no me quiero morir.

C: Este monte de cada día me da la vida, no es que la vida aquí sea fácil, son muchas penurias... To los días acarreando, llueva o haga sol o nieve o el chorreo del huracán cuando llega en otoño, pero no sabría vivir de otra manera. Mis abuelos y mi padre me enseñaron que la vida es sencilla, mi madre no estuvo para verme crecer y se fue cuando yo tenía 5 años, y como no tuve más hermanos porque no les dio tiempo, me nombraron José como quiso mi padre, pero yo de grande me cambié a Miguel (que es como mi madre quería y pensé en darle su gusto) porque ella fue la que me dio la Luz.

C: No me dio tiempo a nada con ella. Se fue porque los de arriba le dijeron un día de primavera que tenía que irse y allí que se fue... Recuerdo el día y la hora exacta y todo lo que me dijo: "Mira Miguel, no te preocupes, volveremos a vernos.... Yo estoy arriba y tú estás abajo, pero podemos volver a quedar. Si miras para arriba me sentirás, porque si me llamas puedo sentirte y miraré para abajo, así que... a seguir cada uno con lo suyo y verás como pronto estamos juntos".

C: Desde niño no he parao de trabajar, y que la faena no te supere, luego a buscar una buena mujer con la que lleves el mismo son de la vida... y no hacer mal a nadie... ayudarse en lo que haga falta con la gente y luego dejar pasar los días como vengan... y, por último, descansar y volver por donde has venido y seguir. Así siento yo la vida.

C: Que no te creas que no me acuerdo (susurra) que si quieres te lo cuento a ti, aunque puedes pensar que estoy "loco". Este "viejo loco" sabe lo que dice todavía ...pero la verdad es que no es fácil de contar, no se lo conté a nadie por si me dejaban de hablar los que decían que hablaba "cosas raras" porque hay gente que no entiende de donde viene la vida y donde se va la vida., el caso es que mi madre tenía razón en lo que decía.

C: Lo comprobé cuando se fue mi padre. La noche de antes me dijo: "Que arriba se iba pero que volvería como lo hace la vida y el ritmo de las estaciones; Que detrás del partir del verano, vuelve a venir el otoño... y que así no acaban de venir los días como lo hacen las almas... y todo es como tiene que ser el ir y el venir en la armonía de la vida".

C: Ya estoy viejo, desde que se fue la Eufrasia y luego la Loba (no se lo digas a nadie) no he parado de llorar por las noches. ¡No sé bien a cuál de las dos hembras he querío más! (llorando) pero el corazón se paró con la una y luego arrancó y se paró con la otra. Desde hace 35 años va solo hasta que se vuelva a parar y ya no arranque más... Ahí está el misterio de la vida y el devenir del alma y que cada cuerpo cuando se tenga que ir que haga su plan porque no acaba nunca el volver de nuevo.

C: Pues eso niña, déjame que hable y no pare, que necesito desahogarme... No he tenido hijos varones, pero el Agapito como si lo fuera, lo conozco desde que lo parió su madre (que al igual que la mía) se fue cuando él tenía 5 años, ya de grande se apañó con mi niña Olvido.

C: Se han venido a vivir a la "Cañá de la Escoba", (Así le pusimos a la casa donde yo me vine a vivir cuando me casé) que estaba sin ocupar, no hizo falta más que pedirme la palabra y yo dársela y así estamos todos más cerca y salimos antes con las cabras. Ahora es a mí al que me cuesta arrancar... ¡Maldita sea llegar a viejo y torpe! (ríe cabizbajo y se toca la cabeza y la frente, se rasca el pelo varios minutos y tartamudea con tos seca y sigue hablando más bajo. Unas lágrimas salen de sus ojos y disimulando se frota girando la cabeza para que no le vea).

C: ¡Y con la faena del campo... que no falte! La Consuelo no se juntó con nadie; Aquel hombre que le salió no fue buena pieza, y ya va tarde para encontrar a otro; es buena como su madre que siempre me hizo reír, y tiene el mismo genio cuando la molestas. Ella dice que "para mal estar" se queda conmigo y con su silencio de los días de soledad en la casa. La quisiera dejar acompañá antes de que me llamaran para irme al sitio este que te estoy diciendo... aún me quedan unos añillos, pero es terca como era la Pepa. ¿Te acuerdas la que te digo? ¡Aquellos años!, ¿A dónde habrá ido? Lo tengo aquí todo, pero se ha ido la vida (se señala con la mano tocándose una vez más la cabeza y rozando sus ojos llenos de lágrimas).

T: ¡Cuantas cosas Miguel! Me ha gustado mucho escucharte y, tal como me has pedido, no te interrumpí. Ahora avanza un poco más y dime cómo termina esta vida y qué ocurre en el momento en que llega la hora de dejar de vivirla.

C: Estoy feliz de tener una vida sencilla, pero me siento muy viejo, agotado. Es hora de descansar, ya no me responde el cuerpo. Desde que estoy enfermo apenas me levanto de la cama... ¡No quiero verme así ni dar tarea a mis hijas! Ayer vino a verme en sueños mi mujer y esta mañana he hablado con ella y le he dicho que ya no quiero estar aquí... que me voy con ella y con mi madre allá donde ellas estén., Así que poco me queda por aquí ya de faena que hacer....

T: Avanza un poco más y dime despacio. ¿Qué ocurre justo antes de tu muerte?

C: Me cuesta respirar y abrir los ojos, no tengo fuerza en las piernas y me duele la cabeza, como si todo me diera vueltas y los oídos me susurran cosas del pasado.

T: Bien, continúa. Sigue avanzando.

C: Me cuesta respirar, quisiera llamar a mi hija, pero no me sale la voz, estoy muy aturdido.

T: Quédate ahí y por favor, observa y dime, ¿Cuál es la primera y la última parte de tu cuerpo que desconecta antes de que llegue tu muerte?

C: No siento ninguna parte de mi cuerpo, no puedo moverme y la cabeza se para.

T: ¿Cuál es tu último pensamiento antes de morir?

C: Ayyy... ¡Qué difícil es la vida y a la vez qué hermosa es de vivir! No quería venir y ahora no quisiera irme... es difícil de explicarlo, pero llegó el momento. Ahora puedo ver la niebla de las mañanas de invierno por debajo de mí, floto encima de las nubes y voy subiendo, me paro y puedo ver mi casa desde arriba y una última mirada a mis animales. Puedo sentir que desde aquí arriba escuchan mis silbidos y mis gritos, el placer y la risa cuando salíamos aclarando el día; Puedo sentirles yo a ellos, a todos como si me respondieran uno a uno, me siento muy amado y a la vez amo a cada uno de ellos. Agradezco cada día que pasamos juntos, al frío, la lluvia, la nieve y los días de calor, estar tumbado debajo de los chopos. Siento todo lo vivido: El arroyo, las avispas, las hormigas y los gorriones del amanecer, siento tanta paz y tanto amor en todo a la vez que no sé decir con palabras.

T: Dime cuando flotas y vas subiendo, ¿Hacia dónde te diriges?

C: (Ríe a carcajadas y silba). Me regreso al origen donde está el amor, puedo sentirlo y aunque no lo veo con los ojos si lo veo con el corazón; Es como si la alegría que siento me llevara de vuelta al lugar que ya conozco. He estado aquí varias veces y me sé el camino. Vuelvo a ser una luz brillante y puedo desplazarme como quiero: Salto, giro, acelero y me paro; A veces voy rápido y otras como muy lento y de pronto, siento que otros puntitos de colores se acercan a mí. Uno de ellos es de color dorado y vamos juntos como unos al lado de los otros, subiendo y con mucha alegría...Eso es lo que más me gusta: sentir mi alegría y la de los otros.

T: Avanza un poco más y dime: ¿Hacia dónde te diriges?

C: Hay un color azul intenso y blanco como de niebla... un olor a... no sé bien... parece canela, me gusta y me recuerda a mi casa.

T: Sigue.

C: Siento como que hay que tomar una dirección; Hay varios caminos y no todos elegimos el mismo... me dejo llevar sintiendo que mi corazón me lleva a un lugar muy grande, no veo niebla... hay más luz que antes, un tono blanco intenso y muchas habitaciones, unas más grandes que otras, sin puertas como separadas pero juntas a la vez, sin paredes... es como una casa sin techo y si miro arriba, está el azul intenso.

T: Avanza... ¿Hay alguien más ahí contigo?

C: (Suspirando, con lágrimas en los ojos). Con los ojos del alma puedo sentir que están ahí, todos aquellos que somos similares nos encontramos. Los que llegamos aquí somos recibidos y acompañados y el código es diferente para cada grupo de los que llegamos, es un código secreto, cada grupo y cada uno dentro del grupo tiene su propio "Código de Amor", así se llama. El recorrido del alma guarda lo que quedó sin hacer en la vida, no puedo decirte el mío... sí recordarte que tú también tienes tu código y cuando llegues arriba lo recordarás... el tuyo propio y el de tu grupo de similares.

T: Sigue contándome...

C: Los que nos reciben son muy sabios, saben escuchar "El susurro del corazón". Cada latido es diferente, cada código es diferente, cada vida ha sido diferente, cada misión es elegida, registrada y valorada en agradecimiento. Cada ser es distinto y a la vez similar ¿Me comprendes? Es como si cada ser que baja a la Tierra trae una tarea y poder o no hacerla y cómo la hizo y con qué intención la llevó a cabo, es lo que registró su corazón... El "Código de Amor" es el lenguaje de su alma y el código del grupo es el de las almas con las que tuvo la tarea completada en vida. Ellos no te juzgan, solo te acogen y te recuerdan que hay que sentirse en paz con lo que pudiste completar o quedó incompleto; Solo hay que estar atento a las cosas que aparecen en la vida y lo que no se pudo hacer se reserva; Es como que se guarda y se conserva para un mejor hacer próximo.

T: ¿Quiénes son los que os reciben? ¿Quiénes son los que escuchan y recuerdan?

C: Tengo permiso para decirte que tú sabes quienes son, has ido y regresado muchas veces, como yo eres un similar... siente tu corazón y respóndete tú misma. Tu y yo nos hemos encontrado para ayudarnos a completar tareas., Tu tarea ayudar a Sol en su urgencia de salud, no era su momento, aún debe acompañarte; Ni ella ni tu estáis preparadas para separaros aún. Mi tarea que me facilites quedarme tranquilo con no haber podido ayudar a mi gato Anubis; No estuve atento en mi responsabilidad y lo abandoné cuando me necesitaba, con haberte podido ayudar a ti completé mi acción pendiente. ¡Gracias por dejarme hacer! Pedí tener una nueva oportunidad y me la dieron, si pides que se presente de nuevo, ellos facilitan el momento propicio para completarla con un similar encarnado. Llegaste en el momento que yo pude ayudar y tú facilitaste mi proceso. Al ser similar confiaste en mí, aunque sin saberlo estamos en la misma sintonía.

¡Te estoy muy agradecido! También Anubis agradece a Sol estar presente, ellos son similares, sé que comprendes lo que hablo.

T: Dime: ¿Todo eso queda grabado en el código del alma? ¿Qué significa ser similar?

C: Si todo está en el alma. Cada acto, cada palabra, cada gesto, cada detalle, cada pensamiento, cada gesto de amor, odio o venganza... ¡Todo!; Y todo se completa en el momento preciso. Te recuerdo que ser similar es estar y vibrar en la misma sintonía. El cuerpo no es lo esencial.; Anubis y Sol estaban enfermos... ¿Comprendes?

T: Gracias. ¡Este recordatorio de mensaje es maravilloso! ¿Tengo permiso para trasmitirlo a todo aquel que considere necesario?

C: Sí amor; tú ya lo sabes y lo haces, eres un similar, pero me dicen que te lo recuerde. Debes trasmitirlo cuando facilites porque no todos son similares. En la tierra también están los que se llaman "diferentes." "No hay que hablar tanto, el amor que te das y das poniendo la mejor intención de ayuda es lo importante... y que cada alma haga lo que venga a hacer en sus tareas... solo recuérdaselo" ... y si nos equivocamos, que sea lo menos posible... (ríe de nuevo a carcajadas y silba mientras bromea susurrando).

T: Háblame un poco más de este lugar, de cómo va sucediendo todo ahí con las almas. Por cierto ¿Tiene nombre?

C: El nombre no es lo importante, ni lo recuerdo. Todos los que llegamos, ya hemos hecho gran parte de la labor que habíamos aceptado hacer en los lugares donde fuimos y pasamos la vida encarnados. Algunos quisieron salir, volver a tener cuerpo sólido y otros (como es mi caso) no querían volver a venir. Sabía que era una vida aburrida y solitaria y me costó salir para venir a hacerla. ¿Sabes? A veces cuesta cuando debes volver porque no te gusta lo que debes hacer, no es fácil criarse solo y trabajar sin descanso.

T: Algunas almas me cuentan cuando vienen a consulta que es para completar o aprender tareas pendientes, ¿Es así?

C: Yo creo que sí. ¡Yo no quería venir a estar solo, pero vaya que si aprendí! Y cosas que me dejé sin hacer... igual tengo que volver para completarlas.

T: ¿Y cómo se hace esa elección de volver? ¿La eliges o te la eligen hacer?

C: Te la recuerdan. Tú eliges, no es obligatorio, pero si aconsejable.

T: ¿Podrías aclarar como la recuerdan? ¿Cuándo es aconsejable?

C: Te resumo: Cuando llegas te reciben y acogen con mucha alegría, felicitan tu labor leyendo "El código de Amor" de tu alma. Luego conoces a los similares y conoces el código del grupo; Es entonces cuando ellos (uno o varios, según necesites) están contigo acompañándote hasta que escuchas tu propio susurro y comprendas algunas acciones y lecciones de la vida que has vivido.

Debes tomar conciencia de los avances positivos que has podido conseguir y aquellas acciones que no deben ser repetidas si quieres avanzar en tu proceso de alma. En el lugar en el que estoy, todos los que llegamos, tenemos las equivocaciones similares. Cuando nos reunimos, cada uno debe analizarlas y explicarlas al grupo y así todos aprendemos porque cada uno es único en lo que vivió encarnado y a la vez todos somos similares en lo que vinimos a hacer; Algunos aprendimos y otros aún no lo han completado. Es ahí cuando "Entre todos valoramos en el consejo de los más avanzados y los similares y te aconsejan regresar"; Aunque tú eliges el momento cuando te sientes preparado, se valora todo, tanto las tareas que quieres venir a trabajarte, las circunstancias propicias y el lugar, así como las personas que te acompañaran a lo largo de esa existencia.

T: ¿Cuánto tiempo pasas en este lugar para estar preparado para volver? ¿Cómo y cuándo eliges el momento?

C: Sin tiempo... estoy... no hay día ni noche. No se valora en días, ni meses ni años como en la tierra, solo sientes el momento. No voy a contarte como elijo, es personal, sólo decir que necesito volver. Tengo que resolver algunas cuestiones que quiero mejorar y he decidido hacerlo. Con comunicar al grupo que estoy listo y asumo la responsabilidad es suficiente. "Hay que dar la palabra" y venir a hacerlo.

T: Sigue y dime lo que quieras contarme.

C: (Poniéndose las manos en la cabeza y en los ojos). Tengo que decir que no me gusta la idea de volver, pero tengo que completar mi labor con una hija, un trabajo y vivir la experiencia de integrar mis acciones con los padres. No entendí bien el significado de familia, así que he decidido volver y escoger las circunstancias favorables para el aprendizaje; Con lo que entre todos en grupo hemos visto podría avanzar en mi proceso del alma.

T: ¿Por qué es importante para ti esta vida que has mostrado hoy?

C: Para ponerte un ejemplo de que no hay que llevar una vida complicada con muchas tareas que hacer, ni mucha gente para venir a hacer lo que tengas que hacer. Es suficiente la intención que pongas en el día a día y hacer con el corazón, lo demás irá sucediendo según las necesidades; Eso ya se previno, aunque cuando vienes no recuerdas todo lo pactado. Si te escuchas bien todo el tiempo, se muestran "Resonancias o Intuiciones" ... ese es el lenguaje del alma; solamente hay que estar atento y decidir si lo llevas a cabo o no; Ahí está tu propia elección y responsabilidad.

T: Muchas gracias. Muy completa tu descripción del proceso.

C: Te estoy agradecido por la oportunidad y la escucha tan atenta. Sintiendo que estoy en un espacio de confianza exponiendo lo importante para mi proceso y la evolución de mi alma.

T: Miguel, ahora que sigues estando en este lugar de toma de consciencia, me gustaría que resumieras cuáles fueron los aprendizajes de aquella vida y comparándola con la que ahora vives describas de forma resumida similitudes y diferencias.

C: Pues en aquella vida, pedí mejorar mi estado de evolución sobre la soledad, aprender sobre la carencia y las condiciones difíciles de supervivencia y disfrutar de las emociones de amor a la naturaleza con interés y curiosidad, compartiendo mi vida con los animales domésticos y salvajes.

C: Las similitudes son varias: Ser masculino, cuidando de los animales (ríe varias veces a carcajadas cuando toma consciencia de que tiene una perra llamada Loba y es raza mastín en su vida presente) en esta vida perfeccioné el poder curar las heridas y enfermedades animales, vuelvo a ser padre y vivo en el campo cerca de un río junto a la montaña.

C: Lo diferente es que no estoy solo a nivel de familia; Mi compañera es una buena cocinera y acompañante en momentos de decisiones difíciles, mis padres vivieron hasta mayores, tengo tres hermanos y recientemente he sido abuelo. Tuve la oportunidad de ir a la Universidad y relacionarme con muchas personas y sigo disfrutando de los paseos a la montaña y de tumbarme bajo los chopos (cantando bajito).

T: Antes de finalizar la sesión, me gustaría hacerte una última reflexión. ¿Hay alguna cuestión que de forma voluntaria quieras aclarar de la que no hayamos hablado hoy y pueda servir para el aprendizaje de todas las almas encarnadas?

C: Bueno, habría para otra charla... Las más importantes que te diría hoy es que no hay que vivir con los miedos a nada ni nadie, ya sean personas o animales, salvo que pongan tu vida en peligro, sólo hay que protegerse. No limitar la voluntad de cada Ser, ya sean "Similares o Diferentes". Poner amor y paciencia en cada cosa que se hace... ¡No nos damos cuenta de los detalles porque vamos demasiado deprisa!; Y lo más importante, darte el tiempo que necesites para disfrutar de la vida en familia. Aprender el lenguaje del alma del otro, persona o animal. Hay tanta belleza en lo que se nos ofrece... pero vamos muy distraídos con las prisas diarias de la vida.

En este momento para finalizar la sesión, pido a Miguel que tome el tiempo necesario para grabar y guardar en el registro de su alma un resumen de todos aquellos matices importantes de la conversación de hoy y lo guarde en su corazón.

Le indico que haga un recorrido por su vida presente y armonice aquellos momentos en los que la vida no le fue fácil desde su nacimiento hasta el día de hoy a sus 73 años... que "Sin tiempo" saboree aquello que fue propicio y maravilloso de recordar y que lo integre actualizado. Cuando esté registrado en su corazón, me avise con un silbido y unas risas.

Por último, le sugiero que "Solo si lo siente", visualice a todos los seres que hemos nombrado a lo largo de la sesión. Los de aquella vida y las de ésta, al grupo de los similares y a los seres de "este lugar que nos acogen y recuerdan" y que, desde su Ser Superior, agradezca en los términos que considere (ya sea a través de la palabra expresada o en su interior) todo lo vivido y compartido hasta el día de hoy.

Siendo las 20h finaliza nuestro encuentro. A nuestra despedida emplazo un nuevo encuentro a la semana siguiente para cambiar impresiones de la sesión y compartir sensaciones.

Testimonio del Consultante
22/3/2022.

Estos días estuve muy solitario, ausente, sereno, distraído, aunque no por ello me faltó alegría, sino que, por el contrario, estaba rebosante de ella, mi agudeza en cualquier cosa que tenía que hacer fluía, sentía cada detalle hablado, pero sobre todo cada sentimiento como si fuera ese día en que nos vimos el que estaba viviendo.

Recordaba nuestro encuentro, ahora sé que era necesario para mí y para ti con Sol y daba gracias al final del día y al amanecer de la oportunidad de estar aquí, esto lo había olvidado.

Doy gracias de haber aprovechado la oportunidad que me ofreciste de venir a tu consulta y de hablar desde nuestras almas, en ningún momento sentí que había que pensar ni mirar el reloj, me sentí muy acogido y cuidado como en casa y en mi lugar de luz.

Gracias por pararte ese día y confiar y sobre todo facilitar procesos del alma a aquellos que quieren escucharse y recordar de dónde venimos y a dónde vamos, el alma no se cansa ni descansa; pero sí el cuerpo físico a veces se cansa de escuchar al alma hablar sin descanso... Gracias.

Yo el otro día salí agotado de la mente y las emociones, así que más razón para no usarlas demasiado y en estos días ese ha sido mi proceder, otro recordatorio que tengo que anotar de mi paso por la sesión, a los 73 años hay que ir ahorrando energía y confiar en la serenidad de los días que pasan rápido a esta edad, la paciencia llega sola y el cuerpo físico se queda sin fuerza, cosa que el alma no comprende, así que calma para escucharse.

Ya no hay muchas tareas en el hacer de diario, como te comenté "Se nos facilita".

Testimonio de la Terapeuta
22/3/2022.

Encontrarme con Miguel en aquel día fue un alivio y una alegría. Doy gracias desde ese día por que se parase y nos acompañara a la Clínica.

Sobre la sesión de la semana siguiente a la consulta considero que fue una experiencia muy reveladora sobre el proceso que sigue el alma desde una vivencia en un cuerpo que habita, su trascender y el lugar al que describió que fue para hacer esa "Armonización" con seres especiales y otras almas como acompañantes de su grupo de referencia.

Me preguntaba como reflexión los días siguientes por qué razones el alma decide no recordar el lugar ni el nombre de procedencia cuando elegimos una nueva encarnación y eso sería una buena pregunta para hacerla en una nueva sesión, igual Miguel podría aclarármela (si lo ve conveniente).

No volví a coincidir con Miguel para una nueva sesión, parece que un nuevo encuentro "No estaba acordado completar en terapia por nuestras almas". Sí estuvimos en contacto telefónico muy frecuentemente, supe de su proceso de agravamiento de salud y pude despedirme a tiempo antes de su trascender y regreso al lugar de origen.

Aquella tarde de primavera cuando me vio aparecer por el hospital donde estaba ingresado por urgencia de su salud, mientras me daba un abrazo y agradecía mi visita, sentí que mirándole a los ojos "Era un Similar".

Días después culminó su existencia en esta vida en su casa de la montaña junto al río (como él había expresado en su deseo a su hija) acompañado de todos sus seres queridos, en aquella tarde de primavera con olor a canela en la cocina contigua; Su hija me contó días después a través de una llamada telefónica que su alma decidió partir de nuevo.

Al enterarme sentí en lo más profundo de mi corazón que habías podido cumplir con la responsabilidad que asumiste al venir de nuevo., "Habías cumplido con tu palabra de venir a hacer y te tocaba regresar con tus similares".

Allá donde estás sé que me escuchas Miguel. Como decía tu madre; "Si miras hacia arriba puedes verme". Así que miro al cielo y agradezco tu encuentro Miguel; Agradezco cada detalle de los momentos compartidos entre risas y silbidos, cada una de tus reflexiones, sobre todo, te tengo presente cada vez que me encuentro en mi camino con un "Ser del Reino Animal", por si tuviera que completar alguna acción de mi alma como tú me enseñaste.

Este capítulo está dedicado a la memoria de Miguel. Sus aportes en el recorrido de esta vida con todos aquellas almas encarnadas con las que compartiera su "Susurro del Alma y su hacer de los días, personas y animales.

A nuestro encuentro en esta existencia y a toda su "Esencia de Luz".

Que allá donde se encuentre al Recordar, sienta mi Agradecimiento en la lectura de su "Código del Alma".

Gracias Eternas sin límite en el tiempo por las reflexiones de aquel día, del compartir de tu alma se hacen presentes a través de este escrito en tu memoria; queda plasmando en recuerdo tus mismas palabras.

Luz y Amor cuando paso por aquella calle y pienso en "Tu reencuentro" donde me salta de manera espontánea tu amabilidad y la alegría de tu encuentro con imágenes en mi memoria.

Aquí y ahora cierro mis ojos y puedo recordar tus gestos, tus palabras y te puedo sentir. Creo firmemente que desde ahí arriba puedes verme como decía tu madre. De hecho, a veces aquí en mi consulta recordando ese día de tu visita, te veo y puedo sentir también tu silbido, tu risa y tu abrazo.

Contacto
Maithe Pardo Vico
Teléfono y (citas al WhatsApp): + 34 644 167 721
terapiaregresivaconsciente.mpv@gmail.com
Col. Nª GR- A003113

Un Plan de Mierda

Por Marcela Alejandra Pazos

Sobre la Autora

Marcela, nació en Argentina. Es hija de españoles y actualmente vive parte en España y parte en Argentina. Es Licenciada en Turismo.

A raíz de una enfermedad terminal, diagnosticada a sus 30 años, su alma sintió que la curación real consistía en encontrar el verdadero origen de porqué había enfermado. En esa búsqueda, eligió formarse como Terapeuta de Vidas Pasadas con el Dr. José Luis Cabouli en el 2006 y halló a través de esta técnica las respuestas que necesitaba.

Sanó su cuerpo y, desde entonces, se ha dedicado con pasión a la práctica y acompañamiento terapéutico integral en el trabajo del alma, combinando y aplicando en sus consultas todas las disciplinas en las que se ha instruido.

Comenzó su camino chamánico de la mano de Foster Perry, siendo en la actualidad Organizadora en Argentina y Latinoamérica de Golden Hummingbird, Inc. (USA). Es egresada del programa de tres años de la Foundation of Shamanic Studies de Michael Harner. Fue iniciada por maestros Q´eros de los Andes, a donde viaja desde hace quince años guiando grupos espirituales. Sus sesiones de Terapia Regresiva se combinan con la curación chamánica, basándose en la exploración y curación de las heridas del alma.

Su instrucción se completa con otras múltiples disciplinas. Es Astróloga, Master Reiki Usui y Tibetano. Estudió y practica Cábala Mística, Geometría Sagrada, Numerología, Biodecodificación, Terapia Floral, Radiestesia, Tarot Evolutivo, Vitki (lectora de Runas), Registros Akáshicos, Terapia con cuencos.

Ofrece consultas y formaciones presenciales y virtuales en Argentina y España. Unió sus dos pasiones, el turismo y el trabajo holístico integral, organizando retiros y viajes espirituales a distintos lugares del mundo.

Es fundadora de su sitio La Visión del Chamán, y de la Escuela Holística Integral donde imparte la Formación Avanzada en Terapia Regresiva con prácticas chamánicas, Homologada por la Asociación Española de Terapia Regresiva, AETR.

Es miembro activo de la junta directiva de la AETR y coautora con otros compañeros de la asociación de los libros "Consciencias no Humanas" y "Terapia Regresiva Gestación y Nacimiento".

Es autora del libro y Oráculo medicinal "Corazón chamánico" donde cuenta en sus páginas un recorrido íntimo y revelador, acompañado de un mazo de 54 cartas, con ilustraciones únicas, acuarelas especialmente pintadas para este propósito. Estas cartas no son meras imágenes; *son portales hacia el alma, mensajes y medicina para el espíritu.* A través de ellas, accedes a fragmentos de su historia, a lecciones y experiencias que han marcado su viaje en la sabiduría ancestral.

Sobre la Consultante

Mariela es una mujer joven que solicita una consulta para trabajar la sensación que la acompaña desde niña de "Sentirse no esperada y estar fuera de lugar". Manifiesta que desde que nació tuvo que ganarse un Espacio para ser aceptada y que los otros la registren. Ella pide trabajar su venida a este mundo, ya que está convencida que todo se origina ahí.

Ésta es su historia: sus padres, tienen una hija de tres años, luego pierden un embarazo de un varón de 5 meses de gestación, y un tiempo después se embarazan nuevamente. Ellos esperan un varón, ese es el deseo más profundo de su padre. Lo que ellos no saben es que gestaron mellizos. Se enteran en el momento del parto, primero nace su hermano Carlos y luego ella, la no esperada.

Un tiempo antes de cumplir los dos años, su mellizo enferma de meningitis y fallece. Cuatro meses después su madre deja a Mariela en la casa de su abuela, y se va con su hermana de 5 años al médico y un camión las atropella y mueren ambas. En el funeral de su madre y su hermana, su abuela materna, le dice a su padre "tú no vas a poder criarla, me la llevo conmigo". El dolor de Mariela es inmenso, pierde a su mellizo y 4 meses después a toda su familia. Su madre y hermana mueren en un inesperado accidente y su padre "la abandona". Vive con su abuela hasta los 6 años y luego su padre la reclama y regresa con él. Pero no está solo, él en ese momento ya convive con una mujer que tiene un hijo.

La madrastra es una muy mala persona y ella es "la Cenicienta", tiene que limpiar y hacerse cargo del hijo de la mujer, porque ella y su padre trabajan todo el día. Esto sucede a partir de sus 10 años. Si no hacía las cosas en tiempo y forma y no estaba la cena lista para cuando su padre llegaba, era regañada y castigada. Mariela vive en esa casa hasta los 26 años. Con esta introducción, comienzo la regresión, guiándola al espacio entre vidas, para que pueda acceder a los acuerdos previos a esta encarnación y luego gestación y nacimiento.

Nota: percibo energía de su madre y su mellizo en su campo energético.

Transcripción de la Sesión
Septiembre 2024. On-line

Le indico que se acueste y tome unas respiraciones profundas, y que realice todos los movimientos que tenga que hacer para estar cómoda y confortable, que sienta el peso de su cuerpo y pido permiso a los guías, maestros, seres de luz que asisten en este Trabajo. La voy guiando hacia otro espacio-tiempo, mientras ella, va descendiendo por esa escalera que la conduce a un portal hacia el universo, en ese lugar donde están las almas antes de nacer.

Terapeuta (T): Accede a ese lugar atravesando el velo y estás ahí. ¿Cómo es ese lugar?

Consultante (C): Es como una oficina grande, con paredes todas de vidrio, para ver hacia afuera.

T: ¿Y hay alguien más aparte de ti?

C: Sí, hay tres seres.

T: ¿Tienes alguna relación con ellos?

C: Me dicen que me estaban esperando. El que está acá a mi derecha es el que va a ser mi hermano. Y los otros dos son como organizadores, son los que dan el trabajo.

T: ¿Que trabajo?

C: Me dicen que tengo que volver a la Tierra otra vez a trabajar y están distribuyendo la tarea. ¡Pero yo no quiero volver!

T: ¿Y tienes relación con el que va a ser tu hermano?

C: Sí, es alguien que ya conozco. Siento que fuimos compañeros de trabajo varias veces.

T: ¿Y qué tipo de relación tuvieron anteriormente?

C: A veces fuimos amigos, otras colegas, pero ahora va a ser mi hermano.

T: ¿Y están decididos los dos a encarnar juntos una vez más?

C: Yo no quiero saber nada, pero él si quiere.

T: ¿Y tienen alguna relación en otra experiencia con los que van a ser sus padres?

C: Él, con la que va a ser nuestra madre y yo, con el que va a ser nuestro padre.

T: Y el tener una relación previa con el que va a ser tu padre, ¿te entusiasma para encarnar o tampoco?

C: No, es peor (se cubre la cara y llora).

T: ¿A qué se debe que es peor?

C: Es que él con sus acciones va a complicar la misión que traemos.

T: ¿Cuál es la tarea para esta encarnación?

C: Traer luz otra vez a la Tierra.

T: ¿Y de qué manera podrían traer luz?

C: Mi hermano la emite, brilla mucho.

T: ¿Y tú?

C: La circulo, es como que entra por acá y pasa, se distribuye (hace un movimiento envolvente con sus manos), entra por la parte alta de la cabeza y se mueve. Yo no la genero como él.

T: ¿Cómo es eso?

C: Él la genera, es como si fuese un sol, desde su interior emite mucha luz, y es como si la irradiara, en cambio yo la paso nada más.

T: Es una tarea muy exigente.

C: Sí y me agota. Seremos mellizos y es mucha responsabilidad. No quiero venir, solloza.

T: ¿Y les dicen algo acerca de la experiencia que van a tener como mellizos? ¿Saben el plan completo?

C: Sí, el plan es una mierda. ¿Cómo me van a mandar a hacer esto?

T: ¿Y qué es lo que tienes que aprender de esa experiencia?

C: Lo primero es sacar fortaleza.

T: Entonces te mandan por fortaleza con un plan que no está muy bueno. ¿Cuál es el plan?

C: No tienen ni un poco de compasión, grita. ¡El solo va a vivir dos años! Y yo voy a quedar sola para completarlo.

T: ¿Y él sabe que solamente va a vivir dos años?

C: Sí, y está de acuerdo.

T: ¿Y hay alguna emoción que te una más a él?

C: Sí, es como una sensación de hermandad, somos almas muy afines.

T: Y fíjate, ¿hay algo más que estos distribuidores de tarea te dicen o te demuestran antes de encarnar?

C: No, me dicen que tengo que seguir haciendo lo que ya vengo haciendo.

T: ¿Y qué es lo que ya venís haciendo? ¿Transmitir la luz?

C: Si, y yo les digo que estoy muy cansada, que es agotador. ¡Quiero descansar!

T: ¿Te especifican algo con respecto a lo que va a ser tu vida adulta?

C: Solamente que va a ser difícil la relación con el padre del que va a ser mi hijo.

T: ¿Hay alguna relación previa con el padre del que va a ser tu hijo?

C: No, con él no. Pero si con mi hijo. Él es un ser inmenso, tiene otro nivel, otra jerarquía, como si fuese alguien más importante que yo en este lugar.

T: ¿Y a qué se debe que va a encarnar? ¿Qué tiene él que aprender siendo hijo tuyo en esta encarnación?

C: Él viene a sostenerme acá, porque sin él yo no aguantaría y voy a querer renunciar.

T: ¿Qué sucedería si te vas y abandonas el plan?

C: Tendría que empezar todo de vuelta.

T: Y eso es duro, ¿verdad?

C: Tremendo. Otra vez, no. A mí me gusta estar acá en este lugar, es toda una ciudad.

T: ¿Cómo es esa ciudad?

C: Hay edificios, hay algunas construcciones más bajas, pero todo brilla mucho, hay mucha luz. Hay muchos seres. Es una ciudad con mucha gente.

T: ¿Con forma humana?

C: Algunos sí, otros no.

T: ¿Cómo son los otros?

C: Algunos tienen un cuerpo transparente, puedes ver a través de ellos. Otros son muy altos, demasiado largos, el brazo muy largo, las piernas muy largas.

T: ¿Es armónico el lugar?

C: Sí, es pacífico, pero ya me dicen que llegó el momento de emprender el viaje.

T: Quiero que estés ahí en ese viaje hacia el útero de tu mamá, en el momento en que los conciben tu mamá y tu papá, ¿cómo es ese camino? ¿Cómo se siente ingresar en el útero de tu mamá?

C: Carlos, mi hermano, me trajo medio a los tirones porque yo no quería. Pero igual estamos afuera del útero. Mirando desde afuera.

T: ¿Y qué miran?

C: A mi mamá, se ve que es buena. Ella está contenta, están enamorados.

T: ¿Los dos se aman?

C: Sí, pero siento que ella lo ama más que él a ella.

T: ¿Ellos están buscando un bebé?, ¿hay un proyecto?

C: Siento que ellos están buscando, pero no hay un plan concreto, son medio inconscientes. Estamos entrando ahí a la panza y Carlos está muy callado. Por ahora acá es amplio, se siente grande, tranquilo

T: Me dijiste que tu mamá perdió antes de ustedes un bebé. ¿Ese bebé es alguno de ustedes dos?

C: Si. Es Carlos.

T: ¿Y a qué se debe que Carlos no permaneció esa vez?
C: Es que me fue a buscar, me necesitaba para que yo continúe lo que hay que hacer.
T: Avanza al momento en que tu mamá se entera que está embarazada. ¿Cómo se encuentra?
C: Está vomitando y se da cuenta y le da miedo. A mí también me duele la barriga.
T: ¿A qué se debe que tiene miedo?
C: Porque ya perdió un bebé y no quiere pasar de vuelta por eso.
T: ¿Y cómo es el momento en que le dice a tu papá que está embarazada?
C: Es desagradable, no se pone muy contento.
T: ¿Y cómo te afecta a ti eso?
C: Ellos creen que somos uno, no saben que estoy yo también y me quedo quietita acá en mi rincón.
T: ¿Y Carlos cómo se siente?
C: A él no le afecta, está muy seguro de sí mismo.
T: Avanza al tercer mes en la panza. ¿Cómo están los dos?
C: Estoy un poco más grande. Estoy bien acá en mi lugarcito, tranquila, porque como no saben que estoy, hago la mía.
T: ¿Cómo se siente tu mamá?
C: Está más tranquila. Intentando pensar positivamente en cosas lindas.
T: ¿Y tu papá?
C: Tranquilo. Mi hermanita de dos años, nota la panza de mi mamá y mucho no le agrada, porque sabe que tendrá que compartir todo.
T: ¿Carlos y vos, tienen alguna relación previa con esa hermana?
C: No.
T: ¿Y qué dicen tus abuelas?
C: Me gusta mucho mi abuela, la mamá de mi papá, la otra no está. Yo la quiero a mi abuela paterna, aunque hace comentarios feos.

T: ¿Qué dice?

C: Le habla mal de mi papá a mi mamá y a ella no le gusta lo que le dice. Se siente mal.

T: Avanza al quinto mes en la panza de tu mamá. Estás ahí. Cuéntame cómo te sientes.

C: Estamos un poquito apretados.

T: Me imagino. ¿Cómo está tu hermano?

C: Está bien, yo soy más grande y ocupo más espacio.

T: ¿Y él dice algo?

C: Me dice que yo necesito ser más grande porque lo voy a necesitar.

T: ¿Y tu mamá cómo se siente?

C: Le pesa un poco la panza, pero está contenta.

T: ¿Y tu papá?

C: Mi papá se empieza a preocupar un poco, tiene miedo que algo se complique, quedó muy marcado por la pérdida anterior.

T: ¿Cómo sienten ustedes la preocupación de tu papá?

C: Queremos calmarlo, pero no podemos, solo nos queda seguir creciendo. A mí me preocupa la parte económica.

T: ¿Cómo te afecta eso?

C: ¡No quisiera ser una carga, porque ellos no saben que yo estoy acá, pero yo sí!

T: ¿A qué se debe que tu asumes que al que están esperando es a Carlos y no a ti?

C: Porque hablan todo el tiempo del varón.

T: Las almas no tienen sexo, ¿tú decides ser mujer en esta experiencia?

C: No, ellos me mandan como mujer.

T: Entonces cuando te mandan como mujer y tus padres solo hablan del varón. ¿Cómo sientes eso?

C: Siento que estoy acá de segunda. Que soy una molestia, la que viene sin que la llamen y nadie la recibe. Soy esa visita que nadie espera.

T: ¿Cómo te hace sentir eso?

C: Me doy cuenta que me tienen que aceptar, porque ¿qué van a hacer conmigo? Me incomoda.

T: ¿En dónde sentís esa incomodidad?

C: En todo el cuerpo. Me aprieta.

T: Avanza ahora al octavo mes en la panza. ¿Cómo se acomodaron?

C: Muy mal. Me quiero estirar y no puedo. Estoy muy incómoda.

T: Fíjate dónde tienes tus manos y tus pies, si estás enredada con tu hermano.

C: Él está atrás, estamos espalda con espalda. No aguanto más y quiero salir ya de acá.

T: Y tu hermano, ¿quiere salir o está más cómodo?

C: Él está más cómodo, yo estoy acá arriba y más apretada.

T: ¿Y cómo está tu mamá?

C: Muy incómoda.

T: Sentí su incomodidad y el estar ahí apretada con tu hermano. ¿Qué te genera todo eso?

C: Quiero salir, quiero estirarme.

T: ¿Y tu mamá? ¿Cómo se siente tu mamá?

C: Le duele la panza porque la empujamos y está ansiosa. Todo está preparado para la llegada de mi hermano. Hay una sola cuna.

T: ¿Hay ropa celeste o ropa más neutra?

C: Casi todo es celeste.

T: ¿Y tu hermana, que ve la panza ya tan grande? ¿Hay algo que dice?

C: La mira con recelo, no quiere acercarse a la panza. Le llama la atención, pero de lejos.

T: ¿Y cómo sentís que será la relación con esa hermana?

C: Va a estar celosa.

T: ¿Y tú?

C: A mí me da igual. Más me preocupa mi papá, su ansiedad, porque quiere el varón.

T: Avanza al momento en que ya se preparan para que tú nazcas. El útero empuja y empuja. ¿Qué haces?

C: Me quedo acá arriba, no quiero salir. ¿Para qué voy a salir si nadie me espera?

T: ¿Cambiaste de opinión?

C: Si, no quiero salir, solo hablan del varón.

T: ¿Ya le eligieron el nombre?

C: Si, mi papá le quiere poner Charles.

T: ¿Pero si tu apellido es González? ¿A qué se debe que elige un nombre en inglés?

C: Por el príncipe de Inglaterra. El siente a su descendencia como si fuera un príncipe de la realeza. Igual no lo dejan y será Carlos. ¡Ja!

T: ¿Dónde está tu mamá cuando empiezan las contracciones de parto?

C: Está en casa durmiendo. Lo despierta a mi papá y le dice que tienen que ir al hospital. Llegó el momento y yo no quiero salir, pero Carlos me dice que tenemos que hacerlo ya. Estamos en la sala de parto, y le empiezan a apretar la panza a mi mamá.

T: ¿Cómo está ella?

C: Hace fuerza. A mí no me gusta este lugar. Ahí está saliendo mi hermano.

T: Ya salió y te quedaste sola. ¿Cómo te sientes ahí sola? Él ya salió y no te queda opción.

C: Si, el médico mete sus dedos, yo no quiero, pero me saca.

T: ¿Qué dice el médico cuando te saca?

C: Le dice a mi mamá, acá hay otro bebé y es una nena.

T: ¿Qué dice tu mamá?

C: Se sorprende, ríe y llora a la vez. ¡Le gusta! Soy yo la que sigue incómoda.

T: ¿Los llevan a un lugar?

C: Sí, me están manoseando. Me revisan a ver si estamos bien. Sáquenme la mano (dice mientras pega manotazos al aire).

C: Yo estoy sana. Pero a mi hermano le descubren una hernia y dicen que necesita cirugía. Los médicos hablan entre ellos.
T: ¿Qué te sucede a ti cuando escuchas eso?
C: Me angustia (llora). No quiero que se lo lleven y le grito que no me deje sola otra vez, por favor.
T: ¿Cómo sientes todo esto?
C: Mal muy feo. Este lugar es horrible, horrible.
T: ¿Qué dice tu mamá?
C: Nada, mira todo desde la cama.
T: Ahora fíjate cuanto te entregan a tu mamá. ¿Qué sientes cuando te dan en los brazos de tu mamá?
C: Ay, está calientito. Me siento bien.
T: Siente eso. Y quiero que ahora avances al momento en que te dan por primera vez a los brazos de tu papá. ¿Qué dice tu papá?
C: Me sonríe, pero yo me siento medio incómoda.
T: ¿A qué se debe esa incomodidad?
C: Es que no me esperaba, hay sorpresa en sus ojos. Pero percibo que se siente como obligado a aceptarme.
T: Y eso, ¿qué te produce?
C: Me siento mal. Me empequeñece aún más. Me hace chiquita, insignificante.
T: ¿Cuál es el momento más traumático de toda esta experiencia?
C: Cuando me sacan de la panza.
T: Vete a ese momento y dime, ¿cómo sientes tu cuerpo cuando te sacan?
C: Vulnerable y como un desgarro en la garganta.
T: Y cuándo vives esto, ¿cuál es la emoción más fuerte?
C: No poder controlarme a mí misma.
T: ¿Qué piensas de todo esto?
C: Que cualquier persona o situación toma control sobre mí y hace conmigo lo que quiere.
T: Toma consciencia, entonces cada vez que, en tu vida actual como Mariela, sientes tu cuerpo vulnerable, con un desga-

rro en la garganta, y sientes que no puedes controlarte a ti misma y que hacen contigo lo que quieren, fíjate cómo todas estas emociones y sensaciones afectan tu vida hoy. ¿Qué te hacen hacer o qué te impiden hacer?

C: Y me impiden ser yo plenamente. Siempre estoy haciendo para los demás.

T: ¿Y qué te hacen hacer?

C: Hago cosas para que me acepten.

T: Para terminar con todo esto, te voy a pedir que estés nuevamente en ese momento, cuando estás en la panza de tu mamá con tu hermano, y te están sacando, pero ahora vas a elegir nacer de una manera diferente, recuperando tu control, tu energía, en esta vida. A la cuenta de tres, quiero que estés ahí en la panza, cuando están los dos a punto de nacer.

C: Estamos ahí. Mi hermano sale primero.

T: Bien y ahora es tu turno. Vas a salir con ganas.

C: Si, voy a salir sin que nadie me toque, sin que el médico me manipule (se mueve como saliendo de la panza) ¡Que no me toque!

T: Muy bien. Y ahora quiero que te tomes de tu ombligo y que cortes el cordón umbilical, que te une con tu mamá (lo hace muy focalizada). Quitá toda la energía que te une desde ahí con tu mamá, quítala.

C: ¡Qué alivio siento!

T: Ahora te llevan para limpiarte. Respira como si fuera por primera vez. Y puedes decir lo que quieras.

C: Reclamo mi derecho por nacimiento. Yo controlo y dirijo mi propia vida (lo repite dos veces).

T: Percibe a tu madre delante de ti y coloca tus manos hacia ella y reclámale tu energía. La energía tuya que se quedó de forma consciente o inconsciente.

C: Mamá, entrégame la energía que te quedaste consciente o inconscientemente cada vez que me hacías sentir que era invisible, que no había sido esperada. Cada vez que me colocaste en segundo lugar. Devuélvemela porque es mía y me pertenece.

T: Lleva esa energía con tus manos a la parte del cuerpo donde la necesites. Y fíjate si ella te dice algo.

C: Me la da con amor.

T: Dile, te libero y me libero.

C: Te libero mamá y corto todo lazo que nos una en esta u otras vidas. Me libero y te libero. Anulo todos los acuerdos y los contratos pre establecidos. Mi papá también me tiene que devolver energía. Lo siento acá bien presente.

T: Dile con tus palabras lo que necesites.

C: Papá, por favor. Dame toda la energía que es mía y me corresponde por derecho divino. Simplemente soy tu hija y me quitaste mi energía cada vez que me hiciste sentir que no lo era. La no esperada, la única hija sobreviviente. Yo merecía la vida, para cumplir mi misión. Devuélvemela... me la está entregando.

T: Y quiero que te fijes, ¿en qué parte del cuerpo sientes ese lazo, que te une a estos sentimientos para con él? ¿Dónde lo sientes?

C: En la boca del estómago.

T: Quítalo con tus manos. Siente como las manos ingresan ahí dentro y lo arrancan para siempre. Y díselo en voz alta.

C: Papá corto todo lazo kármico que nos une en todas las experiencias y me libero (tira hacia arriba con sus manos y lo saca de su cuerpo). Y me libero. Te libero y me libero.

T: Ahora quiero que estés ahí, cuando traen a tu hermano. Cuando están juntos por primera vez fuera de la panza de tu mamá. ¿Qué sucede en ese momento?

C: Él me dice que vamos a estar bien, pero yo estoy preocupada porque hay solo una cuna.

T: ¿Cómo solucionan eso?

C: Somos chiquitos y por ahora la compartimos, pero mi papá va a tener que conseguir una más grande.

T: ¿Te gusta estar en la cuna con tu hermano?

C: Sí, mucho.

T: Quiero que pongas plena consciencia de estar en este cuerpo, ya encarnada junto a tu hermano y como es esta nueva vibración de pertenecer a un nuevo hogar y te fijes y me digas cómo es la primera vez que tu hermana los ve.

C: Está confundida, porque le habían hablado de un bebé y ahora hay dos. (Ana tiene tres años y los mira confusa).

T: ¿Qué ves en esa mirada?

C: Le pregunta a mi mamá si hizo magia (ríe). Ella nos quiere.

T: ¿Sientes que tiene alguna preferencia?

C: No, no prefiere a ninguno en especial. Nos ve a los dos y se sorprende.

T: ¿Hay algo que tengas que recuperar o sanar con esa que fue tu hermana?

C: No, nada.

T: Ahora quiero que pongas consciencia del momento en que tu mamá murió, y me digas como te percibes en ese instante.

C: Siento que tengo energía de mi mamá y también de mi hermano.

T: ¿Dónde sientes eso?

C: En mi campo vibratorio. Como si fuese un pedacito de cada uno de ellos que quedó pegado en mí.

T: Es lógico, tu mamá atravesó el dolor de la pérdida de tu hermano y luego inesperadamente le toca partir siendo joven aún, junto con su otra hija y dejando otra muy pequeña... imagino que parte de ella se habrá quedado cuidándote, protegiéndote.

C: Sí, ella me protegió hasta ahora, pero siento que ya es momento de que se vaya y necesito que así sea.

T: Invítala a que retire su energía de tu cuerpo.

C: Sí, ya la está retirando, la va quitando con sus manos.

T: Voy a abrir un portal de luz cósmica para que ella pueda atravesarlo mientras te despides de ella.

C: Gracias mamá por todo el amor que me diste siempre. Gracias (hace un gesto de abrazo).
Te libero y me libero. Te libero y me libero.

T: Y fíjate la energía que dices percibir del que fue tu hermano, tu compañero de otras dimensiones, ¿qué dice él?

C: Que se tenía que quedar porque aún me estaba sosteniendo, porque tenía miedo que si me dejaba, no pudiera sola.

T: ¿Está listo ahora para liberarte?

C: Igual le cuesta, no es tan fácil.

T: ¿Y a ti?

C: A mí también, siempre estuvimos juntos.

T: Claro. Pero siempre es una palabra muy grande para definir el tiempo. Para siempre, implica eternidad. Y tú ya sabes que pueden elegirse para otras experiencias, pero que estando aquí es lo mejor para ambos soltarse, para que tú cuentes con toda tu energía en el presente.

C: Sí, es lo mejor. Ve tranquilo hermano. Corto esta unión kármica y te libero. Quizás nos encontremos en otra experiencia. Pero ahora te libero.

T: Fíjate si él entiende y está dispuesto.

C: Por favor, hermano, déjame abrazarte para despedirnos y liberarnos (hace el gesto de abrazo). Ahora puedo sola. Te libero hermano querido.

T: Es maravilloso lo que has logrado. Y ahora quiero que tomes una respiración profunda y sientas cómo entra el aire en tus pulmones empoderándote. Ahora sí, eres libre. Afírmalo repitiendo: "Yo, tu nombre completo, soy yo y en mi vida y en mi cuerpo solo mando yo".

Repite lo que le digo y la invito para finalizar la sesión a que elija un color para restaurar y equilibrar su campo energético.

Testimonio de la Terapeuta

Mariela se hizo cargo del duro plan de vida que le fue asignado, tuvo una infancia y juventud muy dura. Sufrió pérdidas y atravesó sus dolores con valentía. Está muy atenta a sus emociones y no duda en ir cada vez más profundo para seguir sanando.

Hoy, ella es una profesional que lleva su hogar adelante criando a su hijo sin la ayuda del padre. Tiene una sonrisa franca y abierta, y acompaña a muchas personas en procesos de sanación. Presta el servicio que le fue asignado con alegría y, sin ninguna duda, aporta un rayo de luz a este planeta.

Testimonio de la Consultante

Desde que tengo uso de razón siempre sentí más ganas de irme qué de quedarme en esta vida. Lo atribuí al tema de las pérdidas de seres queridos. Luego del viaje al espacio entre vidas, entendí que todo el dolor que iba a sentir era parte del acuerdo, y que si aceptaba vivir esta experiencia luego me dejarán descansar.

Al sentirme dentro del vientre y no querer nacer, me di cuenta como, en mi vida actual, me aisló cuando siento que no me esperan o no me dan un lugar.

Siempre inconscientemente, esperé la validación externa y cuando no la tuve, apareció la frustración.

Luego de la regresión empecé a sentirme más segura de mi propia vida y de mi lugar en este mundo.

De hecho, desde entonces, busque aislarme un poco para ser plenamente yo, y percibir el lugar que ocupo en esta vida por mí misma.

Es algo muy profundo el cambio que siento. Incluso es hasta difícil expresarlo en palabras.

Contacto
Marcela Alejandra Pazos
marcela@lavisiondelchaman.com
www.lavisiondelchaman.com
Instagram: @lavisiondelchaman

En la Eternidad del Alma

Por María Elena Pascual Furió

Sobre la Terapeuta

María Elena es una terapeuta con más de 25 años de experiencia en el ámbito del autoconocimiento y la espiritualidad. Su especialización en regresión al mundo espiritual está inspirada en los estudios de Michael Newton, cuyas investigaciones transformaron su percepción sobre la vida y el más allá. Desde niña, Elena sintió una conexión especial con lo espiritual, acompañada de una inexplicable melancolía que nunca logró comprender del todo. Fue al explorar las teorías y técnicas de Newton que descubrió que esa tristeza estaba ligada a un profundo anhelo por regresar al mundo espiritual, un lugar que intuía que existía, pero que no había podido confirmar.

Fue en ese momento en el que tomó la determinación de formarse como terapeuta regresiva y comenzó su andadura en Hipnosis Regresiva y Vidas Pasadas, Regresión al Mundo Espiritual Entre Vidas con Luciano Fernández de Sanmamed y Psicoterapia Regresiva con el Psicólogo Carlos González Delgado, Presidente de la Asociación Española de Terapia Regresiva (AETR) y director del Centro Atma, donde también realizó talleres con el Dr. José Luis Cabouli y Hans TenDam.

Al comenzar a practicar la terapia regresiva y experimentar el impacto en sus consultantes, esa sensación de melancolía se disipó. En sus propias palabras, cada vez que acompaña a un consultante en su viaje espiritual, siente que su propia alma vuelve "a casa".

Actualmente, es miembro activo de la Asociación Española de Terapia Regresiva. Reside en Pontevedra, donde realiza sesiones tanto presenciales como online, ayudando a las personas a reconectar con sus vidas pasadas y con el propósito de su alma.

Sobre el Consultante

El consultante, es un joven al que simplemente llamaremos, Nacho. Es director, editor y guionista de profesión con tan solo 29 años. El motivo de su primera consulta fue para desactivar un trastorno obsesivo compulsivo (TOC) que, a pesar de haberlo tratado con diferentes técnicas, no lograba parar. La sesión transcurrió con éxito y el TOC fue perdiendo fuerza en su vida hasta dejar de incomodarle. Pasado poco más de un año, vuelve a mi consulta.

En esta ocasión desea realizar su propio recorrido por el mundo Espiritual y recordar su propósito de vida, así como aclarar aspectos importantes de su vida personal relacionados con su pareja y su familia, observando hechos sorprendentes acerca de su trabajo y descubriéndose a sí mismo.

Transcripción de la Sesión
Octubre de 2024.

Previamente a la sesión principal, se realizó una *sesión preparatoria* para evaluar el nivel de trance que Nacho podía alcanzar y determinar si había alguna energía o vida pasada que necesitara atención antes de entrar en el mundo espiritual. Al no detectar nada específico que requiriera ser trabajado, decidí aprovechar este estado de relajación para guiar a Nacho hacia una vida positiva de la que pudiera extraer habilidades y dones útiles para su vida actual.

En esta exploración, Nacho descubrió una vida en la que desempeñaba un papel crucial en la construcción de una iglesia. Creaba planos y estructuras, lo que le permitía expresarse de forma creativa y ser altamente valorado por su comunidad. Esta experiencia resonó profundamente con él, ya que las habilidades de diseño y creación que empleaba en esa vida pasada guardan similitudes con su proceso creativo actual. Además, en esa vida estaba felizmente casado con su pareja actual, Karina, y tenía varios hijos, lo que le aportaba una sensación de plenitud y propósito.

Esta sesión preparatoria resultó muy enriquecedora para Nacho, ya que le permitió reconectar con una versión de sí mismo donde alcanzó el éxito, reconocimiento y equilibrio en todos los aspectos de su vida. La reconexión con sus habilidades creativas y el recuerdo de una vida armoniosa le proporcionaron inspiración y confianza para afrontar sus retos presentes y ganas para continuar con la exploración del mundo espiritual.

La *sesión principal* sigue los protocolos y las pautas establecidos por Michael Newton, Andy Tomlinson y Dolores Canon en sus obras y sus contribuciones a la regresión espiritual entre vidas. El consultante, totalmente desconocedor de la obra de estos pioneros, recorre algunas de las etapas estándar investigadas por ellos, como son el encuentro con el Guía (maestro para el consultante) y la revisión de la vida pasada con éste, el encuentro con su grupo de almas, la identificación de éstas por los colores de su energía, el momento de selección de cuerpo, el encuentro con el Consejo (Maestros para el consultante), y la parte final, en que los maestros contestan las preguntas del consultante. Todo ello, además de dar una experiencia profunda y única al consultante sobre la misión de su alma, su vida y sus relaciones constituyen un testimonio más, que evidencia la consistencia y fiabilidad de los hallazgos de estos autores sobre el mundo espiritual.

Tras una larga inducción para llevar al consultante al trance profundo requerido en este tipo de regresión, éste entra en el vientre materno. De ahí, accede a la vida pasada anterior a su vida actual. En ella, se encuentra pilotando una avioneta en medio de una guerra, en la que se ve obligado a disparar y a matar. Me cuenta que sobrevive a esta guerra y muere de muy anciano rodeado de su hija y de su nieta. La conexión con su nieta era realmente muy especial y, más adelante, podremos entender la relación y la necesidad de que él sobreviviera. La transcripción comienza justo en el momento en que su corazón dejó de latir en su vida pasada inmediatamente anterior a la actual.

Terapeuta (T): Dime, ¿por dónde sales de ese cuerpo?
Consultante (C): Por la boca y por la cabeza.
T: Muy bien, ¿y de qué te das cuenta ahora?
C: De que estoy muerto.
T: ¿Y cómo te sientes?
C: Tranquilo.
T: ¿Dónde estás con respecto a tu cuerpo?
C: Arriba, me están llevando.

T: ¿Quién te está llevando?
C: Me lleva mi maestro (Encuentro con el Guía).
T: ¿Y a dónde te ha llevado tu maestro?
C: Me ha llevado a descansar.
T: Y dime, ¿cómo es ese lugar dónde te ha llevado a descansar?
C: Es así como azul, blanco y transparente. Me tiene tumbado ahí.
T: Pero, ¿es un espacio exterior?, ¿es un espacio interior?, ¿cómo es?
C: Es que aquí no hay exterior ni interior, aquí es todo igual porque no pasa nada, aquí estamos bien y entonces da igual que esté fuera o dentro, no pasa nada.
T: Dime, ¿dónde se queda él con respecto a ti?
C: Está a mi lado y también está allí. Está en bastantes sitios y está conmigo. Me está dejando aquí un poco apartado para que reflexione.
T: ¿Para qué reflexiones acerca de qué?
C: Me tiene que decir algo, porque escogimos juntos esta vida, pero yo no sé el motivo.
T: ¿Y qué te dice acerca del motivo por el que juntos diseñasteis esta vida que acabas de abandonar?
C: Que no me preocupe porque era lo que había que hacer... que no estaba bien hecho, pero era lo que me tocaba hacer para aprender. Dice que, a veces, nos morimos y no pasa nada. (Empieza la revisión de la vida pasada).
T: ¿Y qué es lo que no estaba bien hecho?
C: Que yo matara a todos, aunque no los veía porque disparaba desde arriba. Yo los veía correr, pero a veces apuntaba fuera a propósito para no darles, pero, otras, tenía que acertar porque para eso estaba ahí. Me habían mandado para disparar y yo tenía que mirar por mi familia
T: ¿Y qué te dice tu maestro acerca de todo eso?
C: Que hice bien porque me tocaba hacerlo en esa vida, aunque estaba mal hecho, pero tenía que aprender a diferenciar el deber del amor. Tenía que cuidar de mi familia y tenía que

matar para aprender a diferenciar que, aunque duela, lo que debes hacer tiene un sentido: cuidar a los que quieres proteger. Pero no fue fácil de asimilar. Al menos disparaba desde arriba y no los veía, pero sentía como si lo hiciera de cerca y me dolía igual. Yo no quería morir porque sabía que tenía que proteger a mi familia y volver a casa.

T: Muy bien, ¿habláis de algo más?

C: Sí, me habla de Nacho.

T: ¿De Nacho?

C: Sí, dice que tengo que cuidar este cuerpo y que tengo que mirar más allá del momento porque las cosas tardan un poco, pero llegan. Tengo que tener paciencia porque tengo que aprender. Tengo muchos miedos y tengo que quitármelos. El miedo a morir, el miedo a morir por otros... Como yo mataba a otros, tengo miedo a que pasen cosas malas de repente, así que llegan de la nada y tengo que aprender a sanar eso. ¿Y cómo lo hago? (le pregunta a su maestro).

T: ¿Qué te dice?

C: Que tengo que quererme, porque así se me va el miedo. Y que yo tenía que sobrevivir para que mi nieta existiera aquí en la Tierra, si no, no la iba a volver a ver, y ahora quiero estar con ella (su nieta de la vida anterior es su actual novia).

T: ¿De qué más habláis? ¿Te dice algo más sobre la vida de Nacho?

C: Dice que va a ser larga, me dice que tengo que escribir para poder ayudar a los que maté. Tengo que pedir perdón, pero de otra manera. Tengo que escribir y después ya se verá qué pasa con eso, pero tengo que ver que salga de dentro para poder estar bien. (Emite muchos sonidos y no para de moverse).

T: ¿Qué está pasando?

C: Se mueve todo.

T: ¿Y tú por dónde vas?

C: Arriba, estoy arriba, creo que estoy cayendo al agua. Me dispararon y mi avión cayó, pero me salvaron. ¿Por qué me salvaron? No sé por qué me salvaron... me están curando, pero no son de los verdes, no son de los míos, aunque me están curando y no sé por qué me salvaron.

T: ¿Y ahora has entendido por qué tenían que salvarte y para qué?

C: Sí, para volver a casa, para que conociera a mi nieta (contesta cantando).

T: Pues toma conciencia de ello. ¿Sigues estando con tu maestro? (En este momento, rompe a llorar desconsoladamente. Le doy tiempo y le vuelvo a preguntar).

T: ¿Sigues con tu maestro?

C: Me duele... porque están ahí, me están curando, o sea, ¡yo estaba matándolos y ellos me están curando! (Está impactado y llorando).

T: ¿Ahora ya puedes entender que lo han hecho para que conocieras a tu nieta?

C: Sí, pero yo les hice daño.

T: ¿Qué te dice tu maestro?

C: Me dice que está claro, que me toca devolver el favor a los otros, me dice que no tenga miedo, que todo va a estar bien y que yo me tengo que poner a escribir para devolver el favor.

T: ¿Quieres revisar algo más con tu maestro?

C: No, pero me gusta estar con él porque me da calor y porque cree en mí.

T: Y cuando acabas de revisar con él esa vida y has descansado, ¿a dónde te conduce tu alma?

C: Flotando por el éter.

T: ¿Y cómo es?

C: El éter es como un círculo de muchos de nosotros y estamos dando vueltas hasta que nos dicen que vayamos. Y ahora estoy en círculos y doy vueltas tranquilo, estoy con muchos más... damos vueltas así y no pasa el tiempo porque no hay tiempo.

T: ¿Y quiénes son esos que están dando vueltas contigo?

C: Hay una rosa que sabe más y hay un amarillo que está cerquita de mí, y esos son los que más me miran, sí, los que están más cerca de mí. (Empieza el encuentro con su grupo de almas, que identifica por colores, donde descubre las almas con las que suele reencarnarse y su misión como grupo).

T: ¿Y qué significa para ti ese amarillo?

C: El amarillo es Karina, siempre es Karina (su actual novia).

T: Y la rosa ¿qué significa?

C: Mamá.

T: Entonces estás dando vueltas en círculos con mamá, con Karina, ¿y con quién más?

C: Creo que está un naranja, que es Evita (su hermana actual). Y hay un verde que, a veces viene y a veces no, a veces es papá, pero no siempre está.

T: Y tú, ¿qué color tienes tú?

C: Marrón, me gusta el marrón. Es más bonito porque es así como de madera, es como cálido y blanquito también por fuera. ¡Es como el chocolate con nata! Pues algo así.

T: ¿Y qué significa para ti tener ese color con respecto a la evolución?

C: Estoy cerquita del violeta... ya falta poco.

T: Muy bien, ¿y qué significa el violeta?

C: Que estoy listo para salir.

T: ¿Para salir a dónde?

C: Eh, es otro sitio... como otra plantilla, como otro espacio. ¡Ya van muchas vidas!

T: ¿Llevas ya muchas vidas?

C: Sí, creo que sí, ¡creo que unas cuantas!

T: ¿Cuántas?

C: Unas ciento cincuenta y dos... ¡Jeje, está bien!

T: ¡Está muy bien! Y entonces, ese grupo de almas con el que estás dando vueltas, ¿es con el que sueles encarnarte habitualmente?

C: Sí, éstos, sí.

T: ¿Y qué experimentas al reencontrarte con ellos?
C: Estoy a gusto... porque nos hacemos bien los unos a los otros.
T: ¿Y siempre vienen contigo con diferentes roles?
C: A veces sí, otras me toca estar solo.
T: ¿Y qué trabajáis juntos?
C: Ufff, depende de muchas cosas.
T: ¿Pero hay un interés común para trabajar juntos?
C: Sí, queremos la luz. Estamos buscando la manera de subir porque hay que iluminarse, hay que hacer más.
T: ¿Subir a dónde?
C: Hay que subir a la luz para poder descansar. ¡Descansar allí de todo esto! ¡Que esto a veces duele! ¿Sabes?
T: Sí y aparte de descansar, ¿qué más?
C: Pues es que yo no he subido y aún no sé qué hay, pero desde luego hay algo ahí que tenemos que alcanzar para poder estar sanos y para poder ayudar a otros...
T: ¿Y sigues todavía ahí dando vueltas con ellos?
C: Nooo... ahora mismo estoy solo, aunque (cantando) viene alguien... ¡Ahyyyy! (Suspira de placer) ¡A ver! Creo que es otra vez mi maestro... dice que, claro, él ya subió.
T: Y fíjate, ¿hay algún otro grupo de almas con el que también te encarnes frecuentemente y con el que trabajes alguna otra cosa en concreto?
C: Creo que sí... Ehh... ¡Jeee!
T: ¿Sí?... ¿Dónde estás?
C: ¡En el limmbooo!
T: Muy bien y ahí en el limbo te voy a pedir que vayas a un momento en el que sucede algo distinto... eeeso es... ¿Dónde estás?
C: Esto es como con columnas, y estoy escuchando lo que me dicen los maestros (Empieza el encuentro con el Consejo de Sabios, maestros para el consultante, que le dan pautas sobre su vida actual).
T: ¿Y qué te dicen?
C: Que tengo que estar tranquilo.

T: Muy bien. ¿Estás tú solo con los sabios o hay más gente?
C: Hay gente, pero están fuera del círculo. Fuera de las columnas hay gente, pero yo estoy con los que me dicen cosas a mí.
T: ¿Está ahí tu maestro contigo?
C: Está aquí detrás (y me señala tras su hombro).
T: ¿Y qué experimentas al visitar este sitio?
C: Me da un poco de susto, o sea, estoy bien, pero...
T: ¿Cuántos espíritus de luz hay?
C: Uno, dos, tres, cuatro, cinco, seis...
T: ¿Y qué forma tienen? ¿Tienen forma física?
C: Eh, son cooooomoooo... como gotas.
T: ¿Y qué color tienen? ¿Tienen todos el mismo color?
C: No, no todos, pero son así muy transparentes con un poquito de azul y blanco.
T: ¿Y te podrían dar información relevante sobre vidas pasadas tuyas que debas conocer?
C: Sí, supongo que sí.
T: Muy bien, ¿podemos continuar?
C: Sí.
T: Vamos al sitio donde seleccionas el cuerpo que vas a tener ahora en tu vida actual, ¿cómo es ese sitio? Descríbemelo (Comienza la fase de elección del cuerpo para la vida actual. En este caso, como se verá, el consultante no tuvo elección, fue seleccionado por su maestro para él).
C: Es blanquito. Es todo como muy limpio y muy pulcro. No hay esquinas. Es grande y puedes estar dentro y también estar fuera, y cuando escoges a la persona, simplemente te vas para ahí.
T: ¿Y cuántos cuerpos te ofrecen?
C: No, no va así.
T: ¿Y cómo va?
C: Pues... entiendo que mi maestro ha escogido este cuerpo que está aquí delante... y yo lo acepto.

T: ¿No lo escogiste tú? ¿Lo escogió él?

C: Lo escogió mi maestro.

T: Entonces, ¿no te ofrecieron ningún otro cuerpo más?

C: No. Él sabía que era éste, y yo pues lo acepté porque él sabe más.

T: ¿Y a qué se debe que no te dieran más opciones?

C: Es porque me falta poco.

T: ¿Y a quién elegiste de tu familia, elegiste a tus padres, elegiste a tu hermana, a quién elegiste?

C: Ahhhh, sí, eso sí, a mamá. ¡Papá es de los otros! Es de los de allá.

T: ¿Qué significa que papá es de los de allá?

C: Que no está siempre conmigo.

T: Y entonces, ¿en esta ocasión a quién elegiste?

C: A mamá, a Karina y a Evita.

T: Muy bien, ¿elegiste a alguien más?

C: Creo que está uno por ahí que es Saúl, el hijo de mi hermana.

T: ¿También lo elegiste?

C: Sí, ¡creo que sí! Sí, es amarillo, es el más grande, es más grande que nosotros.

T: Y fíjate, con este cuerpo que elige tu maestro para ti, ¿tú puedes elegir las emociones y la inteligencia?

C: No, no se puede, eso es más complicado, esas cosas se van creando.

T: Ahhh, y ahí en el sitio ese donde estás viendo el cuerpo que vas a tener, aparte de tu maestro, ¿hay alguien más?

C: Están arriba mirando los otros sabios, pero así como de reojo, es como que están un poco... ¡supongo que saben que voy a ir ahí dentro de poco y les hace gracia!

T: Muy bien, ¿puedes ir de nuevo donde te reúnes con los maestros sabios? (Comienza un segundo encuentro con el Consejo de Sabios para responder a las preguntas que el consultante había entregado al terapeuta previamente a la sesión para que le fueran respondidas durante la regresión).

C: Sí.

T: ¿Está también tu maestro?

C: Él viene siempre, está aquí (me señala su parte izquierda).

T: ¿Y cómo están posicionados los maestros sabios?

C: Están así (me dibuja un semicírculo con la mano).

T: ¿Hay alguno que destaque más que los otros?

C: Eh, no, porque son lo mismo, son todos uno.

T: ¿Y cuántos forman ese uno? Cuéntalos.

C: Pocos... siete.

T: ¿Y todos tienen el mismo color?

C: Sí, son blancos.

T: Pues ahora con tu permiso me voy a dirigir yo a ellos y les voy a decir con todo mi respeto: ¿cuál es el propósito de Nacho en esta vida, a qué ha venido a este mundo? Dime qué es lo que te responden por favor.

C: Ha venido a contar lo que tiene él dentro, tiene que estar con las personas que quiere y ser paciente, es importante que haga lo que le dice su corazón.

T: ¿Está en el camino correcto para cumplir o debería de coger un camino diferente?

C: Eso es complicado, tiene que hacer lo suyo, pero sin separarse de donde está.

T: ¿Algún consejo más que le pueda ayudar a llevar a cabo este propósito con éxito?

C: Sí, que no se confíe, porque tiene que trabajarlo, no va a llegar solo... (se queda en silencio y con gesto reflexivo afirma) ... ¡Tengo que confiar más en mí!

T: Precisamente, Nacho quiere saber cómo puede confiar más en él y en el porvenir de la vida y no sufrir tanto con la ansiedad, ni tener tanto miedo.

C: Eso es la experiencia, tiene que tener paciencia.

T: ¿Y qué sentido tiene su relación de amor con el otro lado del Atlántico?

C: Eso ya lo hemos visto, hay unos y hay otros y le toca estar en ambos lugares.

T: ¿Y qué sentido tiene el miedo a que algo o alguien le niegue o le impida estar con la persona que ama?

C: Tiene que estar tranquilo. No tiene que preocuparse de eso porque ahora va a estar bien.

T: Muy bien, muchas gracias. ¿Y qué tiene que aprender Nacho de la relación con su familia?

C: Tienen que estar juntos y su papá tiene que entender que hay algo más, y que se puede hacer familia de muchas maneras.

T: Muy bien, ¡y por último ya! ¿qué debe hacer para cuidar y mejorar su salud física y mental, y estar sano para ayudarse a sí mismo y a los demás?

C: Jejeje... Esto...

T: ¿A qué se refiere con esto?

C: ¡Venir aquí a conocernos... a nosotros!

T: ¿Y qué tiene que hacer a partir de ahora para estar en contacto con vosotros?

C: Tiene que confiar en él... Estaremos ahí... Si él confía.

T: Muy bien, muchas gracias. ¿Estás preparado para encarnarte en tu vida presente? ¿Cómo te preparas para encarnarte?

C: Esto es todo muy parecido... Es como que me voy a bajar... Voy a bajar allí... ¡Ahhhh, es que ya existe! Simplemente cuando surja yo estaré.

T: ¿Y alguien va a despedirte ahí en el mundo Espiritual y a darte los últimos consejos antes de venir?

C: Está el maestro y están los otros también ahí... Todos éstos (y me señala a su alrededor como si yo los viera) ... Ahí están.

T: ¿Y ya estás listo para bajar?

C: Estoy... Cuando digan.

T: Muy bien, pues adelante, ve en busca de tu bebé, y mientras vas en busca de tu bebé envuélvete en una burbuja... (finalizando la sesión con un cierre armonizador).

Testimonio del Terapeuta

El caso de Nacho ilustra el impacto transformador de las terapias regresivas en el autoconocimiento y la conexión espiritual. A través de esta experiencia, Nacho no sólo descubrió lecciones y propósitos claves de su alma, sino que también logró integrar estos aprendizajes en su vida actual, obteniendo claridad, paz interior y confianza para avanzar en su camino.

Este relato ofrece una perspectiva inspiradora sobre el potencial del alma para sanar, evolucionar y reencontrarse con quienes comparte lazos profundos.

Y no puedo más que sentirme una gran privilegiada de vivir en primera persona y acompañar al alma, que viste ahora con el nombre de Nacho, en su reencuentro con su esencia más profunda y fascinarme con sus vivencias. Agradecida una vez más a la regresiones de entre vidas que aportan tanta luz, paz y sabiduría en ambas direcciones.

Testimonio de la Consultante

Hola Elena, te escribo para contarte un poquito cómo me encuentro ahora, y cómo recibí estas últimas dos sesiones de vida entre vidas.

Lo primero es que siento mucha gratitud, tanto hacia ti como hacia todo lo que me dijeron los maestros. Noto que en mí hay más confianza, que es algo que no me permitía hasta ahora. Tenía mucho miedo a todo, tanto miedo a la muerte como miedo a todo lo que vendrá. Una ansiedad constante. Y aunque por momentos eso también está, porque al final los quehaceres de la vida adulta te llevan, a veces, a ese ritmo frenético que te genera ciertas ansiedades y ciertas preocupaciones, pero está en otro nivel. Me ha sentado muy bien esa regresión para reafirmarme y reconectar todavía más, me siento muy feliz, muy cal-

mado, siento en el pecho una sensación de poder seguir guiándome por la intuición. Y eso me lo ha reafirmado la terapia.

La sesión fue sin duda una de las más esclarecedoras. Y la verdad, es que me siento muy a gusto conmigo mismo, muy reconciliado y reafirmado con las decisiones que tomo, siempre guiadas por el corazón y la intuición, y así quiero que siga siendo. También me he notado muy aliviado con aquello de que simplemente tengo que hacer cosas que me muevan por dentro. Desde escribir, levantar proyectos tanto de guion como de escritura, películas o cortos y que nazcan de dentro hacerlos, pero sobre todo quedarme tranquilo con que lo que estoy haciendo está bien. Todo lo que me late y me resuena, me aporta mucha calma para seguir confiando, saber que ellos me quieren y que van a estar ahí siempre.

Me ha ayudado mucho a relativizar la muerte y cómo observarla desde otra perspectiva. No como algo traumático y definitivo, sino como algo que es un ciclo. Las personas que falten en esta vida, volverás a encontrarte con ellas en otra. Obviamente la pena y el duelo hay que pasarlo, pero no caer en una desesperación porque sabes que te vas a reencontrar. Saber cómo las almas se mueven en círculos y haberlo sentido así de bien en la regresión, ha sido muy bello.

Me gusta hablar de todo lo que experimenté, me salen las palabras solas. Con la emoción y la pasión con la que me salen, me reafirma todo lo que viví y sentí ahí dentro, porque me ha reconectado mucho con una esencia, una naturaleza que a veces está oculta pero que está en nosotros, y que por el devenir de la vida, a veces no nos paramos a meditar, a reflexionar o simplemente confiar (esa es la palabra que más me llevo), conectarnos con nosotros mismos y con lo que el alma quiere o viene a hacer en esta vida. Me ha ayudado mucho escuchar a los maestros y esa alma compañera que te va guiando, el guía, que me reafirmó mi intuición. Desde la primera de todas las sesiones que hicimos con el TOC, he notado un alivio en el pecho, una calma que hacía muchísimo que no sentía y he notado como que todos esos miedos profundos se depuraron y ahora tengo las herramientas para poder permitirme seguir confiando, guiándome por la intuición y tratando de hacer el bien, así como hacer lo mejor posible para las personas que tengo cerca.

Te agradezco mucho y lo dicho, que me siento muy feliz, muy a gusto, muy agradecido y, sobre todo, que me ha reafirmado todavía más, si cabe mi relación. Nuestro vínculo de almas. Me gusta sentirlo así de limpio, así de puro y así de bello. A mí me ha ayudado mucho y así lo siento. Así que nada, mil gracias Elena y un besiño grande.

Contacto

María Elena Pascual Furió
Teléfono: + 34 644 743 699
elenapf38@gmail.com
www.elenapascualf.com
Instagram: @elena.pascualf
You Tube: @elenapascual9529

Solo el Amor es Real

Por María Rosa Martínez Fernández

Sobre la Autora

María Rosa, desde temprana edad, ha estado en una constante búsqueda de sentido y conexión. A lo largo de su vida ha experimentado diversas facetas que le han llevado a consolidar su compromiso con el bienestar integral y la elevación de consciencia.

Descubrió en la conexión con la supraconciencia y en el acompañamiento desde el alma, a través de la terapia regresiva, su gran vocación y pasión.

Es Terapeuta Regresiva, con una sólida formación en esta disciplina. A lo largo de su trayectoria ha adquirido amplios conocimientos y habilidades a través de su formación en tres reconocidas escuelas especializadas en esta materia: Centro ATMA, con el Psicólogo Carlos González Delgado; Escuela de la Licenciada Claudia de Vincenzi, realizando formación y postgrado y, Escuela Holística Integral la Visión del

Chamán, que integra la práctica chamánica y está dirigida por Marcela Alejandra Pazos.

Además, es Psicopedagoga, Licenciada en ADE, Canal de Luz y Coach Transpersonal.

Su enfoque se nutre de un profundo conocimiento, tanto existencial como espiritual, que le permite ofrecer un acompañamiento integral en los procesos de autoconocimiento introspectivo y reintegración de la parte esencial.

Es miembro activo de la Asociación Española de Terapia Regresiva (AETR), de la que fue su Vicepresidenta en una etapa anterior. Es coautora de los siguientes libros de AETR: "Terapia Regresiva y Almas Perdidas" (2023) y "Terapia Regresiva, Gestación y Nacimiento" (2025).

Sobre la Consultante

Ana es una persona de mediana edad que ha tenido una infancia vacía y una adolescencia dolorosa. Se ha criado en un hogar desequilibrado y carente de armonía. Creció con un padre ausente y una madre alterada emocionalmente que diariamente descargaba en Ana, tanto verbal como físicamente, la herida de tensión, sufrimiento, desconexión y amargura que portaba.

Desde temprana edad, tenía una gran sensibilidad y empatía desmesurada hacia los demás, así como una percepción energética extrasensorial que no comprendía y que le llegaba a abrumar.

Afirma ser "la oveja negra", sintiéndose diferente e incomprendida por su familia. Durante muchos años, hizo todo lo posible para encajar en su núcleo familiar, pero por más que trataba de ser aceptada y querida, el reproche, los desencuentros, la humillación y la violencia eran una constante.

Con frecuencia, solía contemplar las estrellas con añoranza de regresar a casa y, a la misma vez, se extrañaba por este sentir tan profundo, aparentemente, tan fantasioso.

Al llegar a su madurez, Ana hizo un esfuerzo enorme por encajar en el sistema y tuvo éxito en lo que se refiere a formación reglada, pareja estable, un trabajo adecuado, etc. Sin embargo, en lo más profundo de su ser, no era feliz, sentía un vacío existencial y una influencia energética que no podía explicar, pero que sí experimentaba con gran intensidad.

Creía que su vida no tenía sentido, que algo estaba mal en ella. Sufría en silencio y estaba agotada física, emocional y energéticamente.

A pesar de esta aguda crisis existencial, algo en su interior la impulsaba a salir adelante y superar la adversidad. Tras años de realizar un minucioso trabajo interno, recuperó su armonía y, llegado este punto de entendimiento profundo, se cuestiona cuál es su para qué mayor, qué es aquello que da sentido a su existencia, para qué tanta dificultad y, así, casi por casualidad o, más bien, por pura sincronicidad, fue como Ana llegó a esta sesión de terapia regresiva con el anhelo de encontrar respuestas.

Transcripción de la Sesión

Terapia Regresiva para sanar el alma y encontrar respuestas existenciales. Sesión presencial, 18 de octubre de 2024.

Durante la entrevista previa, comenzaron a emerger en Ana diversas emociones, manifestando una gran emotividad (mucho antes de cerrar los ojos, ya estaba en regresión).

Terapeuta (T): Si supieras, ¿dónde estás?

Consultante (C): En una nebulosa blanca. Es una niebla blanca muy espesa y algodonada que tiende a abrirse.

T: ¿Cómo te sientes?

C: Siento un inmenso estado de paz, una sensación de paz profunda.

T: ¿Qué sensaciones tienes en este estado de paz?

C: Es una conexión inmensa con todo y con el Todo. Me siento conectada con todas las partículas de luz. Es una sensación de inmensidad, de amor profundo. Es una tremenda sensación de paz y de amor tan pletórica que no tengo palabras para describirla. Me encuentro en un estado de paz profunda, de conexión infinita. De amor sin límites.

Me siento completa, íntegra, serena. Es un estado de completitud que desborda cualquier emoción de bienestar experimentada antes. (Llorando de felicidad).

T: ¿Dónde estás cuando sientes esta paz profunda y conexión infinita?

C: Estoy rodeada de estrellas, en algún lugar dentro de este inmenso universo, pero a la misma vez me siento unida a todas las partículas de vida. Esta sensación de unidad se retroalimenta con una conexión infinita de amor por todo y hacia todo que, a su misma vez, emite de mí y emana hacia mí. ¡Estoy en casa!

T: Fíjate, ¿cómo te percibes?

C: ¡Soy amor! ¡Todo es amor! ¡Solo el amor es real! Es una sensación tan placentera que es un éxtasis y un regocijo continuo para los sentidos. Es la plenitud de ser, simplemente siendo.

T: Y, ¿tienes cuerpo?

C: No, soy una esfera de luz y, a su vez, estoy rodeada de luz, conectada con otras partículas de luz blanca, brillante, hermosa con destellos irisados y plateados. Simplemente soy y soy feliz siendo.

T: Muy bien, avanza un poquito más.

C: La neblina de luz que me rodea comienza a abrirse, como abriendo un camino que se ilumina más y más.

T: Sigue.

C: Cinco inmensos seres de luz, sin cuerpo material, pero con una silueta energética, se acercan a mí con mucho amor. El más alto, tiene forma diferente.

T: ¿Puedes describir la forma que tiene este ser más alto?

C: Es un ser carente de cuerpo, tiene un cuerpo vehículo de luz, esbelto y amartillado, con una forma que me recuerda a una media "t".

T: Sí, sigue.

C: Este ser se acerca a mí con mucha solemnidad y un infinito amor y me dice: "cariño, es hora de partir, es hora de retomar el trabajo de tu alma. Ha llegado el momento."

T: Y, ¿qué sientes?

C: De repente, conecto con un torrente emocional que antes carecía y en este momento me siento desbordada. Es una sensación parecida a lo que sería comenzar a llorar, pero sin lágrimas, es una sensación que me inunda, que me recorre por completo. Por un lado, es expectación, es impaciencia y, por otro lado, es una sensación semejante al miedo, me comienzo a cuestionar si esta vez seré capaz, si no volveré a cometer los mismos errores. (Compungida, con voz entrecortada y llorando desconsoladamente).

T: Todas estas sensaciones y emociones, ¿cómo están afectando tu vida actual como Ana?, ¿qué te hacen hacer todo esto?

C: Me aferro a la seguridad, tengo miedo a errar ante circunstancias desconocidas.

T: Y, todo esto, ¿qué te impide hacer?

C: Evolucionar, avanzar con firmeza hacia mis anhelos más puros.

T: ¿Cuál es el aprendizaje que tu alma te está mostrando?

C: Que el único error es no avanzar por miedo, mi alma ha venido a experimentar. He de aprender a abrazar el cambio porque en el cambio está la sal de la vida. En el cambio están los retos, pero también las bendiciones que mi alma tiene para mí.

T: Eso es, toma consciencia de esta profunda reflexión y continúa avanzando.

C: Estos seres de luz que han venido a buscarme, con mucho amor, comienzan a tranquilizarme.

T: ¿Qué hacen para tranquilizarte?

C: Me van diciendo que esta vez será diferente, pero que recuerde que lo más importante es confiar en mí misma, confiar en el camino y, sobre todo y por encima de todo, confiar en mi conexión divina.

T: ¿A qué se debe que la confianza en tu conexión divina sea tan relevante?

C: Aseguran que si me mantengo firme en mi conexión divina todo será mucho más fácil. Mientras, comienzan a ayudarme a desplazarme por el pasillo que se ha iluminado y me piden que recuerde.

T: ¿Qué es lo que necesitas recordar?

C: Que el velo del olvido es algo que sucede cuando se encarna en los planos más densos pero que realmente este velo es una mera ilusión.

T: ¿Cómo es esto?

C: Sí, es una mera ilusión, pues en verdad, toda la información la mantiene el alma. Por tanto, el corazón humano siempre sabe la verdad.

T: Sigue.

C: Me piden que no tema, que escuche mi corazón cuando la duda llegue a mí y la bruma me oprima. Que no tema, que mi alma siempre me acompaña y, en su sabiduría infinita, me sabrá guiar para, esta vez, abrir mi camino, progresar y evolucionar de la manera más armoniosa posible.

T: Muy bien, avanza.

C: Comienzan a acercarse, me rodean.

T: ¿Cómo te sientes cuando estos seres de luz te rodean?

C: Siento como un profundo amor que me invade. El amor más inmenso que jamás pude sentir. (Con la piel erizada y llorando muy emocionada).

T: Sigue.

C: Me dicen: "recuerda que eres luz, luz estelar, estás hecha de polvo de estrellas y de amor incondicional de la Fuente Divina. Eres infinitamente amada y esta conexión de profundo amor con tus guías, con tu séquito de luz, es una conexión fuerte que se mantiene independientemente de la dimensión en la que te encuentres experimentado, así que no estarás sola, de alguna manera siempre estaremos a tu lado. Recuerda también lo importante que es solicitar asistencia divina, es la única manera en la que podemos ayudarte, si así lo expresas de forma voluntaria.
Tienes libre albedrío, utiliza tu voluntad divina a tu favor y solicita nuestra asistencia cada vez que así lo requieras. Recuerda, no estás sola, nunca estás sola."

T: Muy bien, sigue.

C: Envuelta en este profundo amor comenzamos a avanzar.

T: ¿Cómo avanzáis?

C: Flotando, en este pasillo de luz que se ha iluminado. Me rodean formando una esfera mayor de amor, como si todos fuéramos uno. Comenzamos a avanzar por ese pasillo de luz siendo una inmensa esfera de luz y amor.

T: ¿Hacia dónde vais?

C: Me llevan hacia una grandiosa sala de luz blanca, muy hermosa, con unos colores y una belleza que mis palabras no pueden alcanzar a describir. Es un momento de gran solemnidad.

T: ¿Cómo te sientes?

C: Me siento sobrecogida, es un momento muy especial. (Con voz entrecortada por la emoción).

T: ¿Qué está pasando?

C: Se ha formado un pasillo de luz en tonos blancos y dorados, en ambos lados hay un montón de seres de luz a los que amo y que me aman.

T: ¿Quiénes son estos seres?

C: Está al completo mi familia de luz, muchos guías y seres elevados en amor, consciencia, vibración y sabiduría que han acudido a este evento con solemnidad.

T: ¿A qué se debe su presencia?

C: Han venido para arroparme, para apoyarme en mi camino de regreso.

T: Sigue.

C: Comienzo a avanzar por el pasillo y, a los dos lados, me rodean seres luz proyectando amor, respeto hacia a mí en señal de unidad, solemnidad.

T: ¿Cómo te sientes?

C: Estoy muy emocionada, ¡el gran día ya ha llegado! Es un momento muy especial y, a su vez, es un momento muy esperado.

T: Sigue, avanza un poco más.

C: Me acerco hacia el fondo, donde hay una mesa dorada y al otro lado hay sentado un ser de luz de largo cabello blanco. Es un ser con mucho bagaje, que acumula mucha sabiduría. También tiene mucha ternura, es un ser muy venerado y respetado por todos.

T: ¿Qué te transmite?

C: Amablemente me pide que me siente al otro lado de la mesa. Los cinco seres de luz que me han acompañado hasta aquí son mis guías mayores y se quedan detrás de mí, formando un semicírculo.

T: Sigue.

C: El ser de luz que está sentado al otro lado de la mesa me está esperando y ha abierto un gran libro de luz azul, con hojas doradas y tiene una bella pluma de luz entre sus manos. Me pide que antes de decidir hagamos juntos un balance de lo que ha sido mi bagaje álmico.

T: Y, ¿cómo es esto?

C: En este momento es como si viera ante mí, como si pudiera conectar con el plano emocional de la Tierra y de otras dimensiones. De forma muy rápida, pero efectiva, tomo consciencia de cuantas asignaturas tengo pendientes, aún por superar, de cuanto dolor sembré y de cuanto me equivoqué en otras existencias.

T: Sigue.

C: Ahora se está aproximando un ser de luz con rango equiparable a lo que puede ser militar, es un comandante estelar.

T: ¿Te resulta familiar?

C: Sí, me he instruido con él y he experimentado con él y con su equipo en muchas experiencias anteriores donde han existido conflictos interplanetarios, intergalácticos.

T: Y, ¿a qué se debe la presencia de este comandante estelar?

C: De alguna manera, esta instrucción me ha facilitado el ser una especie de mediadora cósmica entre las diferentes energías de los diferentes planos. Viene a recordarme que esto es algo que tengo en mi haber, que ya tengo consolidado.

T: Muy bien, sigue.

C: Entre todos me recuerdan lo importante que es apoyar a la Tierra.

T: ¿Por qué es importante apoyar a la Tierra?

C: Porque la Tierra está atravesando por un momento cósmico singular, donde la confluencia de diferentes intereses interestelares, unida a la densidad y desarmonía en sí del ser humano, está creando un gran desequilibrio, tanto en el planeta Tierra como en el cosmos en sí mismo.

T: Y, en relación a todo esto, ¿qué sientes?

C: En ese momento, me recorre una potente energía y un sentimiento que no sabría describir. Soy consciente de lo que me están proponiendo y, a la misma vez, tengo miedo de no estar a la altura. (Estremecida, con lágrimas corriendo por sus mejillas).

T: ¿Qué te están proponiendo?

C: Me están proponiendo que encarne en el planeta Tierra, que ayude a elevar la frecuencia de la Tierra y, que utilice la densidad de la Tierra para superar aquellas asignaturas o cuestiones que a nivel álmico aún tengo pendientes. Me estremezco y dudo porque soy consciente de que el reto es inmenso.

T: Muy bien, avanza un poquito más.

C: Todos mis guías, con mucho amor, comienzan a recordarme mi valía, mis capacidades, lo que ya tengo consolidado. Me animan, me consuelan. Afirman que esta vez sí seré capaz, pero yo tengo mucho miedo.

T: ¿Cuál es tu mayor miedo?

C: Tengo mucho miedo de perderme en la densidad y que mi luz se apague envuelta en la oscuridad. Tengo mucho miedo de desviarme del camino, de apartarme de la luz y utilizar mis habilidades para hacer daño.

T: ¿Cuáles son tus habilidades y dones?

C: Don de telepatía, lectura del aura del otro, conocimiento de sus vulnerabilidades. Conexión y dominio energético a un nivel profundo.

T: Sigue.

C: Con mucho amor, mis guías, con muchísimo amor e infinita paciencia, me muestran apoyo incondicional, me recuerdan mi valía. Sin embargo, sé que el reto es inmenso.

T: ¿A qué se debe que el reto sea inmenso?, ¿qué lecciones tienes pendientes?

C: Tengo pendiente, como lección mayor, trabajar la confianza en mí, en mis capacidades innatas. También vengo a trabajar el desapego y, a su vez, el amor incondicional. Además, he de sanar grandes heridas de mis ancestros, he de liberar a mi árbol de grandes cargas iluminándolos en luz.

T: ¿Qué misión elige tu alma para esta experiencia?, ¿cuál va a ser el propósito de tu existencia?

C: Me ofrezco como voluntaria para servir a la Tierra, ayudando a sus habitantes a elevarse.

T: Sigue.

C: Ahora estoy percibiendo a los que van a ser mis padres.

T: Fíjate, ¿los eliges voluntariamente?

C: Sí, voluntariamente elijo a mis padres. Hay un vínculo de amor enorme que me une a ellos. Sin embargo, hay muchas cuestiones kármicas, lecciones inconclusas, que deben ser reparadas. Por ello, elijo nacer en una familia desestructurada, desequilibrada emocionalmente, donde me voy a sentir desplazada, no aceptada, no comprendida y voy a tener que hacer un arduo trabajo para superar todas estas dificultades familiares.

T: ¿En qué consiste este trabajo de superación?

C: Voy a tener que hacer un ejercicio muy profundo para poder amar a pesar del dolor, para poder amar a pesar de todo lo sucedido. En este amar, me recuerdan que lo más importante será desarrollar la aceptación hacia mí, aceptarme a pesar de sentir que soy diferente y de darme cuenta que no encajo en la rigidez del sistema caduco de la Tierra.

T: ¿Cómo se relaciona todo esto con el motivo que te ha impulsado a realizar esta sesión?

C: En este momento soy consciente que voy a tener que hacer un fuerte trabajo emocional. Vengo a ayudar al otro a transmutar sus emociones, pero, para eso, previamente, voy a tener que aprender a hacer alquimia interna con mis circunstancias personales.

T: Sigue.

C: Me indica que, al inicio de mi vida en la Tierra, mis capacidades psíquicas estarán ciertamente como dormidas pero que conforme avance y evolucione hacia mi propósito de servicio las capacidades se irán abriendo.

T: ¿Algo más?

C: Me explica que voy a estar encarnada en la Tierra, pero, a su vez, voy a seguir activa en las filas de este comandante interestelar.

T: ¿A qué se debe que continúes activa en las filas de este comandante?

C: Porque mi compromiso es un compromiso con la armonía del cosmos.

T: Y, este compromiso cósmico, ¿qué consecuencias tiene en tu vida terrenal?

C: El sabio me indica que este desdoblamiento, de alguna manera, me va a influir en mi día a día, que es probable que a veces sienta agotamiento energético cuyo origen no comprenda. Esto se debe simplemente a que mi campo áurico, de por sí, viene dotado de forma innata para armonizar la energía del lugar donde me encuentre.

T: Este desdoblamiento y esta cualidad innata de tu campo áurico, ¿cómo te afecta en tu vida como Ana?, ¿qué te hace hacer o sentir todo esto?

C: Frecuentemente me siento cansada y agotada.

T: Y eso, ¿qué te impide?

C: Me impide relajarme, estoy siempre de guardia y me dificulta socializar.

T: Y, ¿qué puedes hacer para mitigar, aminorar o neutralizar estos efectos?

C: Me dicen que, al encarnar, voy a ser como una especie de filtro depurador, esto va a hacer que se eleve la energía del lugar donde esté o frecuente. Sin embargo, hasta que aprenda a armonizar y entender este don, va a ser difícil, por la tendencia a confundirme con la hostilidad de la densidad emocional del entorno. Me recuerdan que es muy importante que no haga mía esta densidad, que simplemente la drene y me drene en espacios naturales.

T: Muy bien, avanza un poquito más.

C: Me indican también que soy un ser con una vibración elevada y, aunque encarne en la densidad de un cuerpo físico, esta alta vibración de mi esencia, de mi origen cósmico, va a hacer que tenga más sensibilidad hacia las hostilidades del entorno, me piden, por tanto, que me ciña a llevar una vida tan natural como me sea posible, alejándome, en gran medida, de todos los tóxicos y contaminantes industriales creados artificialmente por el ser humano.

T: Sigue.

C: Una vez explicado todo esto, se me pide mi confirmación.

T: Y, ¿qué decides hacer?

C: Acepto sin dudar, me ofrezco voluntaria, estoy feliz de encarnar con estos padres porque, aunque sean grandes maestros en la Tierra y las lecciones serán muy duras, a nivel álmico, el amor incondicional que siento por ellos es inmenso. (Llorando).

T: Muy bien, sigue.

C: El sabio recoge en el libro de hojas doradas todas estas cuestiones y mi conformidad sobre las mismas.

T: ¿Qué sucede al dar tu conformidad?

C: Al dar mi conformidad se inicia una gran fiesta, todos los asistentes se van acercando para abrazarme, bendecirme y animarme.

T: Sigue, avanza un poquito más.

C: Cuando esta ceremonia de despedida y bendición ha finalizado, simplemente se abre ante mí un enorme portal de luz plateada que traspaso con firmeza, convicción y alegría.

T: ¿Qué sientes al atravesar el portal de luz plateada?

C: Siento que caigo. ¡Ahhh me caigo! ¡Ahhh estoy cayendo! ¡Me caigo, me caigoooo! (Con la cara totalmente despavorida y desencajada).

T: Y, ¿qué sientes cuanto estás cayendo?

C: ¡Ahh!, ¡es como si me estuviera desintegrandooo!, cada vez me hago más y más chica, es como si se fueran quedando partes de mí en otros niveles, en otros planos superiores y conforme bajo a planos inferiores me voy desintegrando, desintegrando hasta a penas ser una partícula de conciencia en luz.

T: Sigue.

C: ¡Ahhh, me siento caer, caer y caer! ¡Ufff!, ¡ya he llegado! (Respira profundamente aliviada).

T: ¿Dónde has llegado?

C: Ahora me siento conectada a la que es mi mamá. ¡Guauuu sí!, ¡estoy en el útero de mi mamá!

(...)

He de reconocer que, durante algún momento de la sesión, me sentí conmocionada. Muchos aspectos que Ana vivenció me hacían de espejo y resonaban en mí a un nivel trascendente.

Durante el trabajo regresivo, el campo cuántico del consultante se unifica con el del terapeuta, generándose un campo cuántico unificado que facilita el desarrollo de la sesión. A pesar de haber realizado y guiado muchas regresiones, lo cierto es que esta sesión fue especial para mí. Desde el primer momento, sentía el amor que la consultante estaba experimentando y, a su vez, una profunda sensación de paz, calma y sosiego invadía por completo todo mi ser. Paralelamente, comencé a recordar cuestiones fundamentales de esencial relevancia para el plan de mi alma que me conmovieron profundamente.

También me sentí identificada en muchos aspectos con Ana, en lo relativo a la misión que trae para desarrollar en esta existencia pues, entre otras cosas, yo también me ofrecí como voluntaria para ayudar a la Tierra en este momento cósmico tan especial.

En un momento de la sesión, de gran intensidad emocional, percibí con total nitidez el pacto álmico que, tiempo atrás, había fijado con Ana a otros niveles y, que básicamente consistía en que una vez llegado el momento oportuno, cuando ella estuviera preparada para avanzar, simplemente la acompañaría a recordar su verdad esencial, aquello que su alma anhela manifestar, contribuyendo así, a su despertar como semilla estelar.

Testimonio de la Consultante

Transcurridos veintiún días desde la sesión, le pedí a Ana que, a modo de testimonio, plasmara por escrito sus impresiones en base a lo experimentado durante la regresión:

"No tengo palabras para agradecer y describir el profundo amor sentido durante la sesión. Mi corazón se conmueve, se expande, se llena de alegría cada vez que recuerdo momentos significativos de esta hermosa regresión. Para mí fue un punto de inflexión en mi vida, un punto de toma de consciencia máximo que me ayuda cada día a mantenerme firme e íntegra en el avance hacia mi misión. No sólo he encontrado las respuestas que andaba buscando, sino que todo en mi vida ha cobrado un sentido mayor que me ha colmado de plenitud. Ahora tengo certeza de quién soy realmente y comprendo el para qué y el porqué de los momentos de hostilidad y dificultad. Ahora sé que todo tenía un motivo mayor que da coherencia a mi existencia y que mi existencia es valiosa en sí misma. No necesito ser aceptada por los que son o se sienten diferentes. He aprendido a respetar y respetarme, amar y amarme, honrando profundamente mi ser, sabiendo que todo es perfecto. Gracias María Rosa por acompañarme en este viaje de reconexión con mi esencia divina. Gracias por ayudarme a elevarme en consciencia hasta ese punto tan álgido de plenitud máxima. Gracias por acompañarme en esta sanación y reintegración

de mi alma. Honro profundamente tu profesionalidad, tu sencillez y tu empatía. Bendita seas."

Contacto
María Rosa Martínez.
luzdelaesencia@gmail.com
www.luzdelaesencia.com
Instagram: @luzdelaesencia

Soberbia, Ira y Autosabotaje

Por Marion Boon

La trampa del trance kármico de Yasmine. De la rana a una joven sacerdotisa arrogante.

Sobre la Autora

Marion, holandesa, es terapeuta de regresión y reencarnación desde el año 2000. Es profesora de TASSO Internacional y docente activa e innovadora en la materia. Sus lecciones son inspiradoras y, además del conocimiento, ofrece una experiencia de muchos años y miles de sesiones profundas, en varios países, idiomas y culturas. Desarrolla nuevas técnicas e imparte clases avanzadas. Miembro profesional de AETR (España) y cofundadora de EARTh-Association y WCRT World Congresses desde 2003, fundadora de IPARRT, Centro de Aplicaciones Prácticas de la Terapia de Regresión (ART) y Profesora del I y II Curso Internacional de Entrenamiento Avanzado que organizó el Centro Atma de Cártama (Málaga, España) durante los años

2023 y 2024, con el aval de las asociaciones AETR (España), ACHTEVIP (Chile) y AATVP (Argentina).

Para Marion, la terapia regresiva significa el abordaje total del espectro, del desarollo personal, trabajo energético, liberación de espíritus, trabajando el niño interior, hasta resolviendo enredos kármicos (espirituales, psicológicos y físicos) que nos afectan en el presente. Entre sus especialidades se destacan las siguientes: DTM - Liberación de memorias del tejido profundo, regeneración de órganos, genoma familiar, trabajo con influencias obsesivas, post-combate intensivo para veteranos. En la década de 1990, Marion estudió filosofía en la Universidad Erasmus de Rótterdam. Escribió artículos en revistas en Holanda e India, IJRT y Tassomail y contribuyó a libros de colegas. Es coautora de los libros de la AETR "Terapia Regresiva y Almas Perdidas", "Terapia Regresiva y Consciencia no Humanas" y "Terapia Regresiva, Gestación y Parto", y del libro de IBRT-USA "What's a past life got to do with it? "Marion participa en el documental ¿Por qué la terapia de regresión? (Why Regression Therapy?) de EARTh-Association.

Introducción

El alma no pierde el tiempo. A costa de la personalidad y de los dolores de la vida, el alma encuentra su camino a través de viejos programas y patrones. Este ritmo kármico puede influir en toda tu vida e incluso en muchas vidas, avanzando hacia un equilibrio curativo. En el caso de Yasmine, los patrones más profundos fueron la humildad y sentir verdaderamente el impacto de la victimización, enfrentar y aceptar haber tomado una decisión equivocada o devastadora. Aprender a volver a mantenerse fuerte, a confiar en sí misma, a estar más presente en su cuerpo físico y, en consecuencia, aprender a poner límites como personalidad adulta aquí y ahora.

Sobre la Consultante

Mi cliente Yasmine es una mujer de 52 años, de apariencia notablemente bella y elegante. También se ve fuerte y saludable, mientras que sus ojos muestran miedo. Cuanto más habla, más irradia su incertidumbre. Durante la conversación inicial, ella se enoja. Su problema está muy presente. En su formulario de admisión había afirmado que no es capaz de "defenderse a sí misma" ni de poner límites.

En las sesiones terapéuticas que hemos realizado, Yasmine revivió algunas existencias anteriores que son interesantes mencionarlas aquí. Esas experiencias están indicando implicaciones kármicas (a lo largo de más de una vida) con efectos profundos en la vida presente, también físicamente. Las fuertes programaciones mentales, convicciones y 'postulados' que datan de tiempos pasados, la están saboteando en la vida presente.

Información Complementaria

Una vez que se crea una escisión mental, habrá que trabajarla y procesarla hasta que se recupere y se neutralice. Entonces se reconectará, reintegrándose en el alma individualizada; las lecciones de la vida se aprenden. Si no, el alma repetirá el tema hasta que finalmente esté realizado.

La fragmentación mental que se ha convertido en un alma dividida, puede aparecer como una parte suelta. Puede ser tan dura, testaruda y arrogante, que resulte profundamente devastadora en futuras encarnaciones. De hecho, una parte de nosotros es amputada, no evoluciona, y permanece en la realidad del pasado y en los juicios de una vida anterior. El siguiente resumen de la sesión es una ilustración de esta condición. Incluso con una conciencia muy avanzada en el Bardo, un parte de la conciencia entre vidas parece haber permanecido dividida e ignorante.

Transcripción de la Sesión

Antes de comenzar con la primera sesión, tenemos una charla-orientación para concretar el enfoque de la sesión y generar la energía que guiará y conducirá su viaje. Esta investigación no dura más de 15 minutos, porque durante este fuerte enfoque, "el trance del problema" en el aquí y ahora, se está acumulando rápidamente. Usamos este trance para iniciar el viaje de su alma.

Consultante (C): Tengo miedo de lo desconocido (ella tiembla mientras pronuncia estas palabras).
Terapeuta (T): ¿Qué quieres decir exactamente?
C: Tengo mucho miedo. Tiemblo cuando tengo miedo como ahora. No me atrevo a...
T: ¿Qué es a lo que no te atreves?
C: No me atrevo a entrar en eso.
T: ¿Entrar en qué?

Aquí, poco a poco se va revelando un trauma muy antiguo. Su conciencia consciente y expandida no se atreve a encarnar en un cuerpo muy pequeño. El cliente se experimenta a sí mismo como una conciencia muy grande y amplia, sin cuerpo físico. Siente que "tiene que profundizar" y tiembla. Este es un verdadero *"trauma de encarnación"* que comenzó desde el comienzo mismo de la existencia encarnada de su alma.

T: Continúa. Permite que suceda y pasa al siguiente momento.
C: (Llora en voz alta con un grito muy aterrador) ¡Da tanto miedo! Es tan pequeño. ¡Oh, no! Ah.
Y entonces... ya estoy dentro... estoy dentro... hay silencio (el temblor disminuye y ella se queda en silencio. De repente, hay un especie de calma en la habitación y se produce un silencio largo y sereno).

C: ¡Soy... una rana! ¿¡Puede ser eso cierto!? ¿De verdad? (se mueve un poco). Sí, soy una rana...

T: Bueno, efectivamente, eso es muy pequeño... siéntelo...

C: Es... no da miedo en absoluto. ¡Es maravilloso! ¡Es como un milagro! (La Consultante se emociona y queda muy sorprendida). Estoy simplemente sentado sobre una hoja. Todo es hermoso. Soy. Simplemente existo y estoy sentado bajo el cálido sol. El sol brilla en mi piel y siento como la atraviesa. Es extremadamente hermoso, pacífico. Me siento, y luego... cuando tengo suficiente, simplemente salto al agua.

T: Hazlo. Siente cómo es eso.

C: Es increíble. ¡Es profundamente placentero, satisfactorio y delicioso!

T: ¿Te acuerdas que estabas muy asustada?

C: Sí. Pensé que no cabría en ese cuerpo tan pequeño. Pensé que no encajaría en ese cuerpo tan pequeño, pero la verdad es que no soy tan pequeño del todo. No lo parece. Siento todo a mi alrededor. Estoy conectado. Me siento uno con todo lo que me rodea, estoy, por así decirlo, conectado. Siento el sol a través de mi piel en mi cuerpo y lo siento todo.

Ella abre los dedos. Ambas manos se mueven para sentir y recibir las vibraciones del exterior, mientras siente y observa. Se toca los dedos y disfruta intensamente del momento, con el rostro muy sereno.

C: Mis dedos se están conectando con todo. Las yemas de los dedos no son como ahora, son redondas, son como antenas y muy sensibles, es precioso. Siento calidez. Estoy disfrutando de las experiencias. Salto al agua para refrescarme y luego vuelvo a saltar sobre una hoja grande. Al sol o a la sombra. Soy uno con la naturaleza que me rodea, el agua y toda la vegetación. Todo lo que me rodea está resonando.

Capto todo eso, lo asimilo. Yo sé todo. No estoy en absoluto "sólo en el cuerpo", estoy conectado. Es absolutamente genial, es fantástico.

Este giro inesperado trajo una curación profunda y la sesión fue nutritiva para ella. Supuso un gran impulso a la presencia y confianza de la Consultante. Después del primer encuentro aterrador e increíble con el pequeño cuerpo de una rana, había integrado espontáneamente en esta encarnación una parte de su alma olvidada desde hacía mucho tiempo, esto le dio seguridad y fue sanador para ella. Ella lo supo: no podría haberse inventado esta experiencia.

La razón por la que surgió esto en la primera sesión es, que el alma no pierde el tiempo.

Yasmine necesitaba empoderamiento antes de poder realizar las sesiones de confrontación profunda que siguieron a esta primera. Los terapeutas somos guías, pero tenemos que seguir y permanecer cerca de lo que emerge del subconsciente. La lógica terapéutica vendrá al final.

Segunda Sesión
Preparación en el Bardo. ¡Me he perdido algo!

Yasmine ha tenido mucho miedo a lo desconocido. Después de la primera sesión de sanación, donde literalmente entraba en lo desconocido, ahora entra en la siguiente capa de sus problemas y afirma estar muy enojada.

T: Dijiste: "al final, me he divorciado".
C: Sí, así es, pero estoy enojado y cuando estoy enojado, en cierto modo colapso. Me estoy doblando, por así decirlo.

Ella muestra esto poniéndose erguida y de pie, y luego doblándose con la cara hacia las rodillas.

C: No puedo defenderme por mí misma. Incluso en las negociaciones de divorcio necesito constantemente pedir consejo y ayuda a mi yerno. Sin embargo, de alguna manera lo sé, simplemente no puedo defenderme. Me doblo y no puedo actuar.
T: ¿Qué sucede exactamente cuándo te doblas?
C: Entonces no puedo actuar. No puedo hacerlo. Es imposible porque tengo calambres y mi cuerpo se dobla. Me duele y me enoja mucho.
T: ¿Como te afecta eso?
C: Por ejemplo: estoy caminando por la calle. Alguien se porta muy mal conmigo, insultándome. Luego me enojo e inmediatamente se me dobla el cuerpo. Me duele el estómago, se me dobla la espalda, me quedo quieta y no puedo actuar. La parte superior de mi cuerpo comienza a temblar. Allí estoy, encorvada, torcida, y no puedo hablar.
T: Entonces, ¿es cómo es un espasmo poderoso y muy físico?
C: ¡Sí!
T: Vuelve a la última vez que tuviste exactamente el mismo sentimiento. Estás enojado y tu cuerpo se dobla. Te duele. ¿Dónde estás?
C: En la ciudad, en el centro. Voy por la acera. Un hombre me mira y su esposa hace un comentario desagradable sobre mí. Lo escucho y me enfado espontáneamente. Mi cuerpo comienza a temblar y me dan calambrazos. Apenas puedo mantenerme en pie. Es intenso. (la Consultante apenas puede hablar).
T: Entonces estás en la calle comercial y de hecho no puedes hacer nada. ¿Te duele? ¿Cómo continúa esto?
C: Es irritante. Siento espasmos en mi estómago y cintura. Mi espalda está doblada. No puedo controlar esto. ¡Es tan irritante!
T: Ahora retroceda en el tiempo hasta la primera vez que experimentó este mismo sentimiento (ahora le ofrezco ciertas instrucciones). ¿Dónde estás? ¿Qué está sucediendo?

La Consultante tiembla y se agita. Su cuerpo está tumbado en el sofá y esta sacudida evidentemente le resulta muy incómoda. Estas sacudidas le resultan muy fuertes y le provocan espasmos en el cuerpo. Su cara se contorsiona.

C: ¡No puedo controlar esto!

T: ¿Que está pasando? (concedo un tiempo a la Consultante antes de realizarle la siguiente pregunta). ¿Dónde estás? Deja que las impresiones te permitan saber dónde estás.

C: No lo sé. Siento que soy pequeño.

T: Permite y siente las impresiones. ¿Hace calor o frío? ¿Estás dentro o fuera?

C: Soy... pequeña (su cuerpo se estremece y su voz se entrecorta).

T: ¿Qué está pasando?

C: No lo sé. Siento que estoy en algún lugar cálido...

T: ¿Tienes espacio para moverte? Mueve tus brazos y siente cuánto espacio tienes.

C: Sí. Pero no tanto (aprieta los puños, pero tan pronto como se da cuenta de esto, abre las manos nuevamente y se enoja). Realmente parece que soy un feto. ¿Puede ser eso?

T: Siéntelo. ¿También allí te sorprendes, como feto? ¿Estás temblando ahí?

C: Sí. Todo mi cuerpo tiene calambres. Me resulta totalmente chocante (mientras su cuerpo se dobla en medio de las oleadas de calambres y conmociones, ella permanece en silencio. Parece muy enojada y desesperada)

C: ¡Me he perdido algo!

T: ¿Qué está pasando?

C: ¡Me he perdido algo! (Realmente parece muy enojada ahora).

T: ¿Qué es lo que has perdido? (La Consultante permanece en silencio).

T: Ahora retrocede en el tiempo, un poco más atrás, hasta donde todavía estás bien.

C: (Se vuelve más silenciosa). Estoy en alguna parte. Estoy planeando y planificando todo (su voz ahora es tranquila y decidida). ¡Pienso en todo!

Aquí hemos entrado en el *Espacio Entre Vidas*. Es un nivel de conciencia en el estado del Bardo. En este nivel de conciencia del Alma, alguien puede ser consciente de la nueva encarnación que está por venir. El espíritu de Yasmine está más evolucionado y tiene muchos anhelos y deseos para su próxima vida en la tierra. En realidad, no todo el mundo puede planificar su próxima vida. Muchas almas ni siquiera tienen la oportunidad de prepararse antes de ir a donde desean para aprender más. Sin embargo, parece que algunas almas sí se están preparando realmente. El alma de Yasmine en el Espacio Entre Vidas está planificando literalmente todo y cada aspecto de su próxima vida. Es decir, esa parte de su alma que lleva la conciencia y la determinación. Descubriremos que una parte fuerte de su alma se ha quedado estancada en un viejo programa, provocando así un gran impacto.

C: Pienso en todo. Quiero tener la fuerza genética de mi abuelo y su creatividad. Necesito estar en una familia rica. Quiero tener un cuerpo sano y fuerte y necesito ser bien parecido e inteligente. Quiero ser la hija menor de la familia, porque esa posición es más fácil.

T: ¿Eliges tu cuerpo?

C: (Olfatea, se muestra un poco superior). Por supuesto. Realmente sé lo que quiero. Quiero estar en una familia exitosa y creo que incluso sé quiénes son mis padres.

T: Entonces, ¿cómo se siente planear todo? ¿Lo haces solo o recibes ayuda? ¿Hay una guía espiritual que te ayude?

C: Así es como quiero que sea. He pensado en todo. No necesito consejos. No lo quiero, lo rechazo.

T: Continúa hasta el momento justo antes de su encarnación. Lo has preparado todo y ahora es el momento de partir. Síguete a ti mismo (en ese momento su cuerpo comienza a temblar nuevamente).

C: ¡Me he perdido algo! (ahora parece más desesperado que enojado).

T: ¿Qué es lo que te has perdido? Ahora tendrás una idea de lo que se ha perdido.

C: Me he perdido eso... Dios mío... recién lo veo ahora, que no tendré madre. Ella tiene un cáncer. Sólo lo veo cuando ya estoy en el útero. Ya tengo tres meses y no puedo volver atrás. Es demasiado tarde. Tendré que continuar. ¡No tendré madre! (La Consultante llora). Mi madre murió de cáncer antes de que yo cumpliera tres años. Lo veo cuando estoy en el útero. Nadie lo sabía todavía, pero lo veo. Y me lo perdí. No había planeado esto. Tengo que continuar. (Yasmine está muy enojada consigo misma).

C: Lo había planeado muy bien. Me he perdido esto por completo. ¡Nunca más podré confiar en mí mismo! (Se estremece y tiembla. Esto es lo que ahora lleva grabado en el alma: "no volver a confiar en mí misma").

T: ¿Cómo te afecta esto cuando eres bebé?

C: Estoy muy enojado conmigo mismo. No quiero estar en esta vida. Me doblo y me duele el estómago.

T: ¿Ya en el útero?

C: Sí. Me llevo esta conclusión: no sé lo que vendrá ahora. Tengo miedo... de lo desconocido. Y mi alma está absolutamente enojada por eso. Me lo perdí y culpo al bebé. No tendré madre...

T: ¿Le echas la culpa al bebé?

C: Bueno, estoy furiosa en el alma y ya estoy en el bebé, y como bebé no puedo controlar esto. Sólo puedo continuar.

Obsérvese que aquí vemos la fuerte influencia de la vida pasada, que es obsesiva para el bebé. La convicción de la vida pasada domina al bebé.

T: Sigues con ese pensamiento: 'No puedo volver a confiar en mí' (la Consultante guarda silencio).

C: Sí. Siento que estoy en una batalla luchando conmigo misma, que no puedo ganar. Alma y cuerpo, alma y feto, bebé y yo mismo. Me vuelvo tan inseguro.

T: Una parte de ti es el bebé, otra parte es una parte del alma que está furiosa porque te perdiste algo.

C: No puedo confiar en mí mismo. No puedo confiar en mis decisiones. Esto también está en mi vida de ahora.

El enfoque de la sesión conducirá a una vida que es la causa directa de este efecto. Antes de que aparezca esta vida pasada, la Consultante ingresa en un episodio en el que es una niña).

T: ¿Qué está pasando?

C: Estoy en el coche. Estoy sentada entre mis hermanas, en el medio, en el asiento trasero.

T: ¿Qué edad tienes?

C: Tengo tres años. Soy la más joven. Papá está conduciendo. Puedo ver su cara en el espejo. Vamos al hospital porque mamá está enferma. Conduce rápido. Veo los árboles volando por la ventana.

T: ¿Te dice papá lo que le ocurre a mamá?

C: No. Él está en silencio. Ya sabemos que mamá está muy enferma. Vamos a menudo al hospital, pero esta vez está muy callado.

T: ¿Qué está pasando?

C: Sólo se oye el sonido del motor (esto es una evocación de trance). No nos movemos. Nadie habla.

T: Ahora avanza lentamente al siguiente momento.

C: Hay mucho silencio en el auto y las imágenes de los árboles parecen no ser reales. De repente se oye la voz de mi padre. Él dice: "tu madre se ha muerto, ella no va a volver nunca más». Nos quedamos congelados. Mis hermanas guardan silencio. No lo entiendo. Miro a mi hermana mayor. Ella comienza a llorar. Realmente es así, que siento que el suelo se aleja bajo mis pies... Estoy sentado en el asiento trasero y todo se mueve, pero al mismo tiempo todo se queda quieto. (una parte interna del niño se queda congelada). Sí. Nos lo está contando en el coche, cuando conducimos. Luego viene esa noticia. Estoy confundida. Mis hermanas tampoco lo entienden realmente. Nada es seguro, nada es estable, no se puede confiar en nada...

En este momento traumático se genera un gran impacto y confusión. Gran parte de la conciencia abandona el cuerpo, para quedarse fuera y dar forma a un "niño interior", mientras el alma despierta las vidas pasadas relacionadas con los diversos temas que aquí se involucran. Por esta razón el terapeuta continúa con la integración del niño interior. Espontáneamente, la Consutante recuerda otro momento traumático que socava la confianza y la estabilidad.

C: Estoy en un coche otra vez. Mi marido conduce. Tenemos mucha prisa. Nuestra pequeña hija de 3 años (la misma edad que tenía Yasmine en el trauma anterior) se ha tragado algo y necesita ir al hospital urgentemente. Estoy sentada con mi hija en mi regazo. Mientras acelera, mi marido sin más me dice que tiene una relación con "otra persona". Dice que no me dejará, pero que así son las cosas.

T: ¿Quieres decir que habrá una tercera persona en el matrimonio?

C: Sí, (silencio). Me hundo, me siento desaparecer, hundiéndome en la silla. Veo los árboles a lo largo del camino como si pasaran volando (igual que cuando su madre murió). Me aferro a mi pequeña hija. Tengo que permanecer despierta por ella. Tengo que seguir viva por ella. Todo gira y desaparece. Estoy pensando: ¿Él sólo quiere quedarse conmigo porque trabaja para mi padre? ¿Solo porque soy rica?

Mientras el coche se desplaza velozmente, todo se derrumba bajo sus sus pies y vuelve a perder su estabilidad y seguridad en la vida. Yasmine necesita tiempo para recuperar la respiración y luego dice:

C: Recibí una advertencia. Tenía 23 años. Veo mucha gente celebrando en mi casa. Creo que es mi compromiso. Me veo regresando del baño y pasando por la cocina (nótese la forma disociada de contarlo: ella se está observando a sí misma fuera del cuerpo). Mi prometido está bebiendo con algunos de sus amigos y lo escucho decir: "No creas que me voy a quedar con una sola mujer." Me mareo. Siento ganas de desmayarme.
T: ¿Qué haces?
C: Nada. Le oí decirlo. Veo la cara de un amigo que sospecha que puedo oírlo. Creo que sus amigos no están de acuerdo. Percibo cierta incredulidad y algunos comentarios.
T: ¿Cómo reaccionas? ¿Dices algo?
C: No sé qué hacer. Lo ignoro. Me pierdo. Siento que la mitad de mí se desvanece.
T: ¿Se lo has contado a alguien?
C: No, nadie. No me defiendo por mí misma. Como que desaparezco. No confío en mi propio juicio.
T: Entonces lo ignoraste. De hecho, te sentiste decepcionada. ¿No era importante?
C: Oh, sí, fue lo más importante, pero no sé cómo manejar esto.

T: ¿Qué hubiera pasado si se lo hubieras contado a alguien?
C: Ahora lo veo. Si se lo hubiera dicho esto a mi padre, se habría enojado muchísimo. Nunca le habría dado el trabajo. (Se queda sorprendida y en silencio por un momento).
T: Entonces, ¿tu padre te habría protegido?
C: Seguro. Ahora veo eso, creo que no me atreví a decírselo.
T: No le diste a nadie la oportunidad de ayudarte, de defenderte, porque no se lo dijiste a nadie. Te hubieran ayudado.
C: (Sollozando). Sí, lo hubieran hecho. (Su cuerpo entra en catarsis. La idea de que su padre la habría defendido y que ella se había decepcionado a sí misma tuvo un gran impacto).
C: Me advirtieron... para que no confiara en él.
T: ¿Podemos concluir que te sientes decepcionada de ti misma?
C: Sí, así es.

En esta sesión el niño interior se separa (su yo más joven de la vida actual) y el feto sana y se integra adecuadamente. Se realizó un intercambio de energía con el exmarido y Yasmine recuperó "la confianza en sí misma".

Los episodios anteriores de su vida actual son muestras del profundo impacto que Yasmine ha sufrido a causa de una grave división del alma. Ha llegado el momento de guiar el proceso en la próxima sesión hacia "la causa principal" de este autosabotaje. Porque después de todo, ella era un alma muy decidida en el Bardo, por lo que podemos sospechar que antes de todas estas victimizaciones, hay una vida poderosa esperando ser descubierta, terminada y curada.

Tercera Sesión
Orgullo y Rechazo de la Ayuda

C: No sé si quiero hacer esta sesión.
T: ¿Qué quieres decir exactamente? ¿Recuerdas que tenias miedo a lo desconocido? Estabas temblando.

C: Oh sí, esa sesión con la rana. Eso fue tan hermoso.
T: Y después de eso estabas tan enojada que tu cuerpo se doblaba. ¿Cómo es eso ahora?
C: Mmmm. Creo que ya no he estado tan enojada últimamente. Lo siento ahora que hablamos de ello, parece haber desaparecido.
T: ¿Volviste a pensar en tu pequeño bebé? Sufriste ese sentimiento de "me he perdido algo". Primero habías planeado y preparado todo en el Bardo. Pensaste en todo. Sin embargo, cuando entraste en el feto quedó claro que te habías perdido algo realmente importante. Integraste al bebé, así que ¿tal vez los shocks y calambres se hayan sanado?
C: Seguro. ¿Cómo se puede planificar todo y perderse un detalle tan importante? ¡Podría haber sido tan hermoso!
T: Hubo otro momento en el que te perdiste un detalle importante. Escuchaste lo que dijo tu prometido, pero no te defendiste. Y tal vez más tarde, en el auto, cuando te sorprendió tanto que tu esposo dijera que estaba con otra persona. Aún podrías habérselo dicho a tu padre, que es su jefe.
C: Ah, mmm. ¿Es eso así? (tiende a mirar hacia otro lado). Bueno, sí, eso es lo que pasó. Oh, Dios mío. ¿Cómo pude venirme abajo? Veo la lógica ahora. Esto es muy doloroso.

Utilizando el trance de esta conversación, con todos los momentos desencadenantes y dinámicas, iniciamos la sesión. La sesión comienza con la energía de las frases "Me perdí algo" y "No puedo volver a confiar en mí misma", combinadas con un recordatorio del hecho de que ella no quería verlo y tiende a apartar la mirada.

T: Imagina que estás en tu propia sala de estar, donde nadie te molestará (le doy instrucciones para llamar a 'la causa principal' del problema presentado. Al instante, Yasmine informa que está en una habitación especial en un edificio muy grande).

C: Es una iglesia, creo.
T: ¿Estás ahí sola?
C: No. Tengo una corona de flores en el pelo. Tengo el pelo largo. Tengo 18 años y voy a ser sacerdotisa. Estoy vestida de blanco. Es extraño, hace mucho frío allí pero aún así se está bien. Hay un arroyo de agua, debajo de la iglesia. Esto está en algún lugar de Francia. Es Auvernia. Es hermoso, aunque nunca he estado allí. (ella quiere decir en la vida presente).
C: Hay una piedra grande y pesada. Es una caja de piedra. Tiene una tapa también muy pesada que la cubre. (A la Consultante le cuesta enconbrar la palabra correcta para definirlo). Es un sarcófago. Una tumba, pero no hay ningún cadáver dentro. Está vacío.
T: Deja que vengan las impresiones.
C: Es un ritual. Es una especie de ceremonia. Voy a hacerlo.
T: ¿Estás preparado para esto?
C: Me he preparado y sé que puedo hacerlo. No lo dudo. Estoy muy convencido y decidido. Estoy preparado.
T: Estás preparado... ¿para qué? ¿Qué es esta ceremonia?
C: Es importante. Es una prueba. Creo... se siente como... algo que tengo que pasar para convertirme en sacerdotisa. Ya soy sacerdotisa.
T: ¿Dónde estás ahora exactamente?
C: Estoy en una especie de capilla con una señora que me deja el pelo bonito. Tengo un vestido blanco, y ella me da un manto.
T: Avanza lentamente al siguiente momento importante.
C: Antes de entrar al sepulcro, estoy en ese cuartito de la capilla. Alguien viene y me da algo, pero le paro la mano. No lo necesito. (Obsérvese que ella tampoco aceptaría ayuda en el Bardo).
T: ¿Qué te entrega? ¿Qué es lo que no necesitas?
C: (Hace un fuerte movimiento con el brazo y la mano para detener a alguien). Me entrega una botellita redonda con

un líquido. Pero no lo quiero y cae al suelo de piedra. Creo que dicen que lo necesito, pero no lo dudo.

T: Avanza al siguiente momento.

C: Estoy acostada en esa tumba de piedra (se produce un silencio).

T: ¿Y luego? (continua el silencio).

La joven sacerdotisa nunca salió viva de la tumba. Las investigaciones nos enseñan que ella debería haber aceptado la ayuda que le ofrecieron, debería haber cogido ese frasquito y beberse su contenido, porque habría ralentizado los latidos de su corazón. Entonces ella habría sobrevivido. Ahora ella ha fracasado. La bella joven, decidida a ser sacerdotisa, preparada para este ritual de iniciación, no quiere aceptar que murió allí. No es verdad. Ella mira hacia otro lado y avanzamos y retrocedemos en la línea del tiempo para finalmente llegar a la liberación de la muerte registrada. Ella murió allí.

C: Creo que fui muy testaruda ahí.

T: Hazle ver su muerte una vez más.

C: Ella se niega.

T: Por favor recuérdale que ella murió. Murió muy joven y su vida allí realmente terminó.

C: Ella... prefiero no verlo. No puede ser verdad. ¡Es un desperdicio! ¡No pude controlarlo! ¡Nunca más podré confiar en mis propias decisiones! (Al no poder confiar más en su cuerpo, aquí se produce una clara separación entre alma y cuerpo).

Repetimos el trabajo y sanamos hasta que esta sacerdotisa de vidas pasadas finalmente pudo integrarse. La vida pasada primero rechazó cualquier integración, porque menospreciaba a la mujer de hoy, Yasmine.

T: Yasmine también es una mujer hermosa.

C: Ella no ve mi valor. Tengo gente que me pasa por encima. Ella nunca jamás aceptaría eso.

T: No... ella no necesita que otros la decepcionen. ¡Ella se decepcionó a sí misma!

C: Oh, ahora ella está enojada. Creo que empieza a entenderlo.

T: Muéstrale cómo has ignorado algunos momentos muy importantes de tu vida, en los que te sentiste decepcionada. Eso se debió a esta vida pasada fuerte y obstinada y a su influencia. Dile que tú estás viva ahora y que ella está realmente muerta.

C: Sí... está claro. Ella lo sabe. Ella todavía no quiere integrarse, pero ahora lo lamenta.

Aquí realizamos los intercambios de energía necesarios y Yasmine lleva a la hermosa y joven sacerdotisa de la vida pasada a la "luz de su propia alma". Es emotivo. Yasmine recibe de vuelta un tipo de energía renovada y fresca.

C: Es como... estabilidad. Frío pero sólido. Es tierra bajo mis pies. Es autoestima.

Testimonio de la Terapeuta

La Consultante fue muy dura consigo misma. Se necesitó mucha concentración y determinación para finalmente poner fin a la vida pasada de la sacerdotisa. Había que curar la fragmentación del alma y las partes escindidas de más de una vida pasada. Una vida pasada fue casi sin palabras y muy física. Yasmine tenía ella tuvo tantas ideas, revelaciones, con las que lidiar que se tomó un largo descanso de las sesiones. Nos volvimos a encontrar al cabo de un tiempo y pude repetir el proceso de integración con ella.

Testimonio de la Consultante

Finalmente, hablé con mi familia, principalmente con mi hija y su yerno. Mi tendencia a apartar la mirada de las cosas que socavan mi propio bienestar ha desaparecido. "El hecho de que mi padre hubiera elegido mi lado, y que sin duda me hubiera protegido, fue un profundo bálsamo para mi alma. Nunca le he dado a nadie la oportunidad de ayudarme, porque de hecho una parte oculta de mí se sentía superior.

Los calambres estomacales y la necesidad de agacharme han desaparecido por completo. Puedo defenderme por mí misma. Incluso hablé con mi exmarido y le recordé su horrible comportamiento en el coche. Estaba sorprendido. Había suprimido por completo cualquier recuerdo de su propio comportamiento... como supongo que lo hice yo. Debo decir que el proceso me resultó difícil en cierto momento, pero afortunadamente he vuelto a tu consulta.

Siento gratitud y admiración por tu determinación de no rendirte conmigo. Tengo la impresión de que pude sanar porque me atreví a mirar las decisiones equivocadas que tomé en el pasado, a ignorar cosas importantes de la forma en que lo hice. Lo más extraño es que yo era una rana, y que fue el sentimiento más intenso de conexión que me curó toda la soledad y el miedo. No creo que pueda decirle esto a nadie. No lo entenderían.

Finalmente, antes de que se marchara de la consulta, le confirmé diciéndole: "Yasmine, hiciste un gran trabajo. Me alegro de que la terapia te haya sido de ayuda".

Contacto
Marion Boon
Teléfono y WhatsApp: + 31 181 322050
MarionBoon.HQ@protonmail.com
IPARRT - the Amazing ART

Un Alma Avanzada

Por Marisa Tamarit Coy

Sobre la Autora

Marisa nació en Albuixech (Valencia) en 1971 y vive a caballo entre Barcelona y l'Empordà (Girona), la tierra que le vio crecer y por la que respira los vientos.

Técnico y Graduada en Turismo por la Universidad de Girona, Coach Certificada por el Instituto Europeo de Coaching, Máster en Coaching Fusión, Instructora Certificada en Minfdulness, PNL, Terapeuta Floral y Terapeuta Regresiva.

Desde bien jovencita estuvo vinculada al mundo de los viajes: primero a los turísticos y ahora se dedica plenamente a acompañar en el gran viaje del alma a través de su propia marca personal *Marisa Tamarit Coaching en Essència*.

Se ha formado en Hipnosis Regresiva y Vidas Pasadas, Psicoterapia Regresiva y Regresión al Mundo Espiritual Entre Vidas. Ha asistido a Congresos Internacionales Seminarios formativos y Talleres de Terapia Regresiva. Es miembro de la Asociación Española de Terapia Regresiva (AETR).

La llegada de la Terapia Regresiva supuso un giro de 360º en su vida: se trata de una terapia profundamente transformadora y no solo a nivel del Ser, sino que ese cambio empieza desde lo más puro de tu interior y se expande hacia fuera, transformando y moviendo todo a su paso. No solo se reenamoró de ella, sino que empezó a relacionarse consigo misma desde otro lugar: venía de padecer obesidad mórbida y ahora pesa 62 Kg, y no se trata de la pérdida de peso, sino del cambio de relación con su cuerpo, pasar del olvido, la resignación y la culpa a conectar con el pleno significado de la palabra amor.

Creadora del programa *OM, el amor es una cuestión de peso*, se ha especializado en el acompañamiento a personas que han padecido obesidad mórbida y se han sometido a una operación de cirugía gástrica. La reeducación total del Ser es el paso más importante para recuperar los niveles óptimos de salud.

Sobre la Consultante

Carmen es una mujer de 44 años, psicóloga y compañera terapeuta. La búsqueda de conciencia y de crecimiento espiritual, entender lo que realmente es esta vida, le hizo llegar a la Terapia Regresiva.

Desde hace unos años viene trabajando y haciendo sesiones a Vidas Pasadas. Su transformación a lo largo de los últimos años ha sido increíble. En su sesión de Regresión al Mundo Espiritual, al Espacio Entre Vidas, confirmó quién es en esencia y cuál es el gran propósito de su alma.

A continuación, se relata parte de esa sesión tan reveladora.

Transcripción de la Sesión

Barcelona, 5 junio 2024. Sesión realizada on line. Duración de la sesión: 4 horas.

El viaje al mundo espiritual a través de una sesión de terapia regresiva al espacio entre vidas supone el descubrimiento del propósito de tu alma: aporta luz, comprensión y un gran aprendizaje, dando un claro sentido a tu vida actual en este plano terrenal.

Aprendes a observar, a ver los acontecimientos de tu vida desde una perspectiva mucho más amplia, diferente y, en la mayoría de casos, eso te lleva a colocarte en una posición distinta desde la cual recibir y vivir la vida.

Es importante al inicio de la sesión acompañar a la consultante en trance profundo para que así se produzca una amplia expansión de consciencia y acceder a las memorias del alma. Para ello es recomendable hacer varias comprobaciones e ir manteniendo ese estado profundo de hipnosis durante todo el proceso.

En esta ocasión la consultante accede al mundo espiritual desde la muerte de la última vida pasada anterior a la actual en la que era una chica joven, rubia, con el pelo largo y liso, piel clara, luciendo un vestido blanco y florecitas en el pelo.

La Consultante se encuentra sola, reflexionando, meditando... y se da cuenta que viste de novia y que está pensando si casarse o no. Elige el amor y huye del hombre con el que se iba a casar, enfrentándose así al mundo y siendo valiente construye su presente y su futuro al lado del amor de su vida, una mujer joven, morena, muy guapa; viven en una casa rural, muy bonita. Así lo cuenta la Consultante:

Consultante (C): Estamos rodeadas de pequeñines... son 9 o 10... los cuidamos... por la época nosotras no tenemos la opción de tener hijos, decidimos estar juntas, queremos ser mamás y la única manera que podemos serlo es a través de cuidarlos... y formamos como una escuela/guardería. Es una locura, pero estamos felices. Y ahí es donde no-

sotras tratamos ese amor, es muy bonito... es donde damos ese amor maternal que tenemos ahí dentro y que de otra manera no podríamos darlo... estamos con los chiquitines que son súper bonicos y nos quieren un montón. Así pues... los cuidamos, les enseñamos valores, los educamos...
El último día de esa vida llega estando en el hospital, aquejada de una afección respiratoria.

Terapeuta (T): ¡Muy bien! Ahora a la cuenta de tres te voy a pedir que vayas al final de esta vida pasada que te ha sido mostrada, al último día de esta vida... 1, 2, 3... estás ahí, en el último día de esa vida. Dime, ¿qué es lo que está ocurriendo?

C: Estoy en la cama de un hospital.

T: Vete al momento preciso en que tu corazón deja de latir. ¿Qué es lo que ocurre a continuación?

C: Estoy arriba, he dejado mi cuerpo; estoy viendo la escena fuera del cuerpo, Rosa está llorando encima de mi cuerpo, me está abrazando... ella sabe que estoy bien.

T: ¿Cómo te sientes en ese lugar en el que te encuentras ahora?

C: Estoy ahí mismo... pero fuera del cuerpo.

T: ¿Cómo es estar fuera del cuerpo?

C: A nivel físico ya no tienes ataduras, te expandes, no tienes que estar dentro de una forma física, no te sientes presionado.

T: ¿A qué te refieres con "no te sientes presionado"?

C: Ya puedes adoptar la forma que tú quieras y ya solo eres.

T: ¿Cómo es esa forma que tú quieres?

C: Es como un holograma de ti mismo... a nivel físico... es como que te tienes que ir acostumbrando... quitándote como capas. Primero eres como tú, después más transparente y luego se va difuminando... y ya no tienes forma, en realidad no tenemos forma, no existe la forma. Somos energía, luz, pero cuando nos metemos en el cuerpo humano... adoptamos la forma que tiene ese cuerpo humano porque tenemos que caber ahí dentro; es como que no nos queda más remedio.

T: ¿Qué es lo que ocurre a continuación?

C: Decido quedarme allí un poco antes de volver a casa, para estar con Rosa y transmitirle paz, amor; y acompañarla en este proceso.

T: ¿Cuánto tiempo permaneces con ella?

C: En vida humana 2-3 días desde que dejé el cuerpo. A mí me lo permiten porque sé volver y no tengo peligro de perderme por el camino, pero como hay almas que a veces no saben volver bien, es necesario cuando salgan que vayan directamente al hogar. Yo ya sé ir, no me voy a quedar, puedo hacer eso. Decido estar un tiempo y ya irme.

T: Vete al momento en que decides irte y volver al hogar. ¿qué ocurre?

C: Rosa está durmiendo, está más tranquila y creo que ya es mi momento. Han pasado tres días desde que dejé mi cuerpo; mi cuerpo ya está enterrado; ella ya está en casa, más tranquila. Es hora de irme para que ella continúe su camino y yo el mío, así que le doy un abrazo y un beso. Creo que ella lo ha sentido porque se ha movido.

T: ¿Qué ocurre a continuación?

C: Me voy... así zoom, rápido. Es algo raro porque no es que me vaya a otro sitio... decido que ahí ya no está mi energía, que está donde tiene que estar... con el resto de energías. No hago un recorrido, no es algo físico, es más bien como una decisión. Estoy en un sitio como de tránsito. Decido parar ahí y ayudar porque hay mucho tránsito de almas, de energías.

T: ¿Entras al mundo espiritual directamente, a ese lugar de tránsito?

C: Sí, sin ningún camino en concreto.

La Consultante explica que ha hecho ese camino tantas veces que no necesita hacer un recorrido determinado para llegar, simplemente cuando lo decide está ahí. Lo ha hecho muchas veces pues lleva miles de vidas en la tierra.

T: ¿De qué forma ayudas a esas almas que encuentras en ese lugar?
C: Las ayudo a que sepan dónde tienen que ir... algunas vienen un poco perdidas... no saben qué tienen que hacer, son muchas; yo las cojo y las voy agrupando por colores y les digo que no tengan miedo, estoy allí para recibirles y les doy amor, protección, las calmo, las abrazo.

La Consultante relata que no está sola haciendo esa labor con las almas, que son varios y que van haciendo como grupos y cada uno se queda con uno: primero, les aportan calma y después los llevan a un lugar donde hay como unas piscinas, unas cascadas de agua; ese agua es como luz que limpia y purifica; allí están a gusto, se limpian, descansan; algunos han tenido vidas muy complicadas. Este grupo al que pertenece la consultante es como el primer referente que tienen las almas cuando llegan a casa, al hogar. Les reciben, les da comprensión, amor... son como una figura maternal.

T: Antes de dejar tu última vida pasada y entrar en el mundo espiritual, ¿alguien hacía lo mismo contigo?
C: No, nada. Hace muchas vidas que no, antes sí, era un alma como esas que yo recojo y hacían lo mismo conmigo, pero ya hace muchas vidas que no.

La Consultante comenta que como alma tiene dos funciones: en el mundo espiritual tiene la función de alma guía, de acompañamiento. Y luego tiene la función de ayudar, de apoyar en la Tierra, por eso elige encarnar, siendo que podría elegir perfectamente no encarnar; pero decide hacerlo para ayudar a la humanidad en este plano tan denso. A menudo comparte vidas en la Tierra con esas almas que acompaña en el mundo espiritual pues le piden encarnar con ella.

A continuación, la Consultante profundiza compartiendo el proceso de acompañamiento de las almas que llegan al mundo espiritual. Explica que las almas pequeñitas, jóvenes o principiantes que no han bajado muchas veces a la Tierra necesitan un camino para seguir.. entonces se les va poniendo señales para que ellas sigan, por ejemplo, una luz, se les va guiando con esa luz hasta que llegan todas hasta donde ella las está acogiendo. Pero eso es solo cuando lo necesitas, la Consultante explica que ella ha sido guiada muchas veces por esa luz; cuando ya aprendes es como por telepatía, no tienes que seguir ningún camino ni ninguna luz... decides estar en el sitio y estás.

Por otro lado, comenta que hay veces que con la luz no es suficiente y bajan incluso a por ellas porque muchas tienen miedo, piensan que no existe nada después de la vida en la Tierra y tienen miedo a morir, entonces vienen para ayudarlas, estar ahí y acompañarlas; sobre todo las primeras veces, para que sepan cómo ir, qué se siente, darles su espacio y tiempo para adaptarse. De ahí lo del holograma para ir poco a poco desprendiéndose. Cada caso es distinto, siempre se adaptan a lo que el alma necesita. Hay veces que vienen seres queridos que ya han desencarnado, otras van los guías con algún ser querido por si no les reconocen.

Incluso, hay veces que los guías adoptan la forma de un ser querido o de alguna figura religiosa, algo que al alma que acaba de morir le haga sentir tranquila. Depende de lo que cada uno necesite en cada momento. Lo importante es intentar hacer el tránsito lo mejor posible. Ese tránsito de la materia a la no materia.

T: Después de acompañar a esas almas, ¿a dónde te diriges?

C: Estoy con los colores más claritos: son blancos, amarillos, naranjas, colores muy suaves, los chiquitillos.

Según aclara la Consultante, se refiere a las almas muy jovencitas que necesitan mucho apoyo, a veces no lo hacen bien en la vida física y vienen muy mal, arrepentidas y necesitan su tiempo para aceptar lo que han hecho. Vienen con mucha culpa cuando se dan cuenta de lo que realmente es la vida.

T: ¿Qué haces a continuación?
C: Me los llevo a que corran, que se desahoguen, que se bañen. Creo para ellos un entorno de naturaleza donde se van a sentir bien. Algunos están tumbados en el césped tomando el sol, otros se bañan, otros juegan con el agua... Tienen como un espíritu juguetón. Les dejo ahí un buen rato, les observo y espero a que estén más tranquilos.
T: ¿Qué color tienes tú?
C: Violeta.
T: Especifica cómo es ese violeta.
C: Un violeta con varias tonalidades, va desde dentro el violeta y hacia fuera se va haciendo como más oscuro hasta azul muy profundo; tonos de violeta, lila, azul, añil... incluso lleva como dorados.

La Consultante explica que ha pasado un poco por todos los colores. Los colores muestran un poco cómo tú te sientes y cómo es tu estado de desarrollo, de evolución. Son como las lecciones que has ido aprendiendo.

T: ¿Cuál es la lección más importante que has aprendido?
C: (Sin apenas titubear y contestando al momento). El amor. Es la lección más importante que todos debemos aprender. El amor incondicional es a donde todos debemos llegar. Antes se pasa por muchas lecciones.

La Consultante comenta que para aprender esas lecciones hay que aprender a controlar determinados sentimientos mientras estás encarnado, tales como la envidia, los celos, la competitividad, el juicio; estos sentimientos de tan baja vibración no existen en el mundo espiritual, por eso hay que experimentarlos en la Tierra. Los aprendizajes pasan por conocer la generosidad, la compasión... sentimientos necesarios para llegar al amor incondicional.

T: ¿Qué haces cuando no estás con estas almas jóvenes?
C: Me gusta estar sola, trabajando, reflexionando... organizando cómo voy a poder ayudar en las próximas encarnaciones y cómo protegerme de esas energías de baja vibración. Reviso las vidas que he tenido, situaciones que me han sucedido, cómo poder hacerlo mejor la próxima vez...
T: ¿Alguien te acompaña mientras?
C: Sí, a veces pido consejo.
T: ¿A quién pides consejo?
C: Son otros seres como yo.
T: ¿A qué te refieres?
C: Sí, con el mismo color que yo, son mis compañeros y entre nosotros nos aconsejamos y nos pedimos ayuda.
T: ¿En qué momento vas a encontrarte con estos compañeros tuyos?
C: En el momento que yo quiera. No hay primero esto, segundo lo otro; puede suceder todo a la vez. Puedo estar conmigo misma y al mismo tiempo con mis otros compañeros.
T: ¿Cuántos son tus compañeros?
C: Somos un grupo de seis y formamos el Consejo de Sabios o Maestros: nos reunimos con las almas para ayudarles a que organicen su vida antes de partir, que reflexionen sobre lo que han aprendido y lo que les faltó aprender. Entre nosotros también lo hacemos: nos reunimos y nos pedimos ayuda, consejo; pero nuestras reuniones son más informales.
T: Cuando os reunís con tus compañeros, ¿quién hay por encima de vosotros?

C: Nadie, no hay nadie por encima de nosotros ni nosotros estamos por encima de nadie. No estamos por encima de las almas, las energías a las que guiamos. Simplemente nosotros hemos pasado por ahí. Hay unas almas que ya han estado donde estamos nosotros. Esas almas hacen otras funciones más diferentes no enfocadas en el trabajo con otras almas. Son unas almas que ya han acabado todo el proceso de encarnaciones y tienen otro tipo de funciones. Están en otros procesos.

Invito a la Consultante a ir al lugar en el que valora y decide sobre la vida que acaba de dejar.

T: A la cuenta de tres irás a ese momento. 1, 2, 3...
C: Estoy contenta y orgullosa con la vida que he llevado; no era feliz del todo y no podía expresar mi función; tomé una buena decisión no casándome con ese hombre. Ya hace varias encarnaciones que estoy ayudando y apoyando a esas pequeñas almas que están viniendo en cada encarnación; si hubiera seguido el camino de casarme con esa persona no hubiera podido realizar mi misión. Por eso llegó la que en ese momento fue mi amor, que es Rosa en la vida actual; juntas tenemos esa misión. Nos ponemos juntas en las vidas, tenemos un rodaje hecho; es muy fácil para nosotras complementarnos y hacer esa función. Estoy contenta, he tenido el tipo de vida que quería: ayudar a las almas de esos chiquitines, aportándoles valores, dejando que puedan expresar esos dones con los que han venido. Con Rosa podíamos hacerlo en esa escuela/guardería.
T: ¿Hay alguien contigo acompañándote?
C: No
T: Toda esta reflexión, ¿la haces tú sola?
C: Sí

T: Vete al lugar en el que haces tu selección de vida y dime, ¿cómo es?
C: Como yo quiero que sea.
T: ¿Cómo quieres que sea?
C: Da igual, no le pongo forma. Hay veces que no necesito forma, hay veces que sí me gusta estar en un sitio con forma.
T: ¿Cómo haces para elegir, planear la siguiente reencarnación?
C: Es una tarea que no es tan sencilla porque hay que ver muchas opciones. En la selección de vida tiene que estar todo muy bien diseñado para encontrar a las personas en los momentos exactos en los que decidimos encontrarnos, para que las situaciones de la vida te pasen. Hay una serie de almas que trabajan para ello... son los arquitectos... son muchísimos datos los que hay que coger y encajarlo todo muy bien... somos muchas almas las que estamos encargadas de tejer todo eso. Estos ingenieros de la vida son también compañeros; tienen los mismos colores que yo; estamos trabajando muchísima gente para que todo esto se pueda dar.

La Consultante explica que para la selección de vida es importante el cuerpo que eliges pues tiene que tener una serie de características para las funciones y la misión que tiene que desempeñar. Le dan tres opciones de cuerpo, las tres occidentales, y le gusta que le den opción de cuerpo masculino y femenino para ver con cuál puede trabajar mejor en la siguiente encarnación. En esta ocasión ha elegido el cuerpo de Carmen: voz calmada, físico relajado. Quiere transmitir calma, confianza, paz.

T: ¿A dónde te diriges a continuación?
C: Cuando elijo la vida hay que ponerse a trabajar en esa vida, organizarla, tomar los acuerdos, ver qué personas voy a encontrar por el camino, qué voy a trabajar con cada una de ellas... aquí interacciono con las almas que van a formar parte de esta encarnación.

T: Vete al momento que interaccionas con esas almas.
C: Son varios momentos. No estamos todos juntos. Cada uno está en grupos diferentes, en momentos diferentes. Si hay dos o tres almas con las que vamos a trabajar juntas hablo con ellas, o voy a un grupo en concreto o lo hago de manera individual.

La Consultante se dirige al grupo donde está Rosa, su pareja en la vida actual, y que pertenece a su grupo de almas; se presentan los cuerpos que han elegido para reconocerse cuando se encuentren en esta encarnación. Y continúa hablando con cada una de las almas con las que va a interactuar en esta encarnación.

T: ¿Cuál ha sido el acuerdo más difícil para esta próxima encarnación?
C: Uno de los más difíciles ha sido con mi madre.
T: ¿Qué tiene ese acuerdo que ha sido de los más difíciles?
C: Es un alma de apoyo con la que estoy acostumbrada a bajar. Trabajamos muy bien juntas. Decidimos que la partida de mi madre en esta vida fuera uno de los momentos clave en mi vida como Carmen.

La Consultante comenta que cada alma tiene sus características propias y que el personaje que eligen encarnar también tiene las suyas. En esta vida elige el cuerpo de Carmen porque tiene unas características que la consultante también tiene como alma: es muy familiar, se encariña mucho, es muy sentimental, no soporta el sufrimiento de los demás, es compasiva... de ahí que se sienta muy apegada emocionalmente a su madre y esto va a hacer que la muerte de ésta suponga un gran cambio en su vida, una continua búsqueda. Según explica, cuando encarnamos, olvidamos, y ese hecho tan relevante va a suponer una reconexión y un entendimiento para aprender y saber lo que realmente somos y a lo que hemos venido. Nos tenemos que poner momentos claves en nuestra vida que nos ayuden a despertar.

El alma de su madre en esta vida forma parte de su grupo primario de almas, junto con su pareja actual, Rosa en esta vida. Su padre y su hermano en la vida actual forman parte de un grupo secundario de almas; ambos le piden encarnar con ellos para que sea su apoyo, su guía: necesitan que esté ahí con paciencia, con amor, sin juzgar.

En la siguiente parte de la sesión la consultante relata cuáles son los otros acuerdos importantes para con esta vida y explica cómo se han desarrollado y qué decisiones y aprendizajes hay detrás de ellos. En esta vida va a tener un enemigo de la oscuridad, alguien a quien ya lleva teniendo en varias encarnaciones.

T: ¿Qué sentido tiene ponerse ese enemigo de la oscuridad?

C: No me lo pongo; existe la luz y la oscuridad. Para los que trabajamos con la luz está siempre la oscuridad intentando hacer nuestra misión más difícil. Esta parte de la oscuridad va a intentar absorber mi luz, quitarme energía, fuerza, y que no pueda realizar mis funciones. Sé que va a ser muy difícil pero también sé que lo puedo conseguir.

Otra de las funciones de la Consultante en esta vida es acompañar a las personas en el momento de la muerte, ayudar en la transición.

T: ¿Cuál es el siguiente lugar al que te diriges antes de reencarnarte?

C: Estoy como en una fiesta de despedida, siempre me gusta hacer una fiesta.

T: ¿Cómo es ese lugar?

C: A mi alma le gusta que esté todo el mundo guai... esa cohesión, ese humor, esa diversión; no es todo trabajar, también nos divertimos.
T: ¿Quiénes están ahí?
C: Están... ¡Madre mía! ¡Una inmensidad del mundo espiritual!
T: ¿Qué hacéis para divertiros?
C: Estamos siempre de fiesta, no lo hago solo conmigo, lo hacemos en cada momento que un alma va a encarnar. Es como decir: ¡venga, fuerza, tú puedes, te queremos, estamos contigo, te vamos acompañar! ... porque el momento del nacimiento no es un momento fácil. Incluso los que ya han encarnado están ahí, todo el mundo, muchísimos, estamos súper bien, todo lleno de sentimientos, amor, comprensión, apoyo... Aunque uno elija bajar aquí no es nada fácil; es temporal y para la vida del alma es como un suspiro, pero cuesta. Estoy decidida a seguir bajando, quedan muchas cosas por trabajar y la humanidad necesita un empuje, un apoyo.

La Consultante comenta que están en la fiesta hasta que ella lo decida.

C: Estoy preparándome.
T: ¿De qué forma eliges bajar?
C: Cada uno baja de la manera que más le gusta; a mí me gusta bajar en un tobogán... tengo ganas... estoy motivada. Bueno... me despido de todos y digo: ¡venga! ¡allá voy! ¡a por todas! Y me tiro y el tobogán cada vez se va haciendo más denso, más denso, más denso... es como carne alrededor. Entonces llego a ese bebé... que está dentro de la que va a ser mi madre.

La Consultante relata que una vez está en el útero de su madre no se queda ahí hasta el nacimiento, va entrando y saliendo.

C: Yo no estoy casi nada ahí dentro; las almas más nuevas sí están más tiempo dentro porque así se van adaptando a la materia; es difícil para un alma adaptarse a la materia, es como que se tiene que comprimir en algo muy reducido; entonces es bueno que vayan adaptándose.

T: ¿En qué momento entras en el bebé?

C: Voy entrando y saliendo en varias ocasiones para ir experimentando y percibiendo cómo se va desarrollando el bebé, los órganos, el cerebro... para ir adaptándome.

T: ¿Cuándo entras definitivamente?

C: Prácticamente para el nacimiento, aunque voy entrando y saliendo a los cuatro, cinco, seis meses.... A los seis me gusta estar porque ya el bebé va percibiendo más cosas, conversaciones de los padres... entro cuando ya me toca nacer.

Antes de finalizar la sesión llevo a la Consultante a un lugar especial del espacio entre vidas, un lugar al que llamamos *Presente Eterno*, donde le son respondidas todas las preguntas que quiere hacer al Mundo Espiritual. Estas preguntas, así como las respuestas, las mantendremos dentro del ámbito de privacidad de la Consultante. No obstante, resaltar que se le confirmó que el alma de Carmen lleva muchísimos años encarnando en la Tierra y que previamente encarnó en otros planetas, como la mayoría de almas. El alma de Carmen no está aprendiendo ninguna lección en concreto, sino que está dando todo lo que ha aprendido anteriormente en ésta y las últimas encarnaciones. Además, le fueron recordados todos sus dones y talentos y le mandaron un mensaje muy claro: hay muchísimos ataques de la oscuridad y cuanto más trabajes la luz más ataques tendrás. Tú sabes cómo protegerte. Recuerda que siempre eres luz; eres impenetrable por la oscuridad. No pueden penetrar en ti. Tú eres.

Testimonio de la Terapeuta

Cada sesión al Mundo Espiritual Entre Vidas es maravillosamente distinta. Aunque se pueden encontrar algunas semejanzas, cada experiencia es única y depende en gran parte del nivel de evolución del alma. Este caso es especial para mí al encontrarme frente a un alma muy avanzada: un alma de color violeta que nos transmite los valores y la esencia de este viaje eterno a través de los tiempos. Un alma evolucionada a quien he tenido el honor de regresionar y obtener información relevante sobre qué ocurre cuando abandonas el cuerpo físico, cómo es la trascendencia y de qué forma recuperas el estado expandido de Consciencia, el estado natural del alma.

Mientras Carmen estaba en el Presente Eterno también transmitió un mensaje que era para todos:

Hay momentos en que las enfermedades ya han somatizado a nivel físico y no se pueden sanar, pero sí se puede a nivel emocional. Hay que comprender que el cuerpo físico es materia y enferma... Eso es lo que significa vivir en el planeta Tierra y en un cuerpo físico. El cuerpo físico no es perfecto, tendrá enfermedades, consecuencias y secuelas. No pasa nada mientras nos sirva para nuestra función en esta encarnación... Hay que saber cuidarlo y tratarlo mientras estemos en él, sabiendo que habrá enfermedades con las que no podremos lidiar y otras que las hayamos propuesto para nuestro desarrollo personal y evolución.

Lo importante es cómo nos tomamos esas enfermedades y ese cuerpo físico.

Gracias Carmen por llegar, por la confianza, por tantos *compartires* y por abrirte a todo lo que tu alma vino a mostrarte. Gracias por el regalo.

Deseando seguir juntas en el camino de esta terapia maravillosa.

Testimonio de la Consultante

Desde siempre he estado en continuo desarrollo y crecimiento personal, pero mi verdadero cambio se produjo cuando descubrí la Terapia Regresiva. Desde ese momento, inicié un viaje de sanación y comprensión a un nivel muy profundo.

Marisa ha sido mi gran compañera en este proceso y es que, gracias a ella, he tenido sesiones maravillosas donde he ido descubriendo mi auténtico Ser. Ella tiene ese don de saber acompañar a la persona desde el amor, desde el sentir... con esa voz que te lleva hacia lo profundo, te guía y te abraza, respetando tu propio ritmo en el proceso.

Esta sesión de Regresión al Mundo Espiritual ha sido la culminación de ese viaje que inicié en el año 2020. Ha supuesto para mí una comprensión y un entendimiento que ha traspasado totalmente mi personaje de esta vida, dando lugar al conocimiento total de mi auténtico Ser; recordar quién soy en realidad, por qué y para qué estoy en este planeta, reconectar con mi esencia... Todo esto ha cambiado por completo mi percepción de lo que es esta vida y me ha ayudado a ser y estar mucho más consciente en este plano y a tener más claro el propósito de mi encarnación.

También he aprendido que no se puede controlar todo y que estar encarnado en un cuerpo conlleva ciertos riesgos asociados (algunas enfermedades o accidentes), siendo este descubrimiento un gran alivio para mí.

Infinitas gracias Marisa.

Contacto
Marisa Tamarit Coy
Teléfono: + 34 664 426 256
marisatamaritcoach@gmail.com
www.marisatamaritcoach.com
Instagram:@marisatamarit.coach

El Dios de la Muerte

Por María de Jesús (Mary Chuy) Hernández Ruiz

Sobre la Autora

Mary Chuy nació en Autlán de Navarro, Jalisco, México en 1965. Se licenció en Psicología en la Universidad de Guadalajara, Generación 2005 - 2009, cursó Maestría en Psicología Transpersonal en la Universidad Antropológica de Guadalajara; y actualmente ejerce su profesión en el ámbito privado, desde la Psicoterapia Transpersonal y principalmente la Terapia Regresiva. Trabajó por algunos años en el Instituto Jalisciense de Salud Mental, y a la par tomó cursos y diplomados en PNL, Terapia Corporal, Mindfulness, Reiki, entre otras formaciones, siguiendo su pasión por lo transpersonal y holístico.

En 2020, tras renunciar al trabajo institucional, y encontrándose en consulta haciendo regresión a la niñez a un paciente, éste se va a una vida pasada, en forma sorprendentemente vívida e impactante. El Lic. Marcelo Beloqui, aparece en su mundo profesional, formándola como Terapeuta de Vidas Pasadas, durante el año 2022.

Posteriormente, en 2023 y 2024, ha tomado el I y II Curso Internacional de Entrenamiento Avanzado, que organiza el Centro Atma de Cártama (España), avalado por la Asociación Española de Terapia Regresiva (AETR), la Asociación Chilena de Terapeutas en Vidas Pasadas (ACHTEVIP) y la Asociación Argentina de Terapia de Vidas Pasadas (AATVP). Durante 2023 y 2024, tomó Seminarios intensivos en técnicas de terapia regresiva con los maestros Hans Ten Dam, Heike Bettendorf, Martin Roesch, y Nacho Romón. Es miembro activo de AETR Y AATVP. Actualmente ha realizado alrededor de 1.500 regresiones.

Sobre la Consultante

Antonela es una chica de 18 años, bonita, de grandes ojos y mirada alegre, que viene por primera vez a consulta porque tiene mucho miedo a estar sola, y de dormir sola. "Se me sube el muerto", dice y "veo sombras que pasan", como tema principal. Además, "me cuesta confiar en los hombres y en las personas en general. También deseo trabajar el amor propio". A continuación, se trascribe parte del trabajo realizado a lo largo de tres sesiones.

Transcripción de las Sesiones

1ª Sesión: Jalisco, México, 17 de septiembre de 2022

Terapeuta (T): (Luego de una breve inducción, la consultante entra en estado expandido de conciencia). Dime que ves.

Consultante (C): Veo una luz azul y negra que tapa todo, me envuelve y no me permite ver nada más.

T: ¿Y qué estás sintiendo?

C: Siento miedo ... ganas de llorar... siento como si estuviera en el agua, flotando.

T: Enfoca tu atención en el escenario en que te encuentras ahora, y dime si logras ver algo más.

C: El agua... es cristalina. No es un río, es como un círculo, y veo árboles alrededor. Traigo un vestido, no lo veo bien, pero se ve como blanco, como de color claro. Y mi pelo es largo, y traigo un peinado antiguo ... es un molote, y en la frente unos chinos. La luz azul me dijo que desde que soy chiquita está conmigo.

T: Aquí hace su aparición la primera Alma Perdida (AP1). Cuando cuente tres le prestarás tu voz a la luz azul para que hable conmigo. 1, 2, 3 ... ¡Hola luz azul! ¿qué haces con Antonela?, ¿desde cuándo estás ahí?

C: (Hablando muy bajito) ... a mí me mandaron a cuidarla desde que ella tenía 10 años. Yo era solo una bolita negra antes de llegar a cuidarla... hay otro compañero conmigo. Somos dos los que estamos cuidándola, pero él (AP2) no quiere hablar. Y ya no puedo hablar más, porque el dios de la muerte, el que manda, me regaña.

T: Después de negociar con AP1 accede a ir a la luz, e invita a la AP2 a que se vaya también. Sin embargo, luego de múltiples intentos, no logran llegar a la Luz.

C: El dios de la muerte no nos deja ir hacia la Luz.

T: Y, ¿dónde está el dios de la muerte?

C: Está aquí a un lado nuestro (contesta con visible temor AP1).

T: Bien, ustedes dos permanezcan aquí a un lado. Hablaré con esa energía que ustedes llaman el dios de la muerte (me dirijo a la Consultante y le doy la indicación de prestarle su voz a la tercera Alma Perdida (AP3) que ha aparecido en el escenario). A la cuenta de tres le prestarás tu voz al dios de la muerte para que hable conmigo. 1, 2, 3...

C: Se me vino a la mente el nombre Luis Sánchez. Pero dice que no quiere hablar.

T: ¿Qué haces aquí con Antonela? ¿Quién eres? (empiezo a hacer labor de convencimiento con la AP3, usando diversos argumentos, hasta que accede a entablar comunicación).

C: Soy el famoso Luis Sánchez. Me agrada ella. Pobrecita, me divierto asustándola. A veces la quiero, pero otras veces la odio.

T: ¿Por qué la odias? ¿Qué te hizo?

C: Siento que me quedo sin aire al decirte... me mató. ¡Por mi culpa eh! La violé, rico, rico.

T: ¿Quieres platicarme cómo ocurrió? ¿Puedo ayudarte en algo?

C: Yo tenía 30 años y ella era más chiquita, no tanto. Me gustó desde que ella tenía ocho años, pero jamás la toqué, eso pasó hasta que fue grande. Cuando la violé, ella me dio un balazo en la frente... prometí que la iba a atormentar siempre... y me ha visto en el baño de su casa, con mi sombrero. Porque yo era ranchero, guapo. Yo era el gran, famosísimo Luis Sánchez y tenía muchas mujeres. Pero me clavé con ella. Y nadie, nadie puede estar con ella más que yo, y si yo no estoy con ella, no estará nadie más. Por eso le corro a sus pretendientes.

T: ¿Qué fecha es para ti? ¿Dónde sucedió esto que narras?

C: Ya pasaron como 90 o 100 años, y soy de allá de la tierra de donde son tus padres, en la sierra. Y me da coraje, porque me mató con mi propia arma. Ella se llamaba María Antonela. Y Petra... Petra... no puedo recordar quien es Petra.

T: ¿Podrías perdonarla? Ya déjala libre, para que sea feliz, y tú puedas avanzar en conciencia también.

C: Yo quería una vida con ella. Yo ocupo estar con ella. Su abuelita, la que murió apenas, era su mamá en esa vida y no recuerdo su nombre... Petra, Petra... te mentiría si te digo que así se llamaba, no recuerdo bien. Su papá se llamaba José. Y Antonela era como una muñequita de ojos grandes, la boquita... así como la tiene ahorita. Pero yo la hago sentir fea. Ella era de la clase alta y yo, ni rico, ni pobre. Y Antonela tenía un hermano, pero era "puñal" y un día ella lo "cachó" pintándose los labios de color de rosa. Y su hermano le pidió que se quedara callada porque si no lo desheredaban. Y ella sólo me lo platicó a mí, porque yo era su amigo y me tenía confianza.

T: ¿Entonces, has estado con ella todo el tiempo?

C: Sí. Y ella se casó y murió como a los 80 años. Yo estaba ahí vigilándola. ¡Obvio! soy el dios de la muerte, y tengo que vigilar a la gente cuando muere. Y su sobrina, esa que es hija de su tía la más chica, fue su hija en aquella vida. ¡Ah! Ella es la que se llamaba Petra. Pero no le gustaba su nombre, y estaba igual de chula como su sobrina, y muy graciosa, pero igual de renegada. Yo era amigo de Antonela y un día que le digo "Toña" a Antonia – Antonela y que se enoja mucho, porque no le gustaba que le dijeran así. Y era mujer brava y me dijo – perro, no me digas así – ... y me dio un trancazo y se fue.

T: ¿Y qué más sucedió Luis Sánchez?

C: Y te decía que soy el dios de la muerte, y tengo toda una legión de ayudantes acá, porque los engaño. Y a las almas de la gente mala, cuando llegan acá, las hago que paguen por sus fechorías y las meto en agujeros negros y les pongo vigilantes. Ya sabes, a los que vigilan les prometo cosas. Y a todas las almas las hago sufrir, les digo "vete a la luz perro" y ahí van, bien creídos... pero los bajo y los vuelvo a meter al agujero. Y es que hay mucha gente mala, que hace cosas malas mientras viven, y tienen que pagar. ¡Cómo de que no! Cómo que así de fácil ya me voy. Les digo a mis ayudantes que los atormenten. Porque cuando les digo que yo soy el dios de la muerte se lo creen y me tienen mucho miedo, y yo los asusto. Acá engaño a todas las almas y les hago creer que les daré vida, o que los mandaré a la luz, o que les daré dinero, porque así son de mensos. Y los pongo a que vigilen a los vivos y a los muertos. Porque sí vigilo a los vivos, y los veo haciendo maldades mientras están vivos, y cuando llegan acá, a los que se portaban mal, los meto en agujeros negros y les hago que paguen, atormentándolos.

T: ¿Entonces, eres algo así como un justiciero en el Espacio entre Vidas?

C: Algo así. Yo me equivoqué mucho también cuando estaba vivo. Y qué bueno que estás aquí para ayudar a Antonela. A ella le dio mucho gusto cuando te vio y te miró muy sonriente y te ofreció café. Eres como un Ángel que vino a ayudarla. Fíjate que yo la iba a matar, por eso no escondí el arma. Pero ella me ganó y la agarró primero y me disparó en la frente. Yo era bueno, equivocado nada más sí, me equivoqué mucho. Me arrepiento hoy. Y ya se me está secando la garganta por hablar mucho. Y ese celular está sonando, contéstalo (el celular estaba lejos y en silencio, pero al tomarlo, si, efectivamente alguien marcaba).

T: ¿Aceptarás ir a la Luz Luis Sánchez?

C: Es que, si la dejo tranquila y libre, se va a sentir bonita y va a querer andar ahí, con uno y con otro y con otro, y ya no la voy a poder proteger de los malos. Porque yo la he cuidado de esos noviecitos que ha tenido, y a ese último le hice maldades, y le metí pensamientos para que se enojaran y entraran en discordia. Ya te dijeron estos dos (AP1 y AP2) que en esta vida la encontré hasta que Antonela tenía 10 años. Sí, la busqué hasta que logré encontrarla, a sus 10 años, y lueguito le puse guardianes para que la asustaran y la vigilaran, pero yo también la vigilaba directo. Y la vi con su mamá de otra vida, que ahora era su abuelita, y vi a su hija que ahora es su sobrina, por eso la quiere mucho a esa niña. Y no me gustaba verla con ningún otro hombre.

Su abuelita era muy buena, a mí me trataba bien, y oraba mucho por las almas, y les ponía Luz. Y a la gente también la ayudaba, como podía, con lo que podía. Y sufría porque a ella la engañaron mucho. Cuando murió la vi acá en la oscuridad. Penando no, pero si en la oscuridad, poquito tiempo nomás, pero ya no está aquí. Antonela quiere que su abuelita la visite en los sueños.

T: ¿De todo eso te enteras allá Luis Sánchez? ¿Perdonarás lo sucedido y dejarás libre a Antonela?

C: Si me voy a alejar de ella por completo. Pobrecita. Ahora que yo me aleje, ella va a sentirse plena, segura, confiada. Porque su corazoncito está dañado. Primero por los hombres, y por inseguridades de que ella es fea, pero eso fue mi culpa porque yo le hacía creer eso, pero más dolor siente porque murió su abuelita, aunque no lo demuestre. ¿Sabes?, para que Antonela no escuchara todo lo que te digo, la mandé a que estuviera en el agua. ¿La oíste? Ella te lo dijo, que estaba en el agua, como en un círculo. Yo la puse ahí, para poder hablar sin que me escuchara.

Fíjate que tonto fui ... que "*nangorete*". Pude haberme ido a la luz, y ya hubiera regresado con ella. Pero no pensé en eso, solo pensé en vigilarla y hacerla pagar por lo que me hizo. Y a los dos (AP1 y AP2) que tenía cuidándola, les dije que ella era mala, les ordené que la vigilaran, que la asustaran. Por eso no puede dormir sola. ¡Sh! Pero no hables alto, porque ellos van a escuchar todo esto que digo, y me van a perder el miedo, y se van a reír de mí. Y eso no me gusta, porque si se dan cuenta, pierdo autoridad. Tenemos que hablar bajito para que no me escuchen. ¡Ay, mi Antonela! Yo la quería mucho, pero ella a mí no, porque se enamoró del otro, de su esposo, y yo era mal correspondido. Pero, además, yo ya tenía familia, tenía tres hijos, y en ese tiempo era más difícil para separarse o divorciarse. Y su papá ... que no nos hubiera permitido estar juntos. Porque los papás eran bien duros en ese tiempo. Entonces, se me metió el diablo de la tentación y planeé tomarla a la fuerza, y la violé y sentí su cuerpo, y era suave, y su mirada era bonita. La adormí para poder violarla.

T: ¿Cómo hiciste eso de dormirla?

C: La dormí con un pétalo de rosa que le di a que lo oliera. En mis tiempos le llamarían brujería o algo así ... Como que no me quiero ir a la Luz ... yo no quiero cruzar más allá, porque a mí lo que me gusta es atormentar a la gente. A toda esa gente que es cruel con los demás. Y se portaron muy mal cuando vivían. Y quiero que sufran, por todo el sufrimiento que les causaron a las otras personas. Y a los que tengo como vigilantes tampoco los quiero liberar, porque son gente mala, muy mala; y mintieron y engañaron, por eso no pudieron ir a la luz. Y yo los engaño, y les prometo cosas si me ayudan. Que tontos son, porque nunca les voy a cumplir... (después de un largo silencio) Si me voy a ir, pero esta vez no. Te prometo que la siguiente vez que nos veamos ya me iré a la Luz y dejaré a todos libres. Soy un hombre de palabra, y voy a cumplir mi promesa. Ya voy a destaparle los ojos y los oídos a Antonela, y la voy a despertar.

T: Está bien Luis Sánchez. Nos vemos la siguiente vez, y te recordaré tu promesa.

Procedo a la armonización con el color que eligió la consultante. Luego cierro la sesión. Después Antonela comparte cómo fue para ella la experiencia de regresión. Ella señala no haberse enterado de nada, que no escuchaba lo que se decía y solamente se sentía como flotando en un círculo lleno de agua, tranquila, en una especie de jardín. "Sólo la veía a usted, bien jovencita, bien bonita, sentada en una banca y conversando con un hombre. Pero no escuchaba nada de lo que hablaban".

2ª Sesión

Jalisco, México, 24 de septiembre de 2022.

Son las 11 de la noche y recibo una llamada de Antonela, está asustada y refiere que cuando se estaba bañando, vio la silueta con sombrero ya conocida y que la rasguñó en la pierna. Se le da la indicación de buscar un lugar cómodo, con buena señal de wifi y colocar su celular de forma que pueda ser observada.

T: Luego de una breve inducción, pregunto, ¿por qué estás asustando a Antonela de nuevo? ¿Quién eres?

C: Soy Luis Sánchez (AP3), y la asusto porque quiero. Porque quiero lastimarla.
T: ¿Por qué insistes en lastimarla?
C: Esa gente... diles que se callen... me molestan.
T: ¿Qué es lo que te molesta?
C: ¡Todo!
T: Es que ellos viven ahí. Es su casa. Son sus padres y su tía. Están asustados por lo del rasguño en la pierna.
C: Son unos tontos.
T: No son tontos. Es que tu los asustas.
C: Ya te dije. Me iré cuando tu vengas para acá.
T: ¿Necesitas algo más de mi parte, o de parte de Antonela?
C: Ya te di mi palabra. Me iré, pero no ahora... quiero que la siguiente vez me traigas un ramo de rosas rosas.
T: De acuerdo. Te voy a llevar un ramo de rosas rosas para ti.
C: Quiero que solamente estemos tú, Antonela y yo ... yo no quería rasguñarla ... yo solo quería que me viera.
T: Trato hecho. Pero ya no la asustes, por favor. Nos vemos la siguiente semana.
C: Nos vemos la siguiente semana. Sin gente, sin papás, sin tías que estén ahí, como tontos, echando agua bendita.

Luego de la armonización cierro la sesión. Antonela se levanta, va al baño, y cuando regresa dice: "Lo vi, ahora si lo vi como es. Es bien guapo, joven, tiene ojos verdes, es güero, alto y trae sombrero.

3ª Sesión

Jalisco, México, 29 de septiembre de 2022

(...)

Antonela acude de manera presencial a consulta. Hemos traído un ramo de rosas rosas, y damos inicio al trabajo con una breve inducción, con la cual la consultante entra en estado expandido de conciencia *rápidamente.*

T: ¿Qué está sucediendo? ¿qué ves?
C: Hay un hombre moreno, con armadura, parado frente a mí.
T: (Ha aparecido una nueva Alma Perdida, la número 4, AP4). A la cuenta de tres le prestarás tu voz para que hable conmigo. 1, 2, 3... ¿quién eres? ¿qué haces con Antonela?
C: No... no quiero decirte ... no puedo.
T: ¿Qué no puedes? ¿Qué no me quieres decir?
C: El dios de la muerte ... me vigila. Está enojado.
T: ¿Quién eres? ¿Por qué usas una armadura?
C: Por si me atacan. Me pusieron a vigilarla y me prometieron dinero.
T: ¿Y te interesa el dinero? ¿Para qué lo quieres?
C: Lo quiero para mi familia.
T: ¿No te has dado cuenta de que ya no necesitas dinero? ¿Qué te ordenaron hacerle a Antonela?
C: Travesuras. Pero ya no se asusta.
T: ¿Me permites hablar con el dios de la muerte?
C: Sí. Aquí está escuchándonos.
T: Muy bien Antonela, a la cuenta de tres le vas a prestar tu voz al dios de la muerte (AP3) para que hable conmigo. 1, 2, 3... ¡Hola dios de la muerte!
C: Estoy enojado ... Pero ya logré que me viera Antonela.
T: Lo lograste Luis Sánchez (AP3).
C: Pero ya no se asusta, porque sabe que soy yo.
T: Te traje las rosas rosas que pediste.
C: Cierra la puerta, no quiero que escuchen los demás.
T: De acuerdo. La cerraré.
C: Ya me reclamó Antonela. Me pregunta el porque me quedé acá en la oscuridad y no nací a tiempo. Pensándolo bien, sí, me gustaría haber nacido, pero guapo. Si nazco feo mejor me muero otra vez.

T: ¿Por qué volviste a ponerle guardianes a Antonela?

C: Nomás la mandé vigilar. A esa alma (AP4) Le prometí dinero. Él murió por avaricia. Quería dinero, dinero, más dinero. Por querer más y más se metió a cosas que no debía, y lo mataron.

T: ¿Viste las rosas rosas?

C: El color rosa me gusta mucho. Pero no lo podía decir, porque iban a pensar mal de mí. Yo soy bien macho y, cómo iba a decir: ¡Ay!, me gusta el color rosa. Y sobre todo en ese tiempo. Yo siempre fui un hombre bien macho. Y acá también, yo sigo siendo hombre, y bien macho. Y cuando vuelva a bajar voy a seguir siendo hombre.

T: ¿Puedes elegir libremente el sexo que vas a tener en tu nuevo cuerpo?

C: Por eso no hay que ser tonto. Hay que saber a dónde vienes y en qué te conviertes ... He visto mucha, mucha maldad, mucha oscuridad entre los vivos. Y aunque soy un ser oscuro ahorita, me da miedo volver a vivir en la tierra. Yo pienso que Dios me perdonó por las cosas que le hice a Antonela. ¿Por qué me mató Antonela? Podríamos haber sido felices y tan guapo que yo era. Ella me dijo que sí me quería. Pero yo estaba casado y además yo no le podía dar los lujos a los que estaba acostumbrada. Ella y yo andábamos a escondidas, pero cuando se casó me dejó de ver, y se olvidó de mí, y me dio coraje.

T: ¿Ya estaba casada cuando tú la violaste y ella te mató?

C: Ya recordé todo, como sucedió: No fue hace 90 o 100 años, como te dije. Fue mucho antes, como 200 años, al menos. Y la verdad no se ni como fue, pero me empezó a gustar Antonela y la mera, mera verdad, fui pendejo, porque ella era rica, venía de otro lado, como de España, o algo así, de donde es la bandera roja y amarilla. Yo me había salido de mi pueblo, pero no recuerdo si a Guadalajara, o a México. Era zona alta, pero no recuerdo el nombre, te echaría mentiras. Yo trabajaba para ellos, pero no de jardinero, ni nada de eso. Yo trabajaba como en una oficina, solamente recuerdo una oficina con muchos libros, y recuerdo muchos números. Y Antonela era una niña mimada, yo escuchaba decir que la bañaban, la calzaban y la vestían. Todo hacían por ella, bañarla, darle de comer. ¿Como iba yo a conquistar a alguien así? Y cuando ella se casó, o la casaron, yo estaba muy enojado porque Antonela me olvidó, y yo no pude olvidarla. Y es que ella terminó enamorándose de ese con el que se casó. Yo creo que lo amó hasta más que a sus propios padres. Y un día me volvió a hablar, yo mal pensé las cosas, creí que quería algo conmigo, pero no, solo me habló porque es buena gente. ¿Cómo te explico? Ella no iba a dejar a su pareja por mí. Qué tonto fui, qué pendejo. Y la quise tocar, y ella no se dejó. Me dijo que jamás volviera a hacer eso. Entonces fue cuando yo planeé todo, y la dormí con el pétalo de rosa que le di a oler. Pero cuando despertó y se dio cuenta, brava como era, agarró la pistola y me dio un balazo, nada más uno, pero en la frente, en la cabeza, y con eso tuve.

T: ¿Estabas dormido o despierto cuando te disparó?

C: Estaba despierto, había ido al baño a limpiarme. Fue cuando ella agarró la pistola, y me dijo ¿Por qué lo hiciste? Y me disparó sin más. Y cuando caí al suelo, mi mente y mi cuerpo desaparecieron.

T: ¿Cuándo tu cuerpo y tu mente desaparecieron, hacia donde te fuiste Luis Sánchez?

C: Me fui a la Luz, y tuve que decir mis pecados. Y estuve ahí un tiempo, pero me aburrí y mejor me vine, porque lo que a mí me gusta es hacer sufrir a la gente. Yo estaba muy enojado, pero ahora veo las cosas diferentes. Ya no me tengo que enojar, porque fue un error mío. Quisiera quedarme, porque no quiero perder el poder que tengo acá, como dios de la muerte. Ya estoy cansado ... mejor ya me voy, y allá voy a esperar a Antonela. Pásame una rosa.

T: ¿Sólo quieres una rosa?

C: Sí. Sólo una rosa.

T: Le paso una rosa y la coloca en su pecho. Luego hago una oración pidiendo su ingreso a la Luz de procedencia. Sin embargo, Luis Sánchez (AP3) no puede acceder de inmediato. Se visualiza primero en un lugar oscuro del que le cuesta salir, luego en otro espacio donde no hay nada, y no se siente cómodo en ninguno de los dos lugares. Entonces le pedimos ayuda al Arcángel Miguel para que lo guíe hacia la Luz.

C: Veo una ciudad blanca, y hay un portón grande. Después ya no hay nada. Sí me puedo ver, pero siento que caigo, me voy a caer.

T: Si no te sientes cómodo en ese lugar, sigue elevándote Luis.

C: Llegué a otro lugar. Es como un paraíso, con mucha luz y sol. Me siento bien y estoy solo.

T: ¿Te sientes cómodo ahí? Si no, sigue elevándote Luis.

C: Llegué a otro lugar. Todo es blanco, la luz blanca y cálida.

T: ¿Y cómo te sientes en ese lugar?

C: Bien. Tranquilo. Hay una mujer güera, vestida de blanco. Solo me mira y sonríe.

T: ¿Quién es ella?, ¿te lo ha dicho?

C: Guardiana. Sólo eso me dice y me da la mano y me va a llevar a algún lugar.

T: ¿Cómo sientes ese contacto?, ¿cómo te sientes?

C: Bonito.

T: ¿Ese espacio está bien para ti?,

C: Si, aquí me quiero quedar.

T: ¿Quieres decirle algo a Antonela antes de irte?

C: Que la quiero. Y que la esperaré allá en la Luz

T: ¿Hay algo más que quieras hacer o decir?

C: Nada más, gracias. Ya vamos a entrar a la Luz.

T: Que Dios te bendiga siempre, que permanezcas en la Luz y que estés en paz. Gracias por tu elección de ir a la Luz.

Cierro la sesión con una armonización, llenando el cuerpo físico, el campo energético y campo de conciencia con la luz del color elegido por Antonela.

Testimonio de la Terapeuta

Elegí este trabajo terapéutico con Antonela, aunque se realizó hace poco más de dos años, porque muestra de alguna forma parte de lo que sucede en el mundo espiritual, en el Espacio Entre Vidas, también conocido como Bardo. Dando seguimiento posterior al avance de la consultante, me doy cuenta de que ha perdido gran parte del miedo que le produce estar en contacto con las almas perdidas (AP), siendo sensible como es, a estas interacciones. Señala que ahora le resulta más sencillo estar sola, ya puede dormir sola, e incluso se ha mudado a una ciudad cercana para estudiar una carrera universitaria.

Testimonio de la Consultante

Cuando acudí a realizar la primera sesión con Mary Chuy, debo confesar que tenía mucho miedo, porque jamás había tenido ninguna experiencia en este tipo de terapia. Sin embargo, luego de realizar las tres sesiones regresivas sentí un gran alivio, y me ayudó a superar mis miedos, y a no sentirme atormentada.

En la primera sesión *que tuve, me veía en un lago hermoso, con una paz y tranquilidad inimaginable. Fue algo increíble. Me ayudó mucho que se retirara esa alma que estaba obsesionada conmigo y no me dejaba en paz. Desde que era chiquita, yo sentía que alguien me observaba siempre. Y me daba mucho miedo ... y tenía miedo de ir a lugares sola.*

La verdad, le agradezco a Mary Chuy por haberme invitado a realizar las regresiones con ella. Logre entender que esto fue un bien para mí, porque ya no me siento con miedo, ni atada como me sentía antes. Ahora tengo paz y tranquilidad, sin sentirme observada por alguien.

Contacto

María de Jesús (Mary Chuy) Hernández Ruiz

Teléfono y WhatsApp: +52 33 1719 1968

marychuyhernandezruiz@gmail.com

Un Grupo Muy Unido

Por María del Carmen (May) Pérez Hernández

Sobre la Autora

May nació en Cartagena (España) en 1980. Es Psicóloga Colegiada y Licenciada por la Universidad de Murcia, Experta en Mindfulness, Psicología Positiva y Gestión Emocional Actualmente desarrolla su labor en el ámbito privado, en su propia Consulta de Psicología, acompañando a las personas en su camino de vida, ayudándoles a afrontar bloqueos y conflictos que les impiden avanzar en su crecimiento personal y espiritual.

Siempre ha estado interesada en el ámbito social; trabajando y realizando voluntariado con personas dependientes, y realizando Cooperación Internacional en África. También se ha dedicado a otra de sus grandes pasiones: la docencia.

Estudió Psicología porque siempre supo que quería ayudar a otras personas, es algo innato en ella. También es Técnico de Orientación Laboral y Formador Ocupacional.

Siempre ha estado en continua transformación y crecimiento personal, estudiando y aplicando diferentes terapias energéticas, como el Reiki.

Desde 2020 se ha formado en Hipnosis Regresiva y Vidas Pasadas, Regresión al Mundo Espiritual Entre Vidas con Luciano Fernández de Sanmamed Sampedro y Psicoterapia Regresiva con el psicólogo Carlos González Delgado, Presidente de la Asociación Española de Terapia Regresiva (AETR), de la que es miembro.

Sobre la Consultante

Rosi es una enfermera de 35 años que, desde siempre, ha estado en la búsqueda y crecimiento espiritual. Tiene una gran sensibilidad y empatía por los demás. También se dedica al trabajo con terapias energéticas (Reiki y sanación).

Hace unos años empezó a trabajar con la Terapia Regresiva, realizando hasta ahora catorce sesiones, más una sesión de Regresión al Mundo Espiritual Entre Vidas, que es la que se describe en este capítulo. Desde entonces, se han despertado en ella dones de sanación y mediumnidad.

Transcripción de la Sesión

Cartagena, 9 de julio de 2024.

Ésta es una sesión de Regresión al Mundo Espiritual Entre Vidas y el objetivo no es la sanación, sino tener una experiencia de la vida entre vidas.

Por lo general, se accede al mundo espiritual desde la última vida pasada o desde una vida pasada que sea relevante para el alma de la persona y ésta la elija por algo o para algo. El objetivo no es sanar esa vida, sino indagar en ella de manera superficial y utilizarla para acceder al entre vidas.

Tras una inducción hipnótica, la consultante accede a una vida pasada relevante para su alma (no es la vida anterior a ésta), donde es un nativo americano que vive en una comunidad mediana del centro-norte de América, con su mujer y sus cuatro hijos.

Es una comunidad muy bonita donde se quieren todos y viven en familia. Según sus propias palabras: *"Las casas están en la falda de la montaña, las paredes son de yeso... son pequeñitas... y somos todos una familia. Normalmente estamos todos juntos fuera. Cada uno tiene un papel... Uno de ellos es una persona sabia, que nos pone a todos en círculo y nos va dando lecciones para que sigamos aprendiendo... tanto a adultos como a niños. Vamos todos... y el ambiente es muy bonito, somos muy alegres. Nos gusta hacer ceremonias con fuego... nos queremos mucho y nos ayudamos entre todos. Al atardecer, los hombres salimos a cazar".*

El momento de la muerte ocurre cuando va a cazar y es atacado por un animal, que le produce una herida muy grande en la pierna y, al estar solo, muere desangrado.

Terapeuta (T): Muy bien, ahora vas a ir al último día de vida de esa vida. Voy a contar del 1 al 3 y estarás en el último momento de esa vida... 1, 2, 3... estás ahora en el final de esa vida... dime, ¿qué está ocurriendo?

Consultante (C): Estoy en el bosque y la herida me está sangrando cada vez más. He perdido mucha sangre, he perdido casi la pierna. Me fui solo porque conozco muy bien ese lugar, pero un animal me ha atacado de imprevisto.

T: ¿Qué animal ha sido?

C: Es como una especie de ciervo, cabra... algo así. Me ha embestido y me ha destrozado la pierna.

T: Y fíjate, cuando te das cuenta de que no vas a salir de ahí, que son tus últimos momentos de esa vida, ¿qué sientes en ese momento?

C: Rabia porque me conozco muy bien ese lugar y siento que necesito seguir aquí para poder ayudar a mi familia.

T: Ahora, toma consciencia de cómo empieza a morirse tu cuerpo, de qué partes de tu cuerpo vas dejando de sentir conforme avanza la muerte.

C: Las piernas... los brazos... el pecho...

T: No te mueras todavía... avanza lentamente... ¿cuál es la última parte de tu cuerpo que logras sentir antes de morir?

C: La cabeza.

T: Ahora toma consciencia, ¿cuál es tu último pensamiento antes de morir?

C: Pues nosotros nos comunicamos por telepatía y les estoy transmitiendo a todos que los quiero mucho y que perdono al animal que me ha hecho esto porque sé que estaba asustado y por eso me atacó. Sé que no lo ha hecho malintencionadamente.

T: Muy bien, y ahora toma consciencia de cuál es el último sentimiento que tienes antes de morir, el último.

C: Agradecimiento por la vida que he podido disfrutar.

T: Muy bien... ahora ve al momento en el que tu corazón deja de latir, ¿qué ocurre a continuación?

C: Mi cuerpo se ha desvanecido totalmente y lo estoy viendo ahí tirado en el suelo. Yo estoy por encima.

T: Y fíjate, ¿qué ocurre a continuación?

C: Me espero un ratito ahí y ya después continúo mi camino.

T: ¿Dónde vas a continuación?

C: A mi hogar.

T: ¿Me puedes describir ese sitio?

La consultante expone que llega primero a un lugar inmenso, infinito, donde hay seres de otros grupos y, enseguida, sabe que tiene que entrar a una sala donde hay otros seres de su grupo de almas. Ésta es una sala con una luz blanca, brillante, muy bonita. Es todo liso y de color blanco. Llega a ella ascendiendo desde donde deja el cuerpo y comenta que es un camino fácil para ella, que lo ha hecho muchas veces.

También explica que ya no tiene cuerpo, que es una esfera, una bolita de color blanco con rayos dorados y que está con un grupo de unas 15 almas, que son también del mismo color, en esa sala, reflexionando sobre esta última vida.

T: Muy bien, ¿y de qué habláis?

C: No hay juicio... estamos destacando lo que he conseguido hacer mejor en esa vida... y estamos reflexionando si se hubiera podido haber hecho mejor algunas cosas... ver un poco los objetivos que he conseguido... Hay mucho amor... lo que predomina es el amor... es muy bonito... estamos todos participando, sentados en un círculo... y estamos contentos de volver a encontrarnos otra vez. Están diciendo que están muy orgullosos de todo lo que he conseguido hacer en esa vida y ahora están todos unidos dándome un abrazo de luz... porque como acabé físicamente mal, están ayudando a recargarme para volver a encontrarme pleno.

T: ¿Y tú cómo sientes ese abrazo?

C: Maravilloso. No se puede describir con palabras. Es muy especial.

T: Y fíjate, ¿qué significado tienen los colores que tenéis para ti?

C: Amor y paz profunda.

T: ¿Es lo que transmitís?

C: Sí, es lo más importante.

T: Y fíjate, ¿a qué se debe que hayas dejado tan pronto esa vida, en ese momento? ¿Ha sido casualidad o estaba así ya decidido?

C: Estaba así ya decidido.

T: ¿Y a qué se debe esa decisión?

C: Ya transmití todo el conocimiento que debía transmitir a mi familia y a la gente de mi comunidad y ya terminé la misión que había decidido hacer. Y todos saben ya cuáles son sus tareas a realizar y cómo deben seguir.

T: ¿Y estáis solos o hay algún ser que os ayuda?

C: Hay uno, es como un guía. Se muestra como una bolita un poco más grande que nosotros, del mismo color.

T: Y este ser, este guía, ¿de qué manera os ayuda?

C: Pues nos apoya siempre y a veces nos da otros puntos de vista.

T: Y fíjate en tu grupo, ¿qué aspectos trabajáis juntos? ¿Hay algún tema en común en el que esté trabajando el grupo?

C: La importancia de la cohesión y el amor... de continuar irradiando y expandiendo la luz.

En este momento, la consultante comenta que algunos de los que están ahí con ella, siguen encarnados en esa vida, pero eso no les impide poder estar en los dos sitios, ya que no hay límites para un alma.

T: Muy bien, y fíjate, ¿por qué crees que os reunieron para formar este grupo?

C: Porque hemos evolucionado más o menos en la misma línea. Como nuestros aprendizajes son similares, somos más potentes juntos. Al principio de empezar a encarnar cambiábamos más de grupo, pero ahora llevamos ya muchas encarnaciones trabajando juntos. En esta vida, una de nuestras misiones era mover gran energía de amor en la Tierra y estar en armonía con la naturaleza.

T: ¿Y trabajas con otros grupos de almas o sólo con el tuyo?

C: Si pensamos que necesitamos apoyo de otros, pues también nos lo pedimos. En esta vida no ha hecho falta, pero en otras sí.

T: ¿Qué más ocurre a continuación?

C: Pues una vez que terminamos esa tarea de reflexión, otra de nuestras misiones es apoyar a la gente que está encarnada. Desde donde estamos, con nuestra luz y amor, vamos ayudando a personas que lo necesitan.

T: ¿Y cómo lo hacéis?

C: Formamos unos tubos grandes, potentes de luz y los enviamos hacia donde es necesario.

T: ¿Y cómo sabéis dónde es necesario?

C: Hay veces que nos lo piden, o hay veces que así lo sentimos.

T: ¿Y quién os lo pide?

C: Personas encarnadas que no lo están pasando bien.

T: ¿Y son personas que conocéis?

C: No tiene por qué. Nuestra tarea también es elevar las vibraciones de la Tierra, a través de esos faros de luz.

T: Muy bien, ¿y qué ocurre a continuación?

C: Estamos apoyando a gente de la Tierra. Hacemos también unas reuniones, que son una especie de meditación para llegar a un consenso, para poder decidir... cuál es nuestro próximo objetivo, nuestra próxima tarea. Y decidimos juntos a través del pensamiento. No necesitamos expresarnos verbalmente para saber lo que es necesario.

T: ¿Y qué ocurre en esas reuniones?

C: En esta hemos decidido ayudar a algunas almas encarnadas que nos han pedido ayuda.

T: ¿Qué ayuda os han pedido?

C: En una zona del planeta que hay una energía más densa de ira, de odio, nos han pedido si los podemos ayudar para cambiar esa vibración, para transmutar esa energía.

T: ¿Y cómo les ayudáis?

C: Nos reunimos todos y, a través del pensamiento, vemos qué ayuda es la mejor para ellos. Y es que funciona todo a través del pensamiento. No hace falta encarnar. Desde donde estamos, transmitimos toda esa energía, todo ese foco en esos lugares

T: ¿Y cuáles son esas zonas del planeta donde hay energía más densa de odio?

C: Ésta que nos han pedido ahora ha sido en la zona de Sudáfrica, aunque puede ser en cualquier sitio.

T: ¿Y cómo os piden ayuda las personas que están encarnadas?

C: En esos lugares hay gente que tiene la energía menos densa y saben contactar con nosotros.

T: ¿Y cómo lo hacen?

C: A través de la meditación sus pensamientos se conectan con los nuestros. Funcionamos mucho con la telepatía.

T: ¿Y dónde más habéis ayudado?, ¿En qué otras partes del planeta suele haber una energía densa?

C: Pues hemos ayudado en casi todas. Según en qué época, donde lo han ido necesitando. La función de nuestro grupo de almas es esa, una de ellas.

T: Y cuando encarnáis, ¿qué función tenéis como grupo? ¿Hacer lo mismo, pero desde el plano físico?

C: Sí. Es un poco más complicado... por eso intentamos encarnar algunos juntos para que nos cueste un poquito menos.

T: Y fíjate, cuando vosotros estáis encarnados ¿pedís ayuda?

C: A veces sí. Si es necesario sí.

T: ¿Y cómo la pedís?

C: Con el pensamiento, mediante la meditación también.

T: ¿Y qué más cosas hacéis aparte de esta función que tenéis tan específica?

C: También tenemos momentos que estamos relajados, momentos de mucha alegría...

T: ¿Y qué hacéis en esos momentos?

C: Pues lo que nos apetezca, si nos apetece que haya una fiesta, pues allá que montamos una fiesta. Lo que nos apetezca en ese momento. Lo visualizas, lo creas y disfrutas de ese momento.

T: Y estando allí, ¿puedes venir de visita aquí a la Tierra?

C: Sí. Lo que pasa es que hay mucha gente que no te ve, que no te percibe.

T: ¿Y puedes ir a otros planetas?

C: Sí, pero suelo venir a la Tierra porque... siento que hacemos falta, por lo menos con las tareas que nosotros hacemos.
T: Y fíjate, ¿hay algún grupo de seres con el que te reúnas, aparte de tu grupo de almas, con los que suelas reflexionar sobre tus vidas o planificar tus siguientes encarnaciones?
C: Eso suele ser con los de mi grupo. Para organizarnos todo, normalmente con nuestro grupo es suficiente, pero hay también unos maestros, que acuden si necesitamos su ayuda, si tenemos alguna inquietud.
T: ¿Y cómo son estos maestros?
C: Ellos pueden ser como quieran, ahora se me han mostrado con barba grande y larga. Pero son muy cachondos, lo mismo te aparecen con otro aspecto diferente, como a ellos les apetezca en ese momento.
T: Muy bien. Ahora, ve a un momento en el que estés ahí con ellos. ¿Cómo es el sitio donde te reúnes con ellos?
C: Es un bosque enorme... hay un río que corre, un montón de pajaritos... Es todo muy verde. Y estamos dando un paseo por ahí.
T: ¿Cuántos maestros hay?
C: Haber hay muchos, pero yo ahora estoy con uno. Le he pedido su opinión con respecto a esta última vida, por saber si hay algo que podría haber hecho mejor.
T: ¿Y qué te dice?
C: Que todo ha sido tal y como debía ser, que ha sido perfecto. Y que no me tengo que preocupar, que en esa vida se me ha mostrado el camino que tenía que ser... y todo está bien.
T: ¿Y cómo se muestra? Has dicho que lleva una barba larga, ¿cómo va vestido?
C: Lleva una túnica larga gris clarito y su energía es azul con rayos dorados. Me está transmitiendo su amor.
T: ¿Qué te dice sobre tu próxima vida? ¿Habláis sobre eso?
C: Todavía no voy a volver a encarnar. Vamos a seguir apoyando desde aquí a la gente. Todavía no voy a planificar la siguiente vida.

T: ¿Y quién decide que vuelvas a encarnar o no?

C: Principalmente yo. Pero entre todos, si vemos que hay ciertas necesidades, si nos vemos capaces de poder ayudar, lo realizamos. Según las cualidades que se necesiten para esa próxima vida.

T: La vida que acabas de experimentar, de revivir, esa de la comunidad, ¿es tu última vida anterior a ésta, en la que estás encarnada como Rosi?

C: No. Es de antes.

T: Pregúntale a qué se debe que se te haya mostrado esta vida.

C: Era una tribu india muy poderosa. Y.... querían mostrarme la importancia de la conexión con la naturaleza y con la comunidad.

T: ¿Esa vida ha sido importante para ti como alma?

C: Sí.

T: ¿Qué lecciones has aprendido?

C: La conexión y la telepatía que teníamos entre todos. La importancia también de esas buenas vibraciones que teníamos toda la tribu y el apoyo tan grande que había entre todos, esa energía tan bonita que hacía que las vibraciones fueran muy altas. Y la conexión que tenemos con la naturaleza que también es muy importante.

T: Muy bien, y fíjate, cuando estás con este maestro, ¿estás tú solo o está también tu guía?

C: No, estoy yo solo. No hace falta que haya ningún guía.

T: ¿Y lo llamas de alguna manera?

C: No, son gente sabia.

T: ¿Y él te llama de alguna manera?

C: Nos dice que somos sus pupilos en aprendizaje.

A continuación, la consultante responde a una serie de preguntas sobre sus diferentes vidas. Comenta que esta última vida ha sido una vida muy positiva para ella como alma, que no tiene preferencia de género a la hora de elegir los cuerpos y que los elige según lo que necesita trabajar en esa vida. También explica que es un ser muy primitivo que ha encarnado muchas veces en la Tierra y, anteriormente, en otros planetas.

T: ¿Has adquirido muchos conocimientos a lo largo de todas las vidas?

C: Sí, he ido aprendiendo bastante.

T: Y ahora, ¿en qué nivel de desarrollo estás, de evolución?

C: Siempre hay cosas que aprender. Pero aquí no nos medimos por niveles. Es que, si utilizas un nivel, eso también tiene una parte... una connotación negativa.

T: Y entonces, ¿allí cómo es? Explícamelo.

C: Cuando somos almas más jóvenes empezamos a ir aprendiendo poco a poco y, después de cada encarnación y después de todo el trabajo que hacemos en nuestro hogar, pues seguimos aprendiendo. Siempre hay cositas que aprender.

T: ¿Y cuál es la finalidad de ese aprendizaje?

C: El amor incondicional.

T: ¿Y una vez que se aprende eso?

C: Es complicado.

T: ¿Es complicado aprenderlo?

C: Sí, con todos sus matices, sí.

T: Y una vez que lo aprendes, con todos sus matices, ¿cuál es el siguiente paso?

C: Pues ser ese faro que va ayudando a quien lo necesite. Seguir apoyando a los demás, que somos todos iguales.

T: Muy bien, pues ahora ve al lugar donde seleccionas tu cuerpo para esta vida actual como Rosi. Ve a ese momento y descríbeme el lugar, ¿cómo es?

C: Es otra sala blanca pero diferente. Está llena de naturaleza, muy bonita, con flores de colores, mariposas...

T: ¿Y estás tú solo o hay más almas contigo?

C: Sí, somos varios.
T: ¿Cuántos sois?
C: Diez
T: ¿Son de tu grupo de almas?
C: Casi todos. Y luego vienen algunos a preguntarte si le puedes echar una mano para conseguir alguna función, algún objetivo.

En este momento, la consultante describe varios de los acuerdos importantes con personas cercanas de esta vida y esta información es totalmente reveladora para ella.

T: Muy bien, pues estás ahí con esas otras diez almas, ¿cómo eliges tu cuerpo de ahora?
C: Pues primero organizamos qué funciones y tareas serían buenas para desempeñar en esa vida y, según lo que sea necesario, pues ya se decide el cuerpo, el físico y todo eso...
T: ¿Y qué función vas a venir a hacer como Rosi?
C: Pues la principal es lo que hacemos en mi grupo; seguir elevando vibración con la luz y el amor. Eso es lo más importante.
T: Y entonces, ¿cómo eliges tu cuerpo?
C: Hay varias opciones y entre todos vemos que esa es la mejor.
T: ¿Y cuántas opciones te muestran?
C: Pues tantas como yo quiero.
T: ¿Y quién te muestra esas opciones?
C: Entre todos.
T: ¿Tú decides cómo es el cuerpo?
C: Sí, pero no tiene mucha importancia. Simplemente es el vehículo que necesitas para estar ahí, pero ya está.
T: Y fíjate, de todas las opciones, ¿a qué se debe que elijas a Rosi?
C: Porque según todas las tareas que había pensado hacer, era más fácil, era más sencillo.

T: ¿Y puedes elegir familia o circunstancias vitales con cada cuerpo?

C: Primero elegimos la familia y las tareas a desarrollar y ya después el cuerpo. En mi grupo por lo menos se hace así. Pero ya te digo, cuando encarnamos, le damos más importancia al cuerpo que la que realmente tiene. Hay que cuidarlo, pero ya está.

T: Y fíjate, ¿a qué se debe que eligieras un cuerpo femenino en vez de uno masculino?

C: Porque en esta sociedad... iba a darme cuenta antes de mi tarea, para poder ser un poco más eficaz. Con la energía femenina es más sencillo el despertar y darte cuenta de que has venido para elevar esas vibraciones, esas conciencias. Con la masculina iba a tardar un poco más y así de esa manera podía aprovechar la energía un poco antes.

T: Entonces, ¿cómo te va a ayudar el cuerpo seleccionado de Rosi a alcanzar tu propósito de vida?

C: Pues... a través del pensamiento, con la energía y la intención, ayudar a seguir elevando esa vibración en el planeta.

T: Y fíjate, ¿puedes elegir emociones o inteligencia con el cuerpo seleccionado?

C: Sí, podría hacerlo.

T: ¿Y lo haces?

C: En este caso no, me sirve así. En otros casos, si necesitas trabajar otras cosas, pues puede ser. También se intenta que predomine bastante el tema de la alegría. Por lo demás da igual, en este caso.

T: Y fíjate, ¿cuánta cantidad de energía te traerás a este cuerpo? ¿Necesitas mucha o poca?

C: Pues más o menos... porque también en esta época de ahora hay mucha densidad. Así que hace falta un poco más que en la vida anterior.

T: ¿Y qué pasa después de que selecciones tu cuerpo y tu vida? ¿Cómo te comunican que es el momento de reencarnarse? ¿Y quién te lo dice?

C: Estamos en estado meditativo, y ahí lo decidimos entre todos. Sabemos que es el momento a través de esa telepatía.

T: ¿Y cómo describirías tu deseo de encarnar de nuevo?

C: Pues... esta vida es más densa... entonces... había una parte de mí que sí quería bajar y otra que le costaba un poco más.

T: ¿Y a qué se debe que te costara?

C: Pues... hay tanta densidad que... no es tarea fácil, aunque dentro de ti sabes que es tu función y que, igual que la haces en el hogar, pues hay que hacerla también encarnado.

T: Y si tú quisieras, ¿podrías no encarnar?

C: Sí.

T: ¿Así que es decisión tuya?

C: Sí, porque entre todos hemos visto que podríamos ayudar mejor.

T: ¿Y qué ocurre a continuación, cuando ya vas a encarnar?

C: Pues una vez que ya está todo preparado, hemos decidido hacer una fiesta.

T: ¿Y cómo es esa fiesta?

C: Muy, muy bonita y con mucha alegría. Mucha, mucha, mucha alegría y mucho amor. Hay música, bailamos, estamos todos muy contentos. Sabemos que va a ser un trabajo duro, pero que merece la pena. Es necesario. En esta época se necesita hacer trabajos para subir esas vibraciones.

T: Muy bien, ahora ve al momento en que tu energía de alma se funde con el cuerpo del bebé en el útero. Cuéntame qué experimentas, cómo vas entrando en ese bebé.

C: Pues siento que aquello es muy estrecho. Estoy ahí un poco... no estoy muy cómoda...

T: ¿Y cómo haces tú esa conexión con ese bebé desde esa fiesta?

C: Sale desde donde estoy, desde mi hogar, hacia donde está mi madre, un túnel de luz... y llego hasta ahí.

T: Y fíjate, la primera vez que te fundes con ese bebé, ¿qué tiempo tiene el bebé desde el momento de la concepción?

C: Cuatro meses.

T: ¿Y ya te quedas ahí siempre?

C: No, no, voy y vengo.

T: ¿Y cuándo te quedas ya definitivamente con el bebé?

C: Prácticamente en el momento del parto.

T: ¿Y tiene alguna importancia el hecho de unirse al bebé en el momento ese de los cuatro meses? ¿Por qué no antes?

C: Porque yo estoy haciendo también mis funciones. Entonces, aunque estoy desde arriba enviándole amor, no es necesario estar ahí dentro siempre.

T: ¿Y por qué decides entrar y salir? ¿Por qué no entras ya cuando vas a nacer? ¿Por qué entras antes?

C: Para ir tomando contacto con la energía también de mi madre.

Ahora pido a la consultante que vaya al lugar donde le serán contestadas unas preguntas sobre su vida y describe una montaña muy alta, con mucha naturaleza y unas cascadas de río. Allí la está esperando el mismo maestro de antes que, esta vez, lleva una túnica azul. Y se muestra un poco más joven, también con barba grande, pero menos canoso. Tras darle las gracias por haber acudido a dar respuesta y consejo, le realiza las preguntas.

Entre otras cosas, le dice que ha venido a este plano a elevar vibración a través de la luz y el amor, trabajando la meditación y la telepatía. Le comunica que está en el camino correcto y que está cumpliendo su misión, que es importante recordar de dónde venimos y quiénes somos para no dejarnos aplastar por la densidad de la oscuridad.

A partir de aquí, sigue una serie de preguntas más personales, con datos más concretos sobre trabajo, salud, relaciones... que, por privacidad de la consultante, no se exponen.

Cuando el maestro termina de responderle a todas las preguntas, le vuelve a dar las gracias por su ayuda y sabiduría y, antes de que acabemos y deje el mundo espiritual, le pido que pregunte a su alma si está satisfecha con el trabajo que se ha realizado en la sesión. Su respuesta es un rotundo sí.

Testimonio de la Terapeuta

He elegido exponer esta sesión porque me parece muy reveladora en cuanto a mostrar la vida y las actividades que realizamos en el mundo espiritual. Además, no es habitual encontrar esa gran unión con el grupo primario de almas. Tampoco es común encontrarse con un solo maestro del consejo de sabios. Todo esto, más toda la información que la consultante da durante toda la sesión, hacen de esta experiencia, un caso singular.

Testimonio de la Consultante

Desde que empecé a hacer sesiones de Terapia Regresiva con May, he sentido cómo mi vida ha ido mejorando, sanando profundamente, sintiéndome cada vez más liviana, más conectada a lo que realmente soy y más centrada en lo que quiero en la vida.

Considero esta sesión de Regresión al Mundo Espiritual un cierre perfecto a lo que empecé a trabajar en 2020. Ha sido una experiencia muy reveladora que ha conseguido hacer en mí ese cambio que necesitaba para anclar y recordar ciertos conocimientos a nivel más profundo. Además, me ha servido para potenciarlos, confiando más en mí y ayudándome a disfrutar de esta vida, la cual me ha cambiado por completo.

Así que agradezco enormemente haber encontrado la Terapia Regresiva en mi vida y, por supuesto, a May por acompañarme en este proceso tan bonito y especial.

Contacto
May Pérez Hernández
Teléfono: + 34 667 703 970
mayperezpsicologa@gmail.com
www.mayperezpsicologa.com
Instagram: @mayperezpsicologa

Remamos Todos Juntos

Por Pina Ferreiro Domínguez

Sobre la Autora

Pina es una viajera apasionada, pero su exploración trasciende el mero acto de recorrer el mundo en sentido convencional. Su apertura a todas las facetas de la vida le permite adentrarse en las dimensiones más ocultas, tanto en el ámbito físico como en el espiritual. Desde muy joven, su curiosidad y fascinación la llevaron hacia el chamanismo, ya que su alma libre e independiente no aceptaba límites impuestos por otros.

Lo que más resalta en Pina es su profunda conexión con el mundo espiritual y la confianza plena en la sabiduría que esta conexión le ofrece. Durante más de dos décadas, ha dedicado su vida al chamanismo, enfocándose especialmente en la recuperación de alma, tanto en seres humanos como en animales. Su pasión por ayudar a aquellos que han sido traumatizados ha sido el hilo conductor a lo largo de su trayectoria profesional, lo que le ha permitido incorporar una variedad de técnicas, como las Constelaciones Familiares, la Terapia Regresiva y la Cirugía Astral en su trabajo terapéutico.

Pina fue formada como Terapeuta Regresiva en el Centro Atma (Cártama, España) con el Psicólogo Carlos González Delgado, complementando su formación en esta disciplina realizando el I Curso Internacional de Entrenamiento Avanzado en Terapia Regresiva organizado por dicho centro e impartido por prestigiosos terapeutas internacionales.

Ha escrito cinco obras propias, cuatro de ellas en alemán y una en español, la novela "Una Misión Mágica", la cual invita a la reflexión y ofrece una visión profundamente espiritual. Es coautora en dos libros de AETR: "Terapia Regresiva y Almas Perdidas" y "Terapia Regresiva y Consciencias no Humanas".

Sobre el Consultante, las Sesiones y el Trabajo Chamánico

Es un placer y un honor, pero también un gran deseo, presentarles un caso realmente especial. No solo porque el protagonista es un ser extraordinario, sino también porque su caso podría ayudar a otros afectados por las mismas circunstancias en el proceso de abrirse mentalmente a este tipo de ayuda. Mi capítulo va dirigido a familiares, cuidadores, terapeutas y a cualquier persona que tenga relación con personas con discapacidad, para que puedan comprender cuánta profundidad se oculta tras una fachada que suele destacar por su alteridad.

Cuando Hilde y Klaus acudieron a mi consulta por primera vez en julio de 2013 con su hijo Martin, fue su inmensa preocupación lo que les motivó a buscar ayuda ciertamente inusual en nuestra cultura.

Como no solicito ninguna información previa a una sesión chamánica, en esta primera cita no sabía que los padres habían recibido recientemente un diagnóstico devastador sobre su hijo, según el cual no viviría para ver la Navidad. Martin tenía entonces 28 años y había necesitado cuidados a tiempo completo de su madre desde su nacimiento debido a su supuesta discapacidad mental. Para empeorar las cosas, le habían diagnosticado distrofia muscular y, aunque en teoría aún podía andar, ya dependía de una silla de ruedas. Además de este terrible pronóstico de los médicos, Martin sufría hasta 20 ataques epilépticos al día. Pueden imaginar la desesperación e impotencia de los padres, que temían tener que presenciar el declive fatal de su hijo. Fue justamente esto el motivo por el que se atrevieron acudir a una terapia alternativa, en este caso, a las prácticas chamánicas.

Para una mejor comprensión del trabajo chamánico, les explico brevemente: El "mundo no ordinario" se refiere a una dimensión de existencia y conciencia que trasciende la realidad cotidiana. Este ámbito es considerado vital para la práctica chamánica, donde los chamanes acceden a estados alterados de conciencia para obtener guías, sanación y comprensión espiritual. Cada chamán tiene sus propios "ayudantes espirituales" que le guían a través de la sesión, proporcionando así los aspectos más significantes para la sanación del consultante.

Existen múltiples planos de existencia que se superponen y que pueden clasificarse en "físicos", "mentales", "espirituales" o "trascendentes". Cada dimensión posee leyes y principios que son específicos a la frecuencia de vibración de esa dimensión. En el mundo no ordinario, el tiempo se experimenta de manera no lineal, lo que permite que los chamanes accedan a experiencias pasadas para sanar traumas u obtener información valiosa.

En una sesión de recuperación del alma, el chamán actúa como mediador entre los mundos, reviviendo los traumas del cliente para curar y reintegrar los fragmentos del alma que se han escindido durante estos acontecimientos. Por tanto, la incapacidad de Martin para hablar no era un obstáculo.

Al principio de mi trabajo, ¡me llevé una gran sorpresa! Cuando lo llevé energéticamente a la realidad no ordinaria, inmediatamente empezó a hablar y dijo lo siguiente: "¡Diles a mis padres que aún no voy a morir, porque todavía me quedan cosas por hacer antes de irme!"

Como no sabía nada del devastador pronóstico, esta afirmación me cogió realmente por sorpresa. Pero la cosa no acabó ahí; ¡la aventura con Martin no había hecho más que empezar! Antes de que pudiera realizar la sesión propiamente dicha, me dio una especie de manual para sus padres con todos los detalles necesarios, explicándome el significado de determinados gestos que solía hacer; ¡de ninguna manera eran solo los tics de un autista!

En la propia sesión, mis ayudantes del mundo espiritual me guiaron por diversas situaciones de cuando él era todavía un niño pequeño. Reviví todas las pruebas a las que había sido sometido en el hospital como una auténtica tortura y la fragmentación de su alma que ello conllevaba.

Tras esta primera sesión, su estado mejoró tanto que a sus padres no les resultó difícil confiar en que aún no se iría. Y mientras escribo su historia, ¡estoy contando los días para celebrar la próxima Navidad de 2024 junto con Martin y sus padres!

Pero han pasado muchas cosas entre aquella primera sesión y la fecha de hoy en este viaje tan especial, y algunas de ellas me gustaría compartirlas con Ustedes para que seres magníficos como él puedan por fin ser vistos y comprendidos un poco mejor, aunque nuestra perspectiva y arrogancia humanas nos impidan a menudo mirarlos con los ojos del alma...

A lo largo de los años no solamente he trabajado con Martin, sino también con sus padres, quienes han sido introducidos por él con perseverancia en un mundo que era completamente nuevo para ellos. Todos hemos aprendido mucho más de lo que nos habríamos atrevido a esperar, especialmente a través de las sesiones chamánicas y las constelaciones familiares. En los últimos años, Martin se ha centrado sobre todo en ayudar a sus padres a reconectar como pareja, para que aprendan a vivir de nuevo con sinceridad, en lugar de centrarse constantemente en él y poner en segundo plano sus propias necesidades y deseos. Esto también implicaba que les obligara literalmente a desprenderse de los recuerdos para que dejaran de quedarse atascados en el pasado. Su principal objetivo era que empezaran a vivir en el aquí y ahora para experimentarse de verdad y disfrutarlo.

Por desgracia, me veo obligada a limitarme aquí a las lecciones más importantes, aunque estoy convencida de que merecería la pena escribir la historia de Martin en su totalidad y, sobre todo, con todos estos valiosos detalles. Como este libro trata de las regresiones y de las comprensiones que proporcionan, me ceñiré a esta modalidad terapéutica:

Cuando Martin se dio cuenta de que tanto él como sus padres estaban preparados para dar el siguiente paso en su desarrollo, me pidió durante un viaje chamánico que hiciera una regresión con él. Mi primera reacción fue que eso era imposible, pues tendría que hablar. Pero él se rio y me contestó que la sesión debía hacerse a través de su padre.

Realizamos varias regresiones a través de Klaus, en las que vimos que en varias encarnaciones se habían torturado y matado mutuamente. El tema del abuso de poder y la culpabilidad formaban un hilo conductor en esas sesiones.

Mirando hacia atrás, sé que estas sesiones no se limitaron a trabajar sobre estas cargas acumuladas de vidas pasadas, sino que también fueron una especie de preparación para lo que estaba por venir.

En una de las sesiones, el alma de Martin nos lleva a un momento de su gestación en el que está fuera del cuerpo y nos dice que tiene miedo de volver al cuerpo. Subraya que no es por el cuerpo, sino porque tiene tareas difíciles, con la impresión de que había asumido demasiado. Al sentir la presencia de su guía espiritual, le pregunto si está solo o acompañado.

Transcripción de la Sesión

Terapeuta (T): ¿Estás solo o hay alguien más?

Consultante (C): Mi maestro acaba de venir y me dice que ya lo hemos ensayado mil veces y que no tengo por qué tener miedo. Dice que lo voy a conseguir, que soy valiente. Pero yo sigo inseguro. Siento que podría fallar.

T: ¿Y cómo reacciona tu guía ante esa inquietud?

C: Bueno, me sonríe y me dice que no pasa nada. Pero también me dice que confía en mí, que está convencido de que lo lograré. Pero tengo miedo.

T: ¿A qué se debe ese miedo?

C: Tengo un cuerpo enfermo. No puedo moverme libremente, además, siento muy poca fuerza.

T: Fíjate, con los ojos del alma, ¿el cuerpo está débil por accidente?

C: ¡No, no, el cuerpo está perfecto para la misión que vengo a cumplir! Ahora, mi guía está rodeándome con su brazo... Inmediatamente siento calor en el corazón y el miedo desaparece.

Experimentamos juntos cómo su guía espiritual le ayuda a volver a su cuerpo y acto seguido se despide con las palabras: "¡Estoy aquí, sólo tienes que llamarme!". Acompaño al alma de Martin un poco más a lo largo de la gestación y me doy cuenta de que hay otro momento en el que se asusta y vuelve a abandonar el cuerpo.

T: ¿Qué ocurre?

C: A mamá la van a operar del útero... (Le realizaron un cerclaje del cuello uterino). Creo que la están medicando y, de alguna manera, a mi también me alcanzan... Me siento muy raro... Es como una niebla que me cubre como un velo.

T: ¿Cómo te hace sentir eso?

C: Me muero de miedo, siento pánico.

T: ¿Y eso te resulta familiar?

C: Sí, ya lo he experimentado antes.

T: Vuelve a ese momento y dime lo primero que sientas.

C: Estoy en el campo de batalla y estoy herido... Me falta el brazo izquierdo y sale sangre a borbotones. Estoy aterrorizado y todo mi cuerpo tiembla... Tengo frío, mi corazón late como loco y no puedo respirar... ahora veo este velo que se extiende sobre mí... es como una niebla... ¡Quiero volver a casa!

Aquí vemos un fragmento de su alma atrapado en una experiencia traumática de una vida pasada y como esa se reactiva al revivir un aspecto similar en la vida actual. Recuperando ese fragmento mi propio guía espiritual me indica que debo prestar mucha atención porque justo antes de nacer el alma de Martin había salido nuevamente del cuerpo. Para no interferir en el proceso usando sugestiones, simplemente le digo que siga hasta que ocurra algo significativo, confiando plenamente en la sabiduría de su alma.

C: Siento muchísima presión. ¡Ya no quiero más!... ¡No voy a salir! Esto no tiene sentido... ¡Me voy!

T: ¿Qué haces para no salir?

C: ¡Lo que sea! No me doy la vuelta y empujo contra ella con los pies. Hago lo contrario de lo que debería hacer. ¡No quiero esta vida!... ¡Si este cuerpo no vive, puedo volver a casa!

T: Mira, tu maestro ya te ha dicho que sólo tienes que llamarle y vendrá para ayudarte.

C: Sí, lo sé, pero sólo me recordará lo que hemos acordado, ¡pero tengo miedo! ¡Será una vida demasiado difícil!
T: ¿Qué le pasa a la parte de ti que no quiere salir a vivir esta vida?
C: Se va.

Retrocedemos a los momentos previos de la concepción para poder averiguar cómo se sentía al partir del mundo espiritual para encarnar en esta vida:

C: Estoy observando a mis padres y siento mucho amor por ellos. Pero también estoy nervioso.
T: ¿Cuál es el motivo?
C: Sé que no va a ser fácil. Ni para mí, ni para ellos. Pero lo hemos ensayado y se supone que debo estar bien preparado... Ya aparece mi maestro y me dice amablemente que no hay motivos para tener miedo, que lo voy a lograr.
T: Es una buena noticia.
C: Ya, pero yo sigo con esa inquietud.... Aunque el amor de mis padres me da ánimo. Bueno, el cuerpo está perfectamente diseñado, simplemente las tareas me parecen ahora mismo muy complicadas, pero me armo de valor y doy el paso.

¡De nuevo, menciona como alma que el cuerpo es perfecto!

¿Cuántos de nosotros vamos por la vida más o menos sanos y nos quejamos de nimiedades como una nariz demasiado grande, un color de pelo equivocado, unos pechos demasiado pequeños, etc.? Pero si nuestra alma ha elegido este cuerpo en concreto para que sirva a nuestra misión, ¿qué sentido tiene no honrar, amar y respetar este templo del alma tal como es? Aquí tenemos el caso de una persona que necesita ser atendida durante 24 horas en todo, sea para comer, ir al baño, hasta de noche, por el mero hecho de dar brincos en la cama y caerse. Una persona que requiere de ayuda para lo más básico y su alma hace hincapié en que el cuerpo es perfecto para la misión que viene a cumplir. Para mí, esta frase ha sido la más significante de toda mi carrera, ya que revela una verdad tan profunda que no deja lugar a dudas de que nos incluye a todos

Me gustaría mencionar que solo después de esta sesión supe por boca de los padres de Martin que llevaban décadas preguntándose qué había ocurrido realmente o qué podían haber hecho mal para que su hijo naciera discapacitado. Llegados a este punto, creo que cualquiera que sienta empatía puede imaginarse lo mucho que debían pesar en sus almas estas preguntas angustiosas. Estas declaraciones por parte del alma de su hijo provocaron un verdadero tsunami emocional, aliviando esa carga de culpabilidad que llevaban arrastrando por décadas.

El hecho de que Klaus, a pesar de todas estas preguntas sin respuesta, fuera capaz de implicarse tanto en el trabajo del alma de su hijo merece un respeto extraordinario. Pero creo que solo Hilde y Klaus pueden atestiguar realmente cuánta claridad, paz interior y ligereza han aportado este comprender a su propio bienestar espiritual, emocional y mental. Imagínense transmutar el pensamiento de haber sido castigados con tal carga al sentimiento profundo de gratitud por tener una oportunidad tan extraordinaria para evolucionar y disfrutar plenamente de esta experiencia.

Pero la historia no se acaba aquí. Aproximadamente dos años después de este trabajo tan revelador, Martin nos sorprendió de nuevo pidiendo una sesión de vida entre vidas, y que esta vez sería necesario realizarla a través de la madre. A lo largo de los años ya habíamos aprendido a hacerle caso porque de alguna manera Martin siempre sabe perfectamente qué hacer, además de cómo y cuándo. No dudamos en realizar dicha sesión, sin saber que íbamos a recibir un verdadero regalazo...

Después de revivir una vida maravillosa de mujer, llamada Carina, donde está felizmente casada con tres hijos estupendos, muere a la edad de 73 años sintiendo gratitud por haber vivido tanto amor, felicidad y resalta el hecho de haber podido sentir plena confianza con su familia. En esa gratitud llega al mundo espiritual y es recibida por varios seres con mucha alegría. Hace un breve repaso con su guía espiritual donde él mismo dice que esta vida que acababa de dejar atrás había tenido como objetivo aprender a dar y recibir amor. Es impresionante como el alma de Martin ve su propio desarrollo con total claridad cuando yo le pregunto por qué era tan importante aprenderlo:

C: Porque hasta ahora me negaba, me cerraba en banda. Siempre fui duro e injusto. Quería aprender por fin a despojarme de la coraza dura y renunciar al poder. A menudo abusaba del poder. Y para eso necesitaba una vida sencilla, para dejar de cerrarme y poder abrirme plenamente al amor.

Según iba relatando ya se notaba cierto nerviosismo, pero no quise interrumpir el proceso y por eso le invité a seguir a su guía que parecía querer avanzar al siguiente nivel. De repente, Martin se encuentra en una sala dorada, toda luminosa, y se emociona de tal manera cuando los cinco seres que forman su consejo de sabios se acercan felicitándole por su progreso en su vida actual.

Uno de los sabios aparece con un recipiente esférico, cuyo contenido Martin describe como un líquido de color claro con hilos dorados que, de algún modo, se está como moviendo y mezclando entre sí. En cuanto el alma de Martin se da cuenta y comprende profundamente que el líquido dorado representa sus experiencias en esta vida, el sabio levanta una tapadera con un gesto de júbilo y cierra el recipiente con las siguientes palabras:

"Todo lo que te has propuesto conseguir en esta vida, ya lo has aprendido".

Un indescriptible sentimiento de alivio recorrió el alma de Martin y también el cuerpo de su madre, a quien se le permitió presenciar esta escena en primera fila, por así decirlo, sin darse cuenta de que no había sido elegida para esta tarea sin un motivo más profundo....

T: ¿Por qué en tu vida anterior como Carina todo era tan fácil y ahora en tu vida como Martin las condiciones son tan difíciles?
C: Primero tuve que experimentar el no tener poder. Solo así pude aprender a confiar y, a raíz de eso, dar y recibir amor. Pero es fácil amar y fluir en la Tierra cuando todo es maravilloso. La vida como Carina estaba llena de felicidad. Me fui con mucha gratitud y sabiendo que lo había hecho todo bien. Orgullosa y satisfecha. Pero eso era solo el principio. Necesitaba esa vida como Carina para poder prepararme para la actual como Martin. Quería hacerlo por etapas, contrariamente a mi impaciencia habitual.
T: ¿Qué querías conseguir realmente como alma con estas arduas circunstancias en tu vida como Martin?
C: Elegí que fuera tan difícil para poder aprender lo que significa ser dependiente, a merced de los demás. Tuve que aprender a no tener poder para alcanzar finalmente la humildad que me faltaba por desarrollar. En mi vida como Carina, primero aprendí a amar de verdad... a sentir y vivir la unidad de mi familia. Pero luego también quise aprender a aceptar y amar cuando no todo es tan fácil. ¡Ése es el gran desafío!

A medida que avanzaba la sesión, se hizo cada vez más evidente la verdadera razón por la que había tenido que ser la madre, y no el padre, quien realizara este trabajo. Presintiendo que iba a ser valioso para Hilde recibir información al respecto, me atrevía a preguntarle al alma de Martin por el motivo de dicha decisión:

T: ¿Por qué era importante que tu madre hiciera esta sesión para ti?

C: Para que pudiera comprender mucho mejor lo solemne que es para un alma conseguir lo que se ha propuesto. Lo ha sentido cuando morí como Carina porque me fui llena de gratitud, dicha y amor. ¡Y eso que era una vida fácil! Pero siempre se trata de querer alcanzar esa sensación feliz de "¡Lo he conseguido!" como alma. Y entonces no importa si fue difícil o fácil, sino que es exactamente lo que el alma se ha propuesto hacer en su viaje terrenal. Esto es lo que hace que el sentimiento feliz y exuberante no se mida por las circunstancias externas, sino por lo que alimenta el alma, lo que la hace brillar.

Dejamos esta zona para ir a donde Martin ha planeado su vida actual. Descubrimos que su marido en la vida pasada como Carina, hoy es su padre, y su madre actual había sido la única hija entre dos hermanos cuyas almas también logró reconocer.

Aquí se ve a sí mismo en animado diálogo con sus padres y otras almas. A partir de ciertas afirmaciones sobre las circunstancias que habían planeado, le pregunto a Martin si en algún momento habían considerado ponérselo lo más fácil posible.

T: ¿Habéis hablado sobre la posibilidad de replantear ciertas condiciones en el caso de que resulte demasiado arduo?

C: ¡No, no, ya hemos tenido la parte fácil! La parte más difícil sigue siendo dar y recibir amor en condiciones difíciles. ¡Ése es el gran ejercicio! Todos decidimos crecer en estas circunstancias difíciles y seguir amando incondicionalmente, aunque sepamos que al nacer nos olvidamos de estos pactos. Pero ese es el verdadero desafío… confiar en esa voz sutil del alma sin perdernos por el camino. En esta barca remamos todos juntos y a la vez, porque si uno de los implicados deja de hacerlo, los demás lo tienen más difícil y no se consigue el verdadero propósito de este encuentro.

Sólo después de esta sesión, Hilde se dio cuenta de las verdaderas implicaciones de esta información. Es absolutamente humano y natural que Hilde y Klaus deseen que el momento de la despedida llegue lo más tarde posible. Sin embargo, Martin lleva años preparándoles conscientemente para ese momento. Y este sentimiento de dicha que Hilde experimentó tanto cuando murió Carina como cuando se cerró ese recipiente es exactamente lo que necesitaba en su propio desarrollo anímico. En el mundo espiritual nada ocurre sin una razón, todo tiene un significado más profundo. Y con todo lo que ya hemos experimentado con Martin, solo puedo decir:

Si alguien que tiene que lidiar a diario con estas circunstancias adversas es capaz de vivir e irradiar alegría de vivir en estado puro porque sabe como alma que está haciendo un gran trabajo, entonces ¿de qué nos quejamos en realidad?

Martin me dijo en una de las primeras sesiones lo mucho que odia que la gente le mire con lástima, porque no se sentía para nada una víctima, sino más bien un gran maestro. Y es exactamente lo que nos muestra en cada instante. Como acompañante de este viaje tan asombroso, valioso y apasionado siento inmensa gratitud hacia él y sus padres. Los tres merecen, sin lugar a dudas, mi admiración y máximo respeto ante este propósito de vida.

Testimonio de los Padres de Martin

Como no puede ser Martin el que deje aquí constancia de su testimonio, se lo he pedido a sus padres.

Klaus (Padre)

Queridos lectores,

Me han pedido que describa los resultados de las regresiones de Martin desde la perspectiva del padre afectado.

Para mí, ocurrieron tres cosas que me gustaría contarles brevemente.

1. Las preguntas angustiosas que me han acompañado durante décadas sobre el por qué y también sobre si podíamos haber hecho algo para evitar la discapacidad de mi hijo me fueron finalmente respondidas por las regresiones con nuestro hijo. Como resultado, ya no tengo que preocuparme por ello y puedo volver a dormir tranquilamente.

2. Las regresiones me hicieron darme cuenta de la verdadera grandeza de mi hijo discapacitado. Es para mí un gran placer acompañarle en su camino posterior y proporcionarle toda la ayuda posible para que pueda continuar con sus procesos espirituales.

3. Al principio me resultó muy difícil desempeñar mi papel de canal, ya que no sabía exactamente a qué me iba a enfrentar. También tenía miedo de fracasar y echar a perder la gran oportunidad que se le presentaba a Martin. Pero fue mucho más sencillo de lo que pensaba: me tumbé tranquilamente, cerré los ojos y simplemente dejé que las cosas sucedieran, lleno de confianza en el mundo espiritual.

Fue y sigue siendo una experiencia maravillosa, así que me gustaría animar a todo el mundo a seguir el ejemplo.

Mi agradecimiento especial a Pina Ferreiro, gracias a su ayuda y trabajo pudimos experimentar todas estas cosas maravillosas.

Hilde (Madre)

En primer lugar, me gustaría dar las gracias a Pina desde lo más profundo de mi alma. Me siento ricamente bendecida y profundamente conectada en nuestro viaje juntas.

Llegamos a conocer a Pina gracias a la situación de Martin. Estamos especialmente agradecidos a nuestro hijo por ello, ya que él carga con la parte más difícil.

A través de Pina pudimos conocer el mundo espiritual y obtener percepciones que nos mostraron lo diverso que puede ser el trabajo del alma y las posibilidades que ofrece. Si no hubiéramos seguido este camino, Martin seguramente ya no estaría con nosotros.

Una experiencia especial fue la sesión de entrevidas, donde pude prestarle mi voz a Martin. Me hizo sentir claramente que un día se irá en un estado de dicha, orgullo y satisfacción.

Me resulta muy difícil expresar con palabras los sentimientos que experimenté. Para mí, ¡fue un estado de felicidad abrumador! Sobre todo, cuando supe que ya había completado con éxito la parte más difícil de su viaje terrenal. Esta certeza, sumada a todos los momentos vividos y a las profundas realizaciones, hizo que después no pudiera dejar de sonreír felizmente.

Siento y sé que esta experiencia única me ayudará a dejarle partir cuando llegue el momento. Miro atrás con gratitud por los muchos altibajos que hemos vivido juntos. Ahora entiendo el verdadero significado de "remamos todos juntos".

Contacto
Pina Ferreiro Domínguez
pina_ferreiro@hotmail. com
www.lazos-del-alma.com

Made in the USA
Monee, IL
05 November 2026

67809052R00184